# Lean-Reporting

Reinhard Bär · Philippe Purtschert

# Lean-Reporting

Optimierung der Effizienz im Berichtswesen

Reinhard Bär  
Wald, Deutschland

Philippe Purtschert  
Buttikon, Schweiz

ISBN 978-3-8348-1884-3   ISBN 978-3-8348-2292-5 (eBook)  
DOI 10.1007/978-3-8348-2292-5

Die Deutsche Nationalbibliothek verzeichnet diese Publikation in der Deutschen Nationalbibliografie; detaillierte bibliografische Daten sind im Internet über http://dnb.d-nb.de abrufbar.

Springer Vieweg  
© Springer Fachmedien Wiesbaden 2014  
Das Werk einschließlich aller seiner Teile ist urheberrechtlich geschützt. Jede Verwertung, die nicht ausdrücklich vom Urheberrechtsgesetz zugelassen ist, bedarf der vorherigen Zustimmung des Verlags. Das gilt insbesondere für Vervielfältigungen, Bearbeitungen, Übersetzungen, Mikroverfilmungen und die Einspeicherung und Verarbeitung in elektronischen Systemen.

Die Wiedergabe von Gebrauchsnamen, Handelsnamen, Warenbezeichnungen usw. in diesem Werk berechtigt auch ohne besondere Kennzeichnung nicht zu der Annahme, dass solche Namen im Sinne der Warenzeichen- und Markenschutz-Gesetzgebung als frei zu betrachten wären und daher von jedermann benutzt werden dürften.

Gedruckt auf säurefreiem und chlorfrei gebleichtem Papier.

Springer Vieweg ist eine Marke von Springer DE. Springer DE ist Teil der Fachverlagsgruppe Springer Science+Business Media  
www.springer-vieweg.de

# Vorwort

## Zielgruppe

Dieses Buch richtet sich an Fachleute und Anwender, welche sich mit der Gestaltung eines effizienten und zeitgemäßen Berichtswesens auseinandersetzen. Experten aus den Fachbereichen Controlling und Finanzen und aus der Informatik, können gleichermaßen profitieren, denn die Erwartungen des Managements sind hoch.

Im Rahmen der Unternehmensstrategie sind Best Practice Ansätze gefordert, die Lösungen sollen zukunftsorientiert sein und im Einklang mit Kosten und Nutzen stehen. Strukturkosten in Fachbereich und Informatik müssen überwacht, Investitionen grundsätzlich gesichert und ein vertretbarer Return-on-Invest, ROI, erreicht werden.

Um diesen Erwartungen gerecht zu werden, kann Sie dieses Buch als Begleiter bei der Optimierung der Effizienz in ihrem Berichtswesen unterstützen. Die Lean-Reporting-Philosophie dient als solide Basis, und anhand der skizzierten Lösungsansätze lassen sich ihre aktuellen Anwendungen und Konzepte überdenken und ihre bestehenden Reportingstrukturen überprüfen.

Die beschriebenen Methoden des Lean-Reportings, die praxisbezogenen Szenarien zur Umsetzung und die vorhandenen Potenziale bei der Realisierung eines modernen und effizienten Berichtswesens werden auch Personen im Management ansprechen.

## Buchaufbau

Mit diesem Buch, „Lean-Reporting – Optimierung der Effizienz im Berichtswesen", werden im Wesentlichen zwei Ziele verfolgt.

- Zum einen soll der Leser Struktur und Inhalt dieser Reporting-Philosophie und -Strategie kennenlernen
- Zum anderen soll der Lean-Gedanke vorgestellt und das Potenzial, welches darin verborgen liegt, durch praktische Ansätze und Eindrücke aufgezeigt werden.

Das Buch ist grundsätzlich in zwei Themenblöcke aufgeteilt und soll auf diese Weise Theorie und Praxis optimal miteinander verbinden.

## Block 1: Präsentation der Lean-Reporting-Philosophie

LEAN in allen Bereichen wird oft als zu theoretisch und nicht greifbar empfunden. Das Umsetzen und Leben einer Lean-Philosophie kann mit sehr vielen Hürden und Problemen verbunden sein und gerade aus diesem Grunde scheitern viele Projekte bereits in einer frühen Phase.

Dabei geht es im Wesentlichen darum, Verschwendung zu vermeiden, und genau dieser Aspekt lässt sich auf jeden Geschäftsbereich anwenden. Der konsequente Einsatz der Lean-Methoden im Reporting-Umfeld ist der folgerichtige Schritt zur Optimierung der Effizienz im Berichtswesen.

- Kapitel 1: Business-Intelligence-Strategie als Basis
- Kapitel 2: Lean als Philosophie
- Kapitel 3: Umsetzung der Lean-Philosophie
- Kapitel 4: Etablierung der Lean-Reporting-Philosophie

## Block 2: Praxisnaher Einsatz der Lean-Reporting-Philosophie

Mit praktischen Beispielen aus den Bereichen Anwendung, Organisation, Technologie und Wirtschaftlichkeit soll das enorme Potenzial der Lean-Reporting-Philosophie auf einfache Weise veranschaulicht werden.

Jeweils ausgehend von einem konkreten Business-Szenario wird das Zusammenspiel mit den unterschiedlichen Lean-Methoden aufgezeigt. Basierend auf diesen identifizierten Optimierungsmöglichkeiten werden zentrale und aktuelle Themen zur Steigerung der Effizienz im Berichtswesen erörtert.

- Kapitel 5: Optimierungen im Bereich Anwendungen
- Kapitel 6: Optimierungen im Bereich Organisation
- Kapitel 7: Optimierungen im Bereich Wirtschaftlichkeit
- Kapitel 8: Optimierungen im Bereich Technologie

## Danksagung

All denjenigen, die zum Gelingen dieses Buches beigetragen haben, gilt unser ganz besonderer Dank.

Den Damen und Herren MitarbeiterInnen der Geberit Gruppe sei gedankt für die sorgfältige Durchsicht des Manuskriptes und die wertvollen Anregungen.

Ein besonderes Dankeschön gebührt Jürgen Haas, der mit seinem konstruktiven Feedback dieses Projekt intensiv und kompetent begleitet und zum Gelingen wesentlich beigetragen hat.

Beat Gresser, Eric van den Berg und Roland Iff danken wir für die uneingeschränkte und großartige Unterstützung.

Ein großer Dank für die vielen spannenden und anregenden Diskussionen haben außerdem Karin Herrmann und an Stefan Jumpertz verdient. Sie haben mit ihren innovativen Ideen und ihrer umfangreichen Erfahrung viel zum Gelingen beigetragen.

Zweifelsohne geht auch ein Dankeschön an unsere Familien, Monika Bär und Daniela Purtschert, für die aufgebrachte Geduld, die aufgewendete Zeit und die vielen motivierenden Worte.

Herrn Professor Dr. Walter Hower, Hochschule Albstadt-Sigmaringen, besten Dank für die Idee, dieses praxisorientierte Buch zu schreiben und die Entstehung als Herausgeber mitzubegleiten.

Maren Mithöfer und Bernd Hansemann, Verlag Springer Vieweg, danken wir für die sehr kompetente Betreuung und die unbeschreibliche Geduld. Dieser Dank gilt auch allen uns unbekannten Händen, die die Umsetzung dieses Werks in das ihnen vorliegende Buchformat vollendeten.

## Haftungsausschluss

Es gibt im Reporting nie nur eine einzige, richtige Lösung und in diesem Buch werden mögliche, aus unserer Sicht effiziente Szenarien und Ansätze beschrieben. Keines der beschriebenen Themen kann leider soweit abschließend behandelt werden, dass eine allgemeine und universell implementierbare Lösung existiert.

Das Buch wurde mit großer Sorgfalt geschrieben und die Beispiele praxisnah erstellt. Trotzdem können Fehler nicht ganz ausgeschlossen werden. Aus diesem Grund sind die in diesem Buch dargestellten Lösungsansätze und angewendeten Methoden mit keinerlei Erfolgsgarantie verbunden.

# Inhaltsverzeichnis

1 Business-Intelligence-Strategie als Basis .................................................................. 1
   1.1    Auftakt ........................................................................................................... 1
   1.2    BI-Vision und BI-Strategie ............................................................................ 2
         1.2.1    IT-Strategie .................................................................................. 2
         1.2.2    Business-Strategie ....................................................................... 2
         1.2.3    Vision ........................................................................................... 3
         1.2.4    Grundsätze .................................................................................. 3
         1.2.5    BI-Strategie ................................................................................. 4
         1.2.6    Operative Ziele ........................................................................... 5
   1.3    Perspektive Organisation ............................................................................. 6
         1.3.1    Interessengruppen ..................................................................... 6
         1.3.2    Roadmap ..................................................................................... 7
         1.3.3    Aufbauorganisation ................................................................... 8
         1.3.4    Human Capital Management .................................................... 9
         1.3.5    Zielbeispiel .................................................................................. 9
   1.4    Perspektive Technologie ............................................................................... 9
         1.4.1    Architektur ................................................................................. 9
         1.4.2    Datenintegration ...................................................................... 11
         1.4.3    Performance .............................................................................. 11
         1.4.4    Betrieb ........................................................................................ 11
         1.4.5    Innovationen ............................................................................. 12
         1.4.6    Zielbeispiel ................................................................................ 12
   1.5    Perspektive Anwendung ............................................................................ 12
         1.5.1    Applikationen .......................................................................... 13
         1.5.2    Funktionalität .......................................................................... 14
         1.5.3    Frontend-Tools ......................................................................... 14
         1.5.4    Benutzerfreundlichkeit ........................................................... 15
         1.5.5    Datenqualität ........................................................................... 15
         1.5.6    Zielbeispiel ................................................................................ 16
   1.6    Perspektive Wirtschaftlichkeit ................................................................... 16
         1.6.1    Finanzen .................................................................................... 16
         1.6.2    Insourcing und Outsourcing ................................................... 17
         1.6.3    Lizenzpolitik ............................................................................. 18
         1.6.4    Erfolgsmessung ........................................................................ 18
         1.6.5    Zielbeispiel ................................................................................ 19

| | | | |
|---|---|---|---|
| 1.7 | Zielkonflikte | | 19 |
| | 1.7.1 | Beispiel 1: Konkurrenz | 20 |
| | 1.7.2 | Beispiel 2: Komplementär | 20 |
| | 1.7.3 | Beispiel 3: Neutral | 21 |
| | 1.7.4 | Beispiel 4: Partiell | 22 |
| | 1.7.5 | Auflösung von Zielkonflikten | 23 |
| 1.8 | Fazit | | 23 |
| **2** | **Lean-Reporting als Philosophie** | | **25** |
| 2.1 | Einblick | | 25 |
| 2.2 | Grenzen der puren Strategie | | 25 |
| 2.3 | Lean-Management | | 26 |
| 2.4 | Verschwendung | | 27 |
| | 2.4.1 | Mura | 28 |
| | 2.4.2 | Muri | 28 |
| | 2.4.3 | Muda | 29 |
| 2.5 | Lean-Thinking | | 30 |
| | 2.5.1 | Der Wert | 31 |
| | 2.5.2 | Der Wertstrom | 32 |
| | 2.5.3 | Das Fluss-Prinzip | 32 |
| | 2.5.4 | Das Pull-Prinzip | 34 |
| | 2.5.5 | Die Perfektion | 36 |
| 2.6 | Lean-Reporting | | 37 |
| | 2.6.1 | Lean-Reporting-Philosophie | 37 |
| | 2.6.2 | Lean-Reporting-Ziele | 43 |
| 2.7 | Fazit | | 45 |
| **3** | **Umsetzung der Lean-Philosophie** | | **47** |
| 3.1 | Einblick | | 47 |
| 3.2 | Lean-Methoden im Überblick | | 48 |
| 3.3 | Universelle Lean-Methoden | | 49 |
| | 3.3.1 | Kontinuierlicher Verbesserungsprozess | 49 |
| | 3.3.2 | Kaizen | 50 |
| | 3.3.3 | Six Sigma | 51 |
| | 3.3.4 | Q-Zirkel | 51 |
| 3.4 | Projektbezogene Lean-Methoden | | 52 |
| | 3.4.1 | Wertstromanalyse | 52 |
| | 3.4.2 | 5S/5A Methode | 56 |
| | 3.4.3 | Poka Yoke | 58 |
| 3.5 | Kernprozesse im Reporting | | 60 |
| | 3.5.1 | Entwicklungsprozess | 60 |
| | 3.5.2 | Datenbeschaffungsprozess (ETL) | 62 |

|   |   | 3.5.3 | Datenkonsolidierungsprozess | 62 |
|---|---|---|---|---|
|   |   | 3.5.4 | Planungsprozess | 64 |
|   |   | 3.5.5 | Recherche- bzw. Analyseprozess | 65 |
|   |   | 3.5.6 | Service-Prozesse | 66 |
|   | 3.6 | Einführungsprojekt Lean-Reporting | | 67 |
|   |   | 3.6.1 | Art der Einführung | 67 |
|   |   | 3.6.2 | Einführungsplan | 68 |
|   |   | 3.6.3 | Herausforderungen | 71 |
|   | 3.7 | Fazit | | 72 |
| 4 | Etablierung der Lean-Reporting-Philosophie | | | 75 |
|   | 4.1 | Einblick | | 75 |
|   | 4.2 | Lean-Reporting Leben einhauchen | | 75 |
|   | 4.3 | Institutionalisierung | | 76 |
|   |   | 4.3.1 | Lean-Botschaft | 76 |
|   |   | 4.3.2 | Kommunikation | 78 |
|   |   | 4.3.3 | MitarbeiterIn | 78 |
|   | 4.4 | Denkweisen | | 80 |
|   |   | 4.4.1 | „Lean"-Denken | 80 |
|   |   | 4.4.2 | Neue Wege gehen | 81 |
|   |   | 4.4.3 | Ein anderer Blick | 83 |
|   |   | 4.4.4 | Sinne können täuschen | 83 |
|   |   | 4.4.5 | Lean-Thinking | 84 |
|   | 4.5 | Spannungsfelder | | 84 |
|   |   | 4.5.1 | Standardisierung und Individualisierung | 84 |
|   |   | 4.5.2 | Lean und Perfektion | 86 |
|   |   | 4.5.3 | Flexibilität und Stabilität | 87 |
|   |   | 4.5.4 | Innovation und Kontinuität | 87 |
|   | 4.6 | Fazit | | 88 |
| 5 | Optimierungen im Bereich Anwendungen | | | 91 |
|   | 5.1 | Einblick | | 91 |
|   | 5.2 | Potenziale im Design | | 92 |
|   |   | 5.2.1 | Business Szenario | 92 |
|   |   | 5.2.2 | Einordnung in die Lean-Reporting-Philosophie | 92 |
|   |   | 5.2.3 | Blickpunkt Corporate-Identity | 95 |
|   |   | 5.2.4 | Blickpunkt Reportgestaltung | 99 |
|   |   | 5.2.5 | Quintessenz | 106 |
|   | 5.3 | Potenziale in der Aussagekraft | | 107 |
|   |   | 5.3.1 | Business Szenario | 107 |
|   |   | 5.3.2 | Einordnung in die Lean-Reporting-Philosophie | 108 |
|   |   | 5.3.3 | Blickpunkt Terminologie | 109 |

|  |  | 5.3.4 | Blickpunkt Schatten-Reporting | 112 |
|---|---|---|---|---|
|  |  | 5.3.5 | Quintessenz | 114 |
|  | 5.4 | Potenziale in der Individualisierung | | 114 |
|  |  | 5.4.1 | Business Szenario | 114 |
|  |  | 5.4.2 | Einordnung in die Lean-Reporting-Philosophie | 114 |
|  |  | 5.4.3 | Blickpunkt Self-Service Datenbeschaffung | 116 |
|  |  | 5.4.4 | Blickpunkt Self-Service Datenmodellierung | 117 |
|  |  | 5.4.5 | Blickpunkt Self-Service Datenaufbereitung | 119 |
|  |  | 5.4.6 | Blickpunkt Self-Service Datenverfügbarkeit | 121 |
|  |  | 5.4.7 | Quintessenz | 124 |
|  | 5.5 | Potenziale in der Aufbereitung | | 124 |
|  |  | 5.5.1 | Business Szenario | 124 |
|  |  | 5.5.2 | Einordnung in die Lean-Reporting-Philosophie | 125 |
|  |  | 5.5.3 | Blickpunkt Datenakquisition | 126 |
|  |  | 5.5.4 | Blickpunkt Datentransformation | 132 |
|  |  | 5.5.5 | Blickpunkt Datenablage | 134 |
|  |  | 5.5.6 | Quintessenz | 138 |
| 6 | Optimierungen im Bereich Organisation | | | 141 |
|  | 6.1 | Einblick | | 141 |
|  | 6.2 | Potenziale in der Aufbauorganisation | | 142 |
|  |  | 6.2.1 | Business Szenario | 142 |
|  |  | 6.2.2 | Einordnung in die Lean-Reporting-Philosophie | 143 |
|  |  | 6.2.3 | Blickpunkt Ideenmanagement | 144 |
|  |  | 6.2.4 | Blickpunkt Zuständigkeiten | 146 |
|  |  | 6.2.5 | Blickpunkt Internes Kontrollsystem | 149 |
|  |  | 6.2.6 | Quintessenz | 156 |
|  | 6.3 | Potenziale in der Zusammenarbeit | | 157 |
|  |  | 6.3.1 | Business Szenario | 157 |
|  |  | 6.3.2 | Einordnung in die Lean-Reporting-Philosophie | 157 |
|  |  | 6.3.3 | Blickpunkt Wissensmanagement-Software | 159 |
|  |  | 6.3.4 | Blickpunkt Web 2.0 und Social Media | 161 |
|  |  | 6.3.5 | Blickpunkt Kooperationen | 165 |
|  |  | 6.3.6 | Quintessenz | 168 |
|  | 6.4 | Potenziale in den Prozessabläufen | | 168 |
|  |  | 6.4.1 | Business Szenario | 168 |
|  |  | 6.4.2 | Einordnung in die Lean-Reporting-Philosophie | 170 |
|  |  | 6.4.3 | Blickpunkt Workflow-Management-System | 172 |
|  |  | 6.4.4 | Blickpunkt Status- und Trackingsystem | 173 |
|  |  | 6.4.5 | Quintessenz | 175 |

# Inhaltsverzeichnis

| | | | |
|---|---|---|---|
| 7 | Optimierungen im Bereich Wirtschaftlichkeit | | 177 |
| | 7.1 | Einblick | 177 |
| | 7.2 | Potenziale im LifeCycle-Management | 178 |
| | | 7.2.1 Business Szenario | 178 |
| | | 7.2.2 Einordnung in die Lean-Reporting-Philosophie | 178 |
| | | 7.2.3 Blickpunkt LifeCycle-Management der BI-Informationen | 180 |
| | | 7.2.4 Blickpunkt LifeCycle-Management der Infrastruktur | 187 |
| | | 7.2.5 Quintessenz | 189 |
| | 7.3 | Potenziale in der Entwicklung | 190 |
| | | 7.3.1 Business Szenario | 190 |
| | | 7.3.2 Einordnung in die Lean-Reporting-Philosophie | 192 |
| | | 7.3.3 Blickpunkt Lean-Development | 193 |
| | | 7.3.4 Blickpunkt Economies of Scale und Economies of Scope | 196 |
| | | 7.3.5 Quintessenz | 197 |
| | 7.4 | Potenziale im Unterhalt | 197 |
| | | 7.4.1 Business Szenario | 197 |
| | | 7.4.2 Einordnung in die Lean-Reporting-Philosophie | 198 |
| | | 7.4.3 Blickpunkt Business-Intelligence aus der Cloud | 199 |
| | | 7.4.4 Blickpunkt Applikationsüberwachung | 202 |
| | | 7.4.5 Blickpunkt Kostentransparenz | 203 |
| | | 7.4.6 Quintessenz | 205 |
| | 7.5 | Potenziale in der Qualität | 206 |
| | | 7.5.1 Business Szenario | 206 |
| | | 7.5.2 Einordnung in die Lean-Reporting-Philosophie | 207 |
| | | 7.5.3 Blickpunkt Fehlervermeidung | 208 |
| | | 7.5.4 Blickpunkt Reporting-Factory | 210 |
| | | 7.5.5 Quintessenz | 211 |
| 8 | Optimierungen im Bereich Technologie | | 213 |
| | 8.1 | Einblick | 213 |
| | 8.2 | Potenziale im Zugriff | 214 |
| | | 8.2.1 Business Szenario | 214 |
| | | 8.2.2 Einordnung in die Lean-Reporting-Philosophie | 214 |
| | | 8.2.3 Blickpunkt Reporting-Portal | 217 |
| | | 8.2.4 Blickpunkt Single-Sign-On | 220 |
| | | 8.2.5 Quintessenz | 222 |
| | 8.3 | Potenziale in der Performance | 223 |
| | | 8.3.1 Business Szenario | 223 |
| | | 8.3.2 Einordnung in die Lean-Reporting-Philosophie | 224 |
| | | 8.3.3 Blickpunkt Big-Data | 226 |

|       | 8.3.4 | Blickpunkt In-Memory-Datenbanken ........................................... 227 |
|---|---|---|
|       | 8.3.5 | Blickpunkt Performance-Analyse ................................................. 232 |
|       | 8.3.6 | Quintessenz................................................................................. 233 |
| 8.4   | Potenziale in der Systemlandschaft ............................................................. 234 |
|       | 8.4.1 | Business Szenario ...................................................................... 234 |
|       | 8.4.2 | Einordnung in die Lean-Reporting-Philosophie ...................... 235 |
|       | 8.4.3 | Blickpunkt operatives Reporting und operative Prozesse ......... 236 |
|       | 8.4.4 | Blickpunkt Medienbrüche ........................................................ 248 |
|       | 8.4.5 | Quintessenz................................................................................. 253 |

## 9 Management Summary ...................................................................................... 255

| 9.1 | Effektivität und Effizienz ........................................................................ 255 |
|---|---|
| 9.2 | Optimierung der Effizienz ...................................................................... 255 |
| 9.3 | Definition Lean-Reporting ..................................................................... 256 |
| 9.4 | Potenziale .................................................................................................. 256 |
|     | 9.4.1 Fokus Anwendungen ................................................................. 256 |
|     | 9.4.2 Fokus Organisation .................................................................... 257 |
|     | 9.4.3 Fokus Wirtschaftlichkeit ............................................................ 257 |
|     | 9.4.4 Fokus Technologie ...................................................................... 258 |

Quellenverzeichnis .................................................................................................... 261

Abbildungsverzeichnis .............................................................................................. 269

Sachwortverzeichnis .................................................................................................. 275

# 1 Business-Intelligence-Strategie als Basis

*Nur wer sein Ziel kennt, findet den Weg.*
*Laotse*

## 1.1 Auftakt

Das Thema Business-Intelligence gewann in den vergangenen Jahren erheblich an Bedeutung und belegt in einer Vielzahl an CIO-Umfragen einen der Top-Plätze. Demzufolge sieht eine immer größere Anzahl von Unternehmen entsprechende Projekte vor. Aufgrund der Bedeutung dieser jeweiligen Projekte für den Unternehmenserfolg stellt Business-Intelligence ein Themengebiet dar, dessen Einbezug in die Unternehmensstrategie sehr wertvoll und notwendig ist.

Zahlreiche Herausforderungen und aktuelle Trends stehen in Verbindung mit der Materie Business-Intelligence:

- **Technologischer Fortschritt:** Mit dem technologischen Wandel ist der Begriff „Consumerization" direkt zu verknüpfen. Der rasante Anstieg des Einsatzes von Geräten wie Smartphones oder Tablet-PCs im privaten Umfeld mit der Möglichkeit auf Unternehmensdaten zugreifen zu können, ist ein bedeutsamer Trend. Neben der Datenverfügbarkeit stellt auch die Erwartungshaltung an die einfache Bedienbarkeit entsprechender Business-Intelligence-Applikationen eine hohe Herausforderung dar. Die Integration mobiler Endgeräte spiegelt sich in Aspekte wie beispielsweise Bring-Your-Own-Device wieder.
- **Organisatorischer Umbruch:** Organisatorische Ansätze wie Shared-Service-Center und einhergehend die Einrichtung eines Reporting-Factory-Bereichs führen zu einem organisatorischen Wandel sowohl im Fachbereich als auch in der Informatik.
- **Externer Einfluss:** Die Marktdynamik im Bereich Business-Intelligence ist enorm. Neue Lösungen insbesondere hervorgerufen durch den technologischen Wandel werden auf dem BI-Markt angeboten. Nicht nur interne BI-Anwender hoffen auf entsprechende innovative Neuerungen, sondern auch externe Informationskunden formulieren entsprechende Vorstellungen.
- **Inhaltlicher Wandel:** Kein Weg führt an dem Trendthema „Big-Data" vorbei. Wertvolle Informationen werden nicht nur durch die internen Prozesse erzeugt, sondern es entsteht eine immense Informationsflut zusätzlich außerhalb der unternehmenseigenen Systemwelt. Dieses Wissen gilt es nutzbringend zu heben trotz der gegebenen Komplexität aufgrund der fehlenden Homogenität, Struktur und Kompatibilität.

- **Finanzieller Umbruch:** BI-Lösungen werden verstärkt eingesetzt, um Potenziale oder Unregelmäßigkeiten in Prozessen besser identifizieren und folglich eine Steigerung des Nutzens herbeiführen zu können. Die BI-Lösungen selbst wiederum unterliegen ebenfalls diesem Optimierungsbestreben.

Die vielen verschiedenen Herausforderungen zeigen auf, dass es erforderlich ist, eine adäquate Strategie für den Bereich Business-Intelligence innerhalb des Unternehmens aufzusetzen. Die angeführten Einflüsse sind zu kanalisieren und zu bündeln, so dass letztendlich ein Mehrwert für das Unternehmen generiert werden kann. Die nachfolgenden Kapitel konkretisieren diese Themen:

- Business-Intelligence-Vision und Business-Intelligence-Strategie
- Die vier Perspektiven der Business-Intelligence-Strategie
    - ✓ Perspektive Organisation
    - ✓ Perspektive Technologie
    - ✓ Perspektive Anwendungen
    - ✓ Perspektive Wirtschaftlichkeit
- Problematik der Zielkonflikte

## 1.2 BI-Vision und BI-Strategie

Eingebettet in die Unternehmensstrategie und orientiert an der IT-Strategie bzw. Business-Strategie gilt es, eine BI-Vision und daraus abgeleitet eine BI-Strategie zu definieren.

### 1.2.1 IT-Strategie

Die IT-Strategie spiegelt Themen wieder, die Bereiche wie technologische Infrastruktur und Ressourcen betreffen. Zusätzlich spielen Anwendungen und deren Werkzeuge sowie die Berücksichtigung von Innovationen in der Informations- und Kommunikationstechnik eine bedeutende Rolle. Darüber hinaus werden Themen hinsichtlich Sicherheit und Datenschutz beachtet. Letztendlich ist auch der monetäre Aspekt zu beachten.

### 1.2.2 Business-Strategie

Auf der anderen Seite steht die Business-Strategie als Synonym für die Vielzahl der spezifischen Geschäftsprozesse, die gewissermaßen im Zusammenhang mit Business-Intelligence stehen. Wie bereits erwähnt durchdringt das Thema immer weitere Unternehmensbereiche, so dass hier letztendlich unterschiedliche Einflüsse auf die Vision und die Strategie entstehen. Es kommen Aspekte wie Optimierung der Finanz- oder Controllingstrukturen genauso zum Tragen wie funktionale Erweiterungen, die den Einbezug von Lieferanten oder Kunden vorsehen. Lieferanten oder Kunden, die mittels Self-Services auf das Unternehmenswissen zugreifen, sind ein Beispiel dafür.

## 1.2 BI-Vision und BI-Strategie

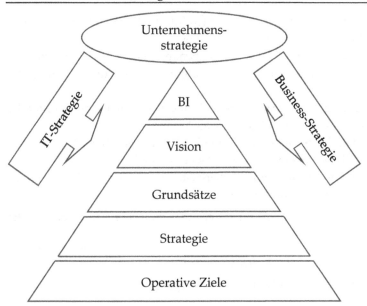

**Abbildung 1-1:** Unternehmensstrategie und BI-Pyramide

### 1.2.3 Vision

Das Wesen einer Vision liegt in der Richtung, die sie weist, und in dem Sinn, den sie macht, nicht in den Grenzen, die sie setzt.[1] Die Berücksichtigung beider Seiten, Fachseite und auch IT-Seite, ist ein entscheidender und wichtiger Aspekt. In diesem Zusammenspiel aus IT-Strategie und Business-Strategie lässt sich eine adäquate Vision definieren. Die Vision beinhaltet eine allgemeine Ausrichtung und entsprechend dazugehörende Leitplanken, die zur Koordination und Steuerung dienen. Ausdruck findet die BI-Vision in passenden Grundsätzen.

### 1.2.4 Grundsätze

Grundsätze oder ein Leitbild dienen zur Illustration der BI-Vision. Durch diese Grundsätze soll der Wille und die Absicht formuliert werden, damit den einzelnen Ansprüchen der verschiedenen Interessengruppen Rechnung getragen werden kann. Letztendlich sorgen diese Grundsätze dafür, dass die Vision deutlicher und greifbarer wird.

In Anlehnung an das FASMI-Konzept von Nigel Pendse und Richard Creeth können Grundsätze abgeleitet werden. FASMI steht für Fast Analysis of Shared Multidimensional Information.[2] Die einzelnen 5 Kriterien haben folgende Bedeutung:

---

1 Siehe Hinterhuber, Hans: Strategische Unternehmensführung, Seite 73
2 Siehe Pendse, Nigel & Creeth, Richard: The OLAP Report

- **Fast:** Schnelle Verfügbarkeit der gewünschten Informationen. Lange Laufzeiten werden aus Sicht der Anwender nicht akzeptiert.
- **Analysis:** Verschiedene einfach zu handhabende Auswertungsmöglichkeiten. Entsprechende Werkzeuge zur Reporterstellung und Berichtsgestaltung sind erforderlich.
- **Shared:** Gewährleistung der Datensicherheit und Datenintegrität. Ein Mehrbenutzerbetrieb muss dementsprechend gewährleistet sein.
- **Multidimensional:** Die Sicht auf die Daten ist in entsprechenden Dimensionen abzubilden. Die OLAP-Regeln sind ebenfalls Bestandteil.
- **Information:** Gewährleistung der Datenbereitstellung im notwendigen Ausmaß für die Generierung der gewünschten Informationen.

Aus dieser Definition kann beispielsweise folgender einfacher Grundsatz abgeleitet werden:

> *Einfacher Grundsatz*
>
> Schnelle und bedarfsgerechte Informationsversorgung.

Jedoch ist zu beachten, dass diese Definition sich maßgeblich auf funktionale Anforderungen und Modellierungsaspekte bezieht. Betriebswirtschaftliche Themen wie Organisation oder gar Kosten sind nicht Bestandteil des FASMI-Konzepts.

Dieser einfache Grundsatz kann wie folgt erweitert werden, so dass letztendlich ein Business-Intelligence-„Verständnis" entsteht. Das Verständnis kann wie folgt formuliert werden:

> *Unser Business-Intelligence-Verständnis*
>
> Unser Verständnis ist ...
>
> ... die schnelle und bedarfsgerechte Informationsversorgung
>
> ... die korrekte und zuverlässige Datenaufbereitung
>
> in einem Umfeld, das ...
>
> ... die erforderlichen Hilfsmittel und geeignete Architektur
>
> ... die notwendigen Ressourcen und passende Organisationsform
>
> bietet
>
> ... unter Beachtung des optimalen Kosten-Nutzen-Verhältnisses.

### 1.2.5 BI-Strategie

Ausgehend von diesen Grundsätzen der BI-Vision kann die eigentliche Strategie definiert werden. Um diese Vision wahrnehmbarer zu gestalten, sind entsprechende Perspektiven zu definieren. Die BI-Strategie wird durch die folgenden vier Perspektiven visualisiert:

## 1.2 BI-Vision und BI-Strategie

- **Anwendung:** Die Grundsätze hinsichtlich Informationsversorgung und Datenaufbereitung kommen in dieser Perspektive zur Geltung. Die Belange der Fachseite nehmen hier besonderen Einfluss. Sie spiegelt somit im großen Ganzen die Business-Strategie wieder.
- **Technologie:** Die erforderlichen Hilfsmittel und die Reporting-Architektur werden in diesem Punkt reflektiert. Themen der IT-Strategie werden durch diese Perspektive hauptsächlich repräsentiert.
- **Organisation:** Ressourcen und Organisationsform spielen in dieser Perspektive die Hauptrolle. Koordination und Steuerung der Reporting-Belange fällt gleichfalls in diese Rubrik.
- **Wirtschaftlichkeit:** Finanzwirtschaftliche Aspekte wie Total-Cost-of-Ownership oder Investitionen fließen im Bereich Wirtschaftlichkeit ein. Der im Business-Intelligence-Verständnis formulierte Grundsatz hinsichtlich eines optimalen Kosten-Nutzen-Verhältnisses wird an dieser Stelle betrachtet.

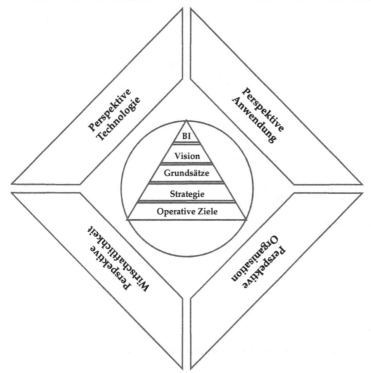

**Abbildung 1-2:** BI-Strategie, BI-Vision und Perspektiven

### 1.2.6 Operative Ziele

Für diese vier Perspektiven lassen sich demzufolge Ziele und Maßnahmen konkretisieren. Eine Terminierung und Priorisierung der operativen Ziele ist in der Folge ebenfalls möglich. Die operativen Ziele sind hierbei in quantifizierbare und nicht quantifizierbare Ziele unterteilbar. Ein passendes Controlling, insbesondere für quantifizierbare Ziele, kann durch die Festlegung zugehöriger Messgrößen bzw. Kennzahlen implementiert werden und durch ein adäquates Berichtswesen dargestellt werden.

Um entsprechende operative Ziele ableiten zu können, werden nachfolgend die vier Perspektiven näher beleuchtet.

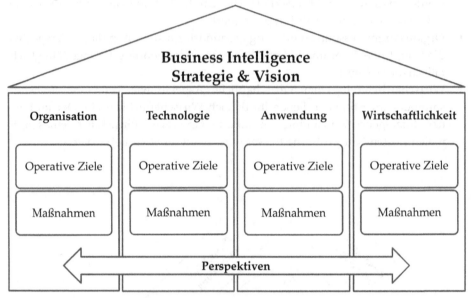

**Abbildung 1-3:** Perspektiven und operative Ziele

## 1.3 Perspektive Organisation

Die Perspektive Organisation fokussiert auf:

- Interessengruppen
- Roadmap
- Aufbauorganisation
- Human Capital Management.

### 1.3.1 Interessengruppen

Die Belange der einzelnen Interessengruppen sind in einer BI-Strategie zu berücksichtigen:

- Management
- Anwender
- Betreuer
- Entwickler
- Sponsor

## 1.3 Perspektive Organisation

Das Management vertritt zusammen mit den Anwendern die fachliche Sicht, insbesondere auch hinsichtlich der Prozessgestaltung. Zusätzlich sind die Interessen aus IT-technischer Sicht durch die Gruppen Betreuer und Entwickler vertreten. Die finanzielle Seite wird durch den Sponsor in der Regel dem CFO bzw. CIO vertreten.

Nur wenn alle fünf Interessengruppen durch die Wahl passender Ziele einbezogen werden, besteht die Möglichkeit, die BI-Strategie erfolgreich umsetzen zu können.

**Abbildung 1-4:** Interessengruppen[3]

### 1.3.2 Roadmap

Die BI-Vision und BI-Strategie führt zur Bildung unterschiedlicher Vorhaben. Die zugrunde liegende Terminierung dieser Vorhaben kann auf einfacher Art und Weise mittels einer Roadmap abgebildet werden (siehe Abbildung 1-5). Die geplanten Start- und Endtermine für die einzelnen Vorhaben sind somit in komprimierter Form ersichtlich.

Eine ausgearbeitete Roadmap gibt hier die Richtung und somit den Pfad vor. Auch einzelne bedeutende Etappenziele können besonders hervorgehoben werden. Neben technischen Informationen zu Upgrades sind auch fachbezogene Themen und die allgemeine Weiterentwicklung des Business-Intelligence-Portfolios von Belang.

---

3  Figuren: © istockfoto

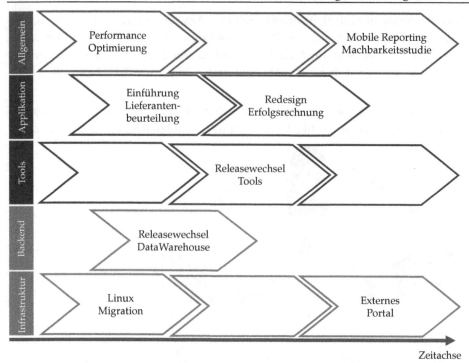

**Abbildung 1-5:** Business-Intelligence-Roadmap

### 1.3.3 Aufbauorganisation

Durch die Wahl einer geeigneten Aufbauorganisation wird die sinnvolle Klärung von Fragen und Aufgaben, die die Themen Business-Intelligence betreffen, erreicht. Primärer Punkt ist hierbei die Klärung der Organisationsform.

Neben der reinen durch IT-Spezialisten besetzten Business-Intelligence-Abteilung innerhalb der Informatik gibt es auch Lösungen, bei der eine zentrale Stabstelle oder entsprechend ein Business-Intelligence-Competence-Center, kurz BICC, innerhalb der Unternehmensorganisation verankert wird. Bei allen Lösungen ist die gemeinsame Komponente, dass das Thema Business-Intelligence in einem Zuständigkeitsbereich gebündelt wird.

Die organisatorische Ansiedlung des Business-Intelligence-Competence-Centers ist nicht zwingend in der Informatik zu suchen. Alternativ kann dieses Competence Center auch innerhalb des Fachbereichs eingerichtet sein.

Eine weitere Organisationsvariante ist die Einrichtung dieses Competence Centers auf Basis eines virtuellen Teams. Sowohl Fachbereich als auch Informatik sind in diesem virtuellen Team entsprechend integrierbar.

### 1.3.4 Human Capital Management

Neben der Organisationsfrage ist auch die Klärung der jeweiligen Verantwortungsbereiche ein bestimmender Faktor in der Umsetzung der BI-Strategie. Die Rollen und Aufgaben der einzelnen Mitarbeiter sind zu klären. Insbesondere ist zu definieren, welches Aufgabengebiet der Fachbereich und ebenso welches Aufgabengebiet die Informatik wahrnimmt.

Ein weiteres Thema ist in diesem Zusammenhang auch die Zusammenstellung des BI-Teams und dessen Teamgröße. Diese variiert sicherlich in Abhängigkeit von Unternehmensgröße und Reifegrad des Business-Intelligence-Portfolios.

Auf die Mitarbeiter bezogen sind die individuellen Fähigkeiten eine wichtige Komponente, welche durch Fördermaßnahmen die Grundlagen schaffen, dass eine Weiterentwicklung des Themas Business-Intelligence im Sinne der Strategie gewährleistet ist. Dieses Know-How ist einerseits hinsichtlich der Realisierung, Betreuung und Nutzung von Applikationen zu fördern, andererseits sind der Nutzen und die Einsatzmöglichkeiten von BI-Lösungen aufzuzeigen.

### 1.3.5 Zielbeispiel

In Bezug auf die verschiedenen Perspektiven lassen sich operative Ziele bestimmen. Ein operatives Ziel kann zum Beispiel folgendes sein:

> *Zielbeispiel für die Perspektive Organisation*
> Optimierung des Know-How-Sharings durch webbasierte Lösungen wie E-Learning und entsprechenden Wikis bis zum Ende des Jahres.

## 1.4 Perspektive Technologie

Die Perspektive Technologie beinhaltet folgende Themen:

- Architektur
- Datenintegration
- Performance
- Betrieb
- Innovationen

### 1.4.1 Architektur

Dreh- und Angelpunkt ist die Datenhaltung, in der Regel in der Form eines Data-Warehouses. Die Umsetzung einer Data-Warehouse-Architektur hängt jedoch von vielen verschiedenen Einflussgrößen ab. Zur Veranschaulichung werden drei grundlegende Modellvarianten dargestellt und kurz erläutert. Letztendlich ist dieses Thema ein elementarer Punkt der BI-Strategie.

Modell 1 ist das einzige zentrale und globale Data-Warehouse. Die Vorteile sind offensichtlich. Durch ein einzelnes Data-Warehouse ist das Risiko redundanter

Daten minimiert und die Gefahr von Inkonsistenzen reduziert. Alle reporting-relevanten Daten werden an einer Stelle zusammengeführt und stehen an dieser für Auswertungszwecke zur Verfügung.

**Abbildung 1-6:** Zentrales Data-Warehouse

Modell 2 stellt eine Variante dar, bei der mehrere Data-Warehouse-Systeme global verteilt sind. Die Möglichkeit der Zentralisierung hängt jedoch maßgeblich von der Unternehmensgröße und Unternehmensstruktur ab. Zusätzlich spielen auch Anforderungen hinsichtlich Verfügbarkeit eine entscheidende Rolle.

**Abbildung 1-7:** Geographisch verteilte Data-Warehouse-Systeme

Modell 3 basiert auf einer Hub-und-Spoke-Architektur (Speicherarchitektur). Bei dieser Architektur werden die Daten zusätzlich in speziellen Data-Marts abgelegt. Die Daten für die einzelnen DataMarts (Spoke = Speichen) werden durch das zentrale Data-Warehouse (Hub = Nabe) zur Verfügung gestellt.

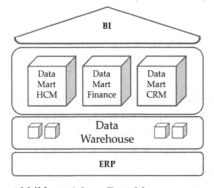

**Abbildung 1-8:** Data-Marts

Hintergrund für diese redundante Datenablage können fachliche Anforderungen sein, die eine Datenbereitstellung in einem losgelösten separaten Tool erfordern. Ein Beispiel hierfür sind Geoinformationssysteme, die oftmals eine eigene Datenbasis voraussetzen. Des Weiteren sind auch Aspekte hinsichtlich Performance oder Datenschutz Gründe für die Einrichtung von Data-Marts.

### 1.4.2 Datenintegration

Die unterschiedlichen Quellen sind bei der Datenintegration zu berücksichtigen. Interne Quellen mit oftmals heterogenen Systemen im Hintergrund, aber auch externe Quellen werden üblicherweise in eine Business-Intelligence-Lösung integriert. Die Strategie hält für die jeweilige Quelle die Art der Integration fest. Unter Art der Integration ist zu verstehen, ob zum Beispiel von Seiten des Herstellers eine vollautomatische Schnittstelle besteht. Eventuell sind spezielle ETL-Tools einzusetzen. Im worst case sind die Daten manuell in das System einzuspielen.

Neben diesen klassischen Varianten des direkten Datenladens in das Data-Warehouse-System, sind auch Lösungen zu beachten, bei denen keine persistente und physische Datenhaltung erfolgt. Hintergrund ist das Thema Realtime-Reporting. Eine permanente Aktualisierung des Datenbestands für diesen Zweck ist nicht umsetzbar. Vielmehr sind hier Lösungen abzubilden, bei denen eine virtuelle Datenhaltung erfolgt, d.h. dass zur Laufzeit ein direkter Zugriff auf die Datenbasis des liefernden Quellsystems erfolgt.

### 1.4.3 Performance

Performance ist eines der bedeutsamsten Themen im Business-Intelligence-Umfeld. Innerhalb von BI-Lösungen taucht dieser Punkt an vielen Stellen auf. Die Datenextraktion und das Aufbereiten und Ablegen der Daten ist ebenfalls aus Gesichtspunkten der Performance zu beachten, insbesondere betreffend Antwortzeiten im Berichtswesen selbst. Nur angemessene Antwortzeiten führen letztendlich zu einer adäquaten Benutzerakzeptanz. Welche tatsächliche Laufzeit als angemessen einzustufen ist, hängt von der Komplexität und vom Umfang der Analyse ab. Die Optimierung der Performance ist daher ein Dauerthema in der Strategie.

### 1.4.4 Betrieb

Die Business-Intelligence-Architektur ist zu monitoren und zu unterhalten. Dabei schlägt die IT-Strategie mit ihren bewährten Konzepten wie ITIL und den zugehörigen Service Support und Service Delivery vollständig durch. Service Level Agreements sind hier genauso zu definieren wie die Handhabung des Change-Request-Managements. Die Systemwelt ist unmittelbar tangiert von dieser Strategie, zum Beispiel durch die Fragestellung, ob eine Umgebung mit zwei Systemen (Test- und Produktivsystem) oder eine mit drei Systemen (zusätzliches Integrationssystem) eingerichtet werden soll.

Ein weiterer Schwerpunkt ist das Thema IT-Security-Management, insbesondere im Bereich Business. Zum einen können aggregierte Daten auf Konzernebene wie das Profit & Loss-Statement abrufbar sein und zum anderen sind eventuell sehr detaillierte und sensible Daten wie zum Beispiel Krankheitsstunden einzelner Personen im System ersichtlich.

### 1.4.5 Innovationen

Als weiterer Bestandteil der Strategie ist der Umgang mit Innovationen anzuführen. Hier kann ein prinzipieller Umgang mit dieser Thematik hinterlegt werden. Zwei prinzipielle Philosophien sind hinsichtlich Innovationen üblich:

Variante 1 ist der "Early Adopter". Neueste Technologien und Lösungen werden unmittelbar eingesetzt. Die Vorteile dieser Variante sind einleuchtend: Durch die frühe Implementierung soll frühzeitig ein Vorsprung gesichert werden.

Variante 2 ist der "Fast Second". Vergleichend zur ersten Variante ist das Risiko hier wesentlich geringer. Neueste technologische Trends halten dann Einzug, wenn ein gewisser Reifegrad erreicht ist. Die Gefahr eine grüne Banane zu erwerben, ist in dieser Variante nicht gegeben.

Bei diesen beiden Varianten handelt es sich um eine schwarz-weiße Darstellung. Durch Maßnahmen wie die Durchführung von Machbarkeitsstudien oder die Erstellung von Prototypen kann dem Risiko des Scheiterns bei einer raschen Einführung entgegengewirkt werden. Für diesen ergänzenden Weg sind jedoch letztendlich auch wiederum entsprechende personelle und finanzielle Ressourcen erforderlich.

### 1.4.6 Zielbeispiel

Basierend auf diesen Themen ist die Definition von operativen Zielen möglich. Ein operatives Ziel kann zum Beispiel folgendes sein:

> *Zielbeispiel für die Perspektive Technologie*
>
> Konzeptionierung und Aufbau der technischen Umgebung zur Realisierung von Mobile-Reporting-Anwendungen im dritten Quartal des laufenden Jahres.

## 1.5 Perspektive Anwendung

Die Perspektive Anwendung liefert Antworten zu folgenden Bereichen:

- Applikationen
- Funktionalität
- Benutzerfreundlichkeit
- Frontend-Tools
- Datenqualität

## 1.5 Perspektive Anwendung

### 1.5.1 Applikationen

Die Betrachtung der Controlling-Prozesse führt zur Identifikation von fünf Grundapplikationen. Diese Grundapplikationen sind in Abbildung 1-9 dargestellt.

Unter Reporting wird das betriebliche Standardberichtswesen verstanden. Diese Berichte können sowohl in Papierform als auch in elektronischer Form beispielsweise als Dashboard umgesetzt sein. Gemeinsam ist jeweils die Fokussierung auf die Informationsdarstellung durch entsprechende Berichtslayouts.

Im Gegenzug ist die Analyse zu sehen, die einen hohen Freiheitsgrad in der Navigation durch das Datenmeer bietet. Starre Strukturen treten hier in den Hintergrund. Die einfache und insbesondere schnelle Navigation mittels OLAP-Funktionen wie Drill-Down sind entscheidend.

Auch eine noch so feine Berichtsstruktur kann die Kommentierung nicht ersetzen. Die Kommentierung beinhaltet insbesondere Hinweise zu Abweichungsursachen und den zu ergreifenden Maßnahmen.[4]

Simulationen oder das Durchspielen von unterschiedlichen Szenarien sind weitere Grundapplikationen. Hier gilt es basierend auf angemessenen Modellen adäquate Wenn-dann-Analysen durchzuführen.

Abschließend ist die Planung anzuführen. Durch entsprechende Planungsprozesse ist zu gewährleisten, dass die Umsetzung der strategischen und operativen Planungen mit den letztendlich resultierten Budgets optimal erfolgt.

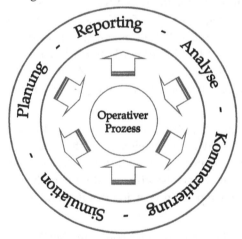

**Abbildung 1-9:** Business-Intelligence-Grundapplikationen

Der weitere sowohl horizontale als auch vertikale Ausbau der Grundapplikationen ist ein Punkt, der in der Business-Intelligence-Strategie festzuhalten ist. Die horizontale Durchdringung spiegelt die Integration zusätzlicher operativer Geschäfts-

---

4 Siehe Klenger, Franz: Operatives Controlling, S. 614

prozesse in die Reporting-Umgebung wieder. Vertikale Erweiterung betrifft die funktionale Optimierung und die Automatisierung der Applikationen selbst.

### 1.5.2 Funktionalität

Um den maximalen Nutzen aus den einzelnen Applikationen zu gewinnen, sind die entsprechenden Funktionen grundlegende Voraussetzung.

Das Thema Mobile-Reporting kann beispielsweise nur durch das Vorhandensein einer passenden Infrastruktur realisiert werden.

Durch integrierte Planungsprozesse, welche Planungsszenarien und unterstützende Planungswerkzeuge bieten, kann der Fokus von der reinen Datenerfassung auf die eigentliche Aufgabe der Planung gelenkt werden.

Für jede einzelne Grundapplikation sind funktionale Erweiterungen denkbar. In der Strategie sind Maßnahmen festzuhalten, welche die erfolgreiche Einführung zusätzlicher Funktionen oder deren Optimierung ermöglichen.

### 1.5.3 Frontend-Tools

Die eingesetzten Software-Lösungen unterliegen einem Wartungszyklus. Nehmen wir das Office-Produkt Microsoft Excel, so stellen wir fest, dass das Thema Release-Wechsel eine wichtige Rolle spielt. Die Verzahnung der IT-Strategie und der Business-Intelligence-Strategie wird hier nochmals sehr deutlich.

Einerseits wirkt ein in der IT-Strategie festgelegter Release-Wechsel insofern unmittelbar auf die Business-Intelligence-Strategie, als dass die Gewährleistung der bestehenden Funktionalität gesichert werden muss. Bei der Betrachtung beispielsweise des Release-Wechsel von Excel 2003 auf Excel 2010 wird offensichtlich, dass auch Schulungen in Bezug auf BI-Anwendungen notwendig sind. Zwar sind die Funktionen im Excel alle erhalten geblieben, wurden aber in ein gänzlich neues Benutzeroberflächen-Konzept eingebunden.

Andererseits kann aus der Business-Intelligence-Strategie heraus die IT-Strategie durch die Einführung neuer Funktionen und Möglichkeiten betroffen sein. Als Beispiel kann wiederum das Thema Mobile-Reporting angeführt werden. Die Verfügbarkeit neuer Funktionen kann aber auch beispielsweise von dem Betriebssystem und entsprechender Komponenten abhängig sein (Version des Browsers oder des Office-Pakets).

In Abhängigkeit von der Unternehmensgröße und dessen geographischer Verteilung spielen länderspezifische Merkmale, insbesondere die Sprache eine Rolle bei der Festlegung der Strategie für die Frontend-Tools. Ergänzend kommt das Thema der Softwareverteilung hinzu. Dies ist vor allem dann ein Thema wenn auf den jeweiligen Endgeräten ein lokaler Client zu installieren ist. Dass genau dies eine zunehmend komplexere Materie wird, zeigt das Thema „Bring-Your-Own-Device".

## 1.5.4 Benutzerfreundlichkeit

Performance ist nicht der alles entscheidende Gesichtspunkt, wenn die Benutzerfreundlichkeit betrachtet werden soll.

Die Verfügbarkeit und der intuitive Zugriff auf die Business-Intelligence-Anwendungen ist ebenfalls ein zu berücksichtigender Punkt. Das Auffinden der jeweiligen Anwendung oder einzelner Reports ist zu unterstützen. Idealerweise kann der Benutzer selbst die Zugriffsstruktur seiner Anforderungen dynamisch und individuell abbilden.

Ebenfalls zu klären und abzugrenzen ist der Einsatz von Office-Lösungen wie beispielsweise Excel im Vergleich zu webbasierten Lösungen. Welche Frontend-Technik soll bei der jeweiligen Anwendung eingesetzt werden. Neben funktionalen Anforderungen sind auch administrative Belange zu berücksichtigen. Konkreter ist die Frage, ob jeweils ein spezieller Client auf den jeweiligen Rechner auszurollen ist oder ob eine entsprechende Server-basierte Lösung zum Zug kommt.

Insbesondere beim Einsatz verschiedener technologischer Plattformen stellt sich die Frage hinsichtlich der Durchgängigkeit der Handhabung in den einzelnen Tools. Im schlechtesten Fall ist der Anwender bei jeder einzelnen Anwendung mit unterschiedlicher Funktionalität und unterschiedlicher Bedienung konfrontiert.

## 1.5.5 Datenqualität

Die Verlässlichkeit der Informationen ist eine essentielle Voraussetzung und somit ein wichtiger Aspekt in der Strategie. Zum einen ist deshalb die klare und eindeutige Definition von Kennzahlen eine wichtige Voraussetzung, zum anderen ist eine befriedigende Prozess-Stabilität in der Datenaufbereitung selbst ein weiterer entscheidender Baustein im Hinblick auf die Verlässlichkeit der Informationen.

Je nach Festlegung ist die nachträgliche Erstellung eines Berichts, Reproduzierbarkeit von Berichtsdaten, sicherzustellen. Ein Report, der z.B. Bilanzdaten zu einem Stichtag wiedergibt, sollte die gleichen Zahlen auch zu einem späteren Zeitpunkt wieder korrekt darstellen. Dieses Thema mag sich auf der hoch verdichteten Darstellungsform einer Bilanz relativ trivial anhören. Bei komplexeren Themen wie beispielsweise die Zuordnung von Artikelnummern zu Produktgruppen oder Kunden zu Verbänden ist dies schon präziser zu konkretisieren. Hier stellt sich die Frage, ob die Daten in der jeweils aktuell gültigen Zuordnung dargestellt werden sollen oder ob eine historische Sicht dargestellt werden soll. Selbstverständlich kann das Resultat letztendlich lauten, dass „sowohl als auch" bzw. beide Varianten abzubilden sind.

Relativ schnell ist der Konsens betreffend der Aussage „Single-Point-of-Truth", kurz SPOT, gefunden. SPOT steht für das Prinzip, dass es einen allgemeingültigen Datenbestand gibt, dessen Inhalt korrekt und verlässlich ist. Insbesondere im Falle von redundant gehaltenen Daten ist es zwingend notwendig, ein Datenmodell zu entwickeln, das die erforderliche Verlässlichkeit und Qualität gewährleistet. Dies in der Praxis umzusetzen, ist IT-technisch nicht immer einfach. Ein Data-Warehouse muss hierzu entsprechende Funktionen bereitstellen. Auf der betriebswirtschaftlichen Seite ist der Aufwand in der Regel sogar noch höher. Wie bereits eingangs erwähnt, sind klare Definitionen erforderlich, welche auch bei unterschiedlichen Betrachtungsweisen und in verschiedenen Systemen gültig sein müssen.

Zusätzlich spielt die Verwaltung der Stammdaten eine erhebliche Rolle. Bei einer heterogenen oder historisch gewachsenen Struktur treten auch die Prozesse der Stammdaten-Harmonisierung und Stammdaten-Konsolidierung in das Blickfeld. Diese ganze Problematik wird unter dem Begriff Master-Data-Management zusammengefasst. Durch das Master-Data-Management wird eine konsistente Informationsgrundlage geschaffen.

### 1.5.6 Zielbeispiel

Die Festlegung von operativen Zielen kann beruhend auf diesen Aufgabenbereichen durchgeführt werden. Ein operatives Ziel kann zum Beispiel folgendes sein:

> *Zielbeispiel für die Perspektive Anwendung*
>
> Beschleunigung des Planungsprozesses durch Aufbau einer integrierten Planungsanwendung für die nächste Budgetrunde um drei Arbeitstage.

## 1.6 Perspektive Wirtschaftlichkeit

Die Perspektive Wirtschaftlichkeit befasst sich mit:

- Finanzen (Investitionen und Kosten)
- Insourcing und Outsourcing
- Lizenzpolitik
- Erfolgsmessung

### 1.6.1 Finanzen

Die finanzielle Bewertung der einzelnen strategischen Maßnahmen und deren Bezug zur Unternehmensstrategie stehen selbstverständlich im Fokus.

Die Projektliste im Bereich Business-Intelligence ist oftmals sehr umfangreich und zum Teil mit erheblichen Investitionsfolgen verbunden. Die Kostenentwicklung bleibt dadurch ebenfalls nicht unberührt. Auf der anderen Seite spielen begrenzte Budgets eine entscheidende Rolle. Der Spagat zwischen Beibehaltung oder gar Ausbau des Nutzens von Business-Intelligence-Lösungen und gleichzeitiger Optimierung der Kostenstruktur ist somit eine anspruchsvolle Herausforderung.

Ein Lösungsansatz stellt das wertorientierte IT-Management dar. Die Rolle der IT ist dabei als Enabler für die Geschäftstätigkeit zu verstehen. Die IT emanzipiert

## 1.6 Perspektive Wirtschaftlichkeit

sich vom Status des reinen Technologie-Expertentums und fühlt sich für die Geschäftsprozesse mitverantwortlich.[5]

Die Betrachtung entsprechender Kosten und Investitionen wird in diesem Fall nicht ausschließlich auf deren Zahlengröße reduziert. Vielmehr wird das Ganze in Einklang mit der Unternehmensstrategie und dem entsprechenden finanziellen Rahmen betrachtet. Der Wertbeitrag der Informatik zur Gestaltung oder Optimierung neuer und bestehender Geschäftsprozesse ist die entscheidende Größe. Die enge Zusammenarbeit von Fachbereich und Informatik ist eine grundlegende Voraussetzung zur Erreichung dieser Betrachtungsweise.

### 1.6.2 Insourcing und Outsourcing

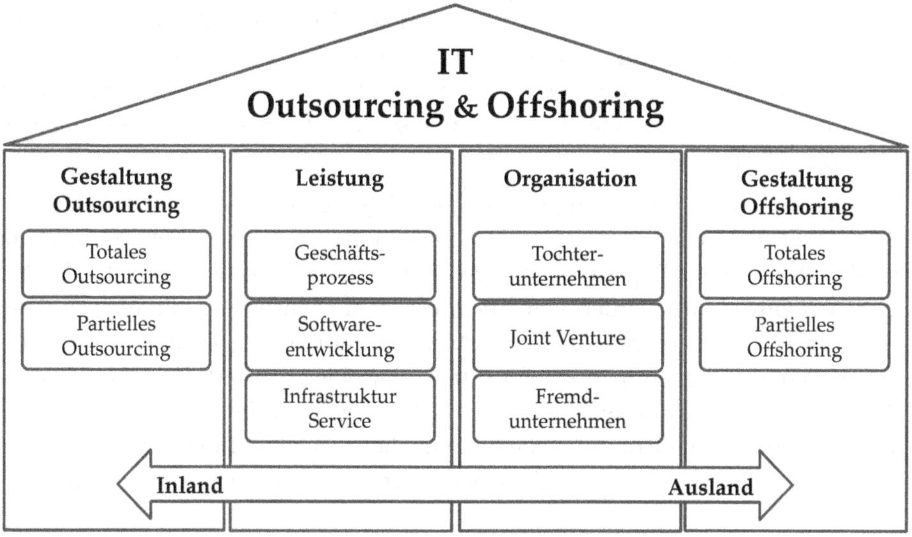

**IT Outsourcing & Offshoring**

| Gestaltung Outsourcing | Leistung | Organisation | Gestaltung Offshoring |
|---|---|---|---|
| Totales Outsourcing | Geschäftsprozess | Tochterunternehmen | Totales Offshoring |
| Partielles Outsourcing | Softwareentwicklung | Joint Venture | Partielles Offshoring |
|  | Infrastruktur Service | Fremdunternehmen |  |

⇐ Inland — Ausland ⇒

**Abbildung 1-10:** Outsourcing & Offshoring[6]

Welche Aufgaben im Bereich Business-Intelligence werden unternehmensintern erbracht bzw. sollen Tätigkeiten im Rahmen eines Outsourcings durch externe Dienstleistern ausgeführt werden? Als Erweiterung kann das IT-Offshoring verstanden werden, welches zusätzlich Aspekte hinsichtlich Verlagerung ins Ausland berücksichtigt. Die verschiedenen Formen des IT-Offshorings sind in Anlehnung an Amberg und Wiener in Abbildung 1-10 dargestellt.

Die Gründe für die Durchführung einer Outsourcing- oder Offshoring-Maßnahme sind von Fall zu Fall unterschiedlich. Die Kompensation von Ressourcenengpässen, die Verbesserung der Prozesse oder eventuell die Senkung der Kosten können beispielhaft aufgezählt werden. Entscheidend ist jedoch die Klärung der Ausprägung der drei dargestellten Formen: Organisationsform, Gestaltungsform und

---

5  Siehe Buchta, Dirk & Eul, Marcus et al.: Strategisches IT Management, S.95
6  Siehe Amberg, Michael & Wiener, Martin: IT-Offshoring, S. 7

Leistungsform. Die allgemeine Fragestellung kann demzufolge wie folgt formuliert werden: Welche Dienstleistung wird in welcher Form wo erbracht?

### 1.6.3 Lizenzpolitik

Neben dem rein rechtlichen Standpunkt hat das Lizenzmanagement zusätzlich einen monetären Aspekt. Die Kostensituation soll transparent aufbereitet werden, u.a. durch den Abgleich der benötigten Softwareressourcen mit dem vorhandenen Lizenzbestand. Eine teure Überdeckung oder eine kritische Unterdeckung kann somit vermieden werden. Je nach Ausprägung des Lizenzmodells ist eine Gegenüberstellung des Nutzungsverhaltens zu dem vereinbarten Lizenzmodell möglich.

Ein zunehmend wichtig werdender Punkt in der Lizenzpolitik ist das Thema Open-Source Software oder Softwarelösungen, die der General Public License bzw. Creative-Commons-Lizenz unterliegen. Im Rahmen der Lizenzpolitik ist der Einsatz derartiger Softwarelösungen festzulegen. Klarer Vorteil dieser Lösungen ist der monetäre Aspekt. Diesen gilt es gegenüber eventuellen Support- und Garantieleistungen abzuwägen.

Eine weitere Alternative kann „Business-Intelligence as a Service" darstellen. Basierend auf der „Software as a Service"-Philosophie werden spezielle Services im Bereich Business-Intelligence angeboten. Statt einer kompletten eigenständig betriebenen Umgebung werden von einem externen Dienstleister alle notwendigen Funktionen als Service mittels Webbrowser zur Verfügung gestellt. Unterschiedliche Werkzeuge können in Abhängigkeit des jeweiligen Bedarfs sowohl zeitweise als auch im Umfang flexibel eingesetzt werden. Die Verrechnung kann hierbei auf der Basis unterschiedlicher Modelle erfolgen, beispielsweise durch eine monatliche Pauschale einerseits oder durch die Anzahl der ausgeführten Transaktionen andererseits.

### 1.6.4 Erfolgsmessung

Durch die Bereitstellung eines adäquaten und effizienten IT-Controllings kann mittels der Erfolgsmessung zwei entscheidenden Punkten Rechnung getragen werden.

Erstens kann der Nachweis hinsichtlich festgelegter Kriterien des Service Level Agreements (SLA) erbracht werden. Ein SLA ist gemäß Albrecht Olbrich „ein schriftliches Vertragsdokument, welches die Rechte und Pflichten der Vertragsparteien Kunde und Dienstleister, in Bezug auf den Zweck und die Erbringung von IT-Serviceleistungen vertraglich regelt, wobei auch die jeweils geltenden gesetzlichen Haftungs- und Rechtsbestimmungen zum Tragen kommen."[7]

Zweitens sorgt das IT-Controlling hier für die notwendige Transparenz. Dies kann beispielsweise durch eine verursachungsgerechte Aufbereitung der zur Verfügung

---

7 Siehe Olbrich, Albrecht: ITIL kompakt und verständlich, S.91

gestellten Ressourcen ermöglicht werden. Das IT-Controlling schafft somit die notwendigen Grundlagen für die Optimierung der Steuerung, Planung und Koordination der verschiedensten Themen, zum Beispiel hinsichtlich folgender Fragestellungen:

- Welcher Service wird von welcher Geschäftseinheit in Anspruch genommen?
- Welches Projekt wird in welchem Umfang umgesetzt?

Prozessverbesserungen und Effizienzsteigerungen können im Zuge des IT-Controllings mit einem adäquaten Berichtswesen visualisiert werden, so dass letztendlich Business-Intelligence nicht nur als reiner Kostenfaktor wahrgenommen wird.

### 1.6.5 Zielbeispiel

In diesem Umfeld ist es ebenfalls möglich, operative Ziele für diese Perspektive zu definieren. Ein operatives Ziel kann zum Beispiel folgendes sein:

> *Zielbeispiel für die Perspektive Wirtschaftlichkeit*
> Prüfung der Möglichkeiten und Grenzen des Einsatzes des OpenSource-Lösung „OpenOffice.org 3" im 2. Quartal.

## 1.7 Zielkonflikte

Für die vier Perspektiven können jeweils operative Ziele definiert werden. Dies können je Perspektive mehrere Zielgrößen sein, was unter Umständen zu Problemen und Konflikten führen kann.

Anhand der Beispiele in Abbildung 1-11 soll dieses Dilemma verdeutlicht werden.

| | | | |
|---|---|---|---|
| Organisation | Ziel „O1" | Ziel „O2"<br>Weiterbildungspaket „Sprachen" | Ziel „O3" |
| Anwendung | Ziel „A1"<br>Erhöhung Benutzerfreundlichkeit durch Einsatz von MS Excel | Ziel „A2"<br>Aufbau Reporting-Applikation „LifeCycle-Management" | Ziel „A3"<br>Sales-Dashboards für den Außendienst |
| Technologie | Ziel „T1"<br>Reduktion des administrativen Unterhalts | Ziel „T2"<br>Performance-optimierung durch In-Memory-Technik | Ziel „T3" |
| Wirtschaftlichkeit | Ziel „W1" | Ziel „W2"<br>Steigerung BI Business Value | Ziel „W3"<br>Lizenzverwaltung: Aktualisierung Benutzerklassifizierung |

**Abbildung 1-11:** Ziele-Matrix

„Zwischen zwei Zielgrößen kann Neutralität, Komplementarität oder Konkurrenz (Zielkonflikt) bestehen. Zwei Zielgrößen stehen dann zueinander im Verhältnis der Neutralität, wenn die Maßnahmen zur Verbesserung der einen Zielgröße keinen Einfluss auf die Ausprägung der anderen Zielgröße haben. Komplementarität zwischen zwei Zielgrößen liegt dann vor, wenn die Maßnahmen zur Verbesserung der einen Zielgröße zugleich auch zu einem besseren Ergebnis hinsichtlich der anderen führen. Zwischen zwei Zielgrößen besteht Konkurrenz (Konflikt), wenn die Maßnahmen zur Verbesserung der einen Zielgröße die andere Zielgröße beeinträchtigen."[8]

### 1.7.1 Beispiel 1: Konkurrenz

Die beiden Ziele A1, Erhöhung Benutzerfreundlichkeit durch Einsatz von MS Excel, und das Ziel T1, Reduktion des administrativen Unterhalts, sollen in diesem ersten Fall näher betrachtet werden.

In der Regel erfordern nach wie vor Frontend-Tools im Business-Intelligence-Umfeld eine zusätzliche Installation auf dem lokalen Rechner. Dies ist insbesondere dann der Fall, wenn es sich um Lösungen auf Basis von beispielsweise MS Excel handelt.

Einerseits führt dies dazu, dass beim Anwender eine deutlich höhere Akzeptanz der Business-Intelligence-Applikationen erreicht wird. Gerade der Einsatz von Werkzeugen basierend auf Excel bietet dem Anwender eine Fülle an Möglichkeiten. Des Weiteren sind die einzelnen Office-Lösungen in den Unternehmen jeweils sehr gut verbreitet. Das Know-how im Umgang mit dieser Software ist somit vorhanden. Dies bedeutet, dass ein Ziel hinsichtlich der Einführung neuer funktionaler Möglichkeiten und eine erhöhte Benutzerakzeptanz erreicht werden kann.

Andererseits ist in der Perspektive Technologie das Thema „Betrieb" zu beachten. Der Unterhalt spezieller Softwarelösungen ist oftmals mit entsprechendem Aufwand versehen. Neue Versionen, länderspezifische Einstellungen oder spezifischen Abhängigkeiten von Gerätetypen sind hier als Aufwandtreiber zu sehen. Das Ziel T1 mit der Ausrichtung „Reduktion des administrativen Unterhalts" steht hier somit in Konkurrenz zum Ziel A1.

### 1.7.2 Beispiel 2: Komplementär

Der Begriff „komplementär" ist gleichbedeutend mit dem Ausdruck „ergänzend". Dieses sich gegenseitige Ergänzen soll basierend auf den Zielen A2, Aufbau Reporting-Applikation „LifeCycle-Management", und W3, Lizenzverwaltung: Aktualisierung Benutzerklassifizierung, behandelt werden.

Um beispielsweise Änderungen im Berichtswesen effizienter umsetzen zu können, sind Erkenntnisse aus dem LifeCycle-Management von Business-Intelligence-

---

[8] Siehe Laux, Helmut: Entscheidungstheorie, S. 67

Applikationen bedeutsam. Berichte, die nicht mehr benötigt werden, können erkannt und eliminiert werden und sind somit bei Wartungsmaßnahmen nicht zusätzlich zu berücksichtigen.

Das Ziel A2, Aufbau Reporting-Applikation „LifeCycle-Management", soll somit eine Umgebung schaffen, die Antworten auf die nachfolgend exemplarisch genannte Fragestellungen liefert:

- Welcher Report wird genutzt bzw. wird nicht genutzt?
- Wird der Report von einer Einzelperson oder von einer Gruppe verwendet?
- Wird der Report periodisch und häufig genutzt oder handelt es sich vielmehr um einen speziellen Bericht, der sehr selten abgerufen wird?
- Welche technische Abbildungsmethode wurde für den Report verwendet. Handelt es sich beispielsweise um einen Bericht basierend auf MS Excel oder einen Bericht der im WEB-Browser publiziert wird?

Auf dieser Datengrundlage lassen sich entsprechende Prozesse abbilden, welche die Verwaltung und Steuerung des Lebenszyklus des Produkts „Business-Intelligence-Report" steuern.

Auf der anderen Seite gibt es das Ziel W3", Lizenzverwaltung: Aktualisierung Benutzerklassifizierung. Die Aktualisierung kann auf verschiedenste Art und Weise durchgeführt werden:

- Manuelle Überarbeitung der Benutzerliste und deren Klassifizierung.
- Klassifizierung einzelner Benutzergruppen anhand ihres Aufgabengebiets.
- Der Software-Hersteller selbst ermittelt anhand von Hintergrundinformationen die jeweilige Einstufung.

Für das Lizenzmanagement liefert das LifeCycle-Management wertvolle Informationen. Die Benutzerklassifizierung ist mit dem tatsächlichen Benutzerverhalten validierbar. Eine Einstufung einzelner Benutzer in Kategorien wie Entwickler, intensiver Nutzer oder gelegentlicher Nutzer ist aufgrund dieser Datenbasis vornehmbar. Darüber hinaus kann überprüft werden, ob personenbezogene Einzellizenzen oder spezielle Gruppenlizenzen sinnvoll sind. Das LifeCycle-Management kann hierfür als Datengrundlage herangezogen werden für die Simulation verschiedener Lizenzmodelle.

### 1.7.3 Beispiel 3: Neutral

Das Ziel O2, Weiterbildungspaket „Sprachen", soll in diesem Beispiel Schulungsmaßnahmen für die Mitarbeiterkollegen hinsichtlich der Fremdsprache Englisch beinhalten. Dieses Ziel hat in dieser Form keinerlei Einfluss auf die anderen Ziele. Es ist völlig unabhängig umsetzbar.

Zwischen dem Ziel O2, Weiterbildungspaket „Sprachen", und beispielsweise dem Ziel A1, Erhöhung der Benutzerfreundlichkeit durch Einsatz von MS Excel, besteht somit Neutralität.

## 1.7.4 Beispiel 4: Partiell

In der Praxis kann die Konstellation zwischen einzelnen Zielen wesentlich komplexer sein. Eine reine Schwarz-Weiß-Einstufung der Gegebenheiten in Neutralität, Komplementarität und Konflikt wird nicht ausreichend sein. Es können verschiedene Schattierungen auftreten, welche als „partiell" bezeichnet werden. Der Begriff „partiell" wird folglich für Ziele verwendet, die teilweise neutral oder komplementär sind bzw. im Konflikt zu anderen Zielen stehen.

Die Beispielziele T2, Performanceoptimierung durch In-Memory-Technik, und W2, Steigerung BI Business Value" sollen diesen Sachverhalt präzisieren.

In-Memory-Datenbanken, wie beispielsweise die technische Lösung HANA (High Performance Analytic Application) von SAP, lassen erhebliche Performance-Steigerungen erzielen. Die relevanten Daten werden bei dieser Technik im Hauptspeicher beispielsweise spezieller Bladeserver gehalten. Der Zugriff auf den Hauptspeicher ist im Vergleich zu einem Zugriff mit herkömmlicher Methode auf Festplatten wesentlich schneller. Das Ziel T2 soll durch die Einführung dieser Technik die Vorteile der Performancesteigerung ermöglichen.

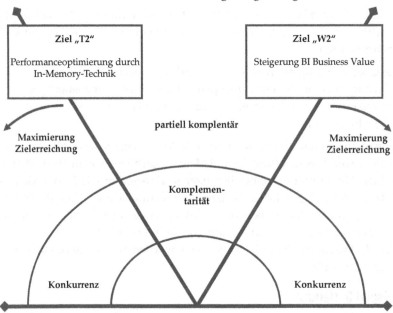

**Abbildung 1-12:** Komplementarität, partiell-komplementär, Konkurrenz

Das zweite zu betrachtende Ziel ist das Thema „Steigerung des BI Business Values" Die beispielhaft genannten Komponenten spielen hinsichtlich der Ermittlung des Business Values eine wesentliche Rolle:

- Wirtschaftlichkeit im Hinblick auf Total Cost of Ownership.
- Nutzbarkeit beispielsweise hinsichtlich Durchdringung im Unternehmen. Als Messgrößen können die Anzahl der realisierten BI-Applikationen, die Anzahl

der genutzten Berichte und die Anzahl der nutzenden Anwender herangezogen werden.
- Reportingeffizienz mit beispielsweiser zeitnaher und verlässlicher Berichterstellung.

Durch die Definition entsprechender Key-Performance-Indikatoren kann eine Informationsbasis zur Messung des Business Values geschaffen werden.

Die beiden Ziele T2 und W2 haben, je nachdem welcher Grad der Zielerreichung angestrebt wird, ein unterschiedliches Verhältnis zueinander.

Beispielsweise können durch den Einsatz der In-Memory-Technik in allen Applikationen und für alle Datenzeiträume erhebliche Kosten entstehen. Diese Zielmaximierung wird in dieser extremen Ausprägung zu einer Konkurrenz-Situation zum Ziel „Business Value" führen. In moderaten Konstellationen kann sich die Situation bis hin zur Komplementarität entspannen.

Ziel T2, Performanceoptimierung durch In-Memory-Technik und W2, Steigerung BI Business Value, sind somit als partiell komplementär einzustufen.

### 1.7.5 Auflösung von Zielkonflikten

Die Auflösung von Zielkonflikten kann auf verschiedene Art und Weise erfolgen. Nachfolgende Lösungsansätze können dabei Anwendung finden:
- **Hierarchisierung der Ziele:** Die einzelnen Ziele werden in eine Reihenfolge hinsichtlich ihrer Wichtigkeit geordnet. Ziel 1 dominiert demzufolge das untergeordnete Ziel 2. Ziel 2 wiederum dominiert Ziel 3 usw.
- **Gewichtung der Ziele:** Jedes einzelne Ziel wird anhand von verschiedenen Kriterien beurteilt. Dies kann beispielsweise mittels Schulnoten erfolgen, so dass letztendlich eine Gesamtnote für das einzelne Ziel vergeben werden kann.
- **Eliminierung von Zielen:** Das Weglassen von Zielen stellt ebenfalls eine Lösungsvariante dar.

## 1.8 Fazit

Eine makellose, aber dennoch gescheiterte Strategie ist eine reelle Gefahr. Viele Probleme tauchen nicht in der Erstellung und Ausarbeitung einer Strategie, sondern letztendlich in der erfolgreichen Umsetzung auf. Eine im Mai 2010 von Deloitte durchgeführte Studie hinsichtlich dem Thema Unternehmensstrategie führt bereits als ersten Punkt folgendes auf: „Unternehmen tun sich schwer, wenn es um die konsequente Umsetzung geht. Ein erheblicher Teil der strategischen Ziele wird nicht realisiert". Mit 75% beurteilt ein sehr hoher Anteil der befragten Unternehmen die Strategieumsetzung als erfolgskritischer als die Strategieentwicklung.[9]

---

9 Siehe Deloitte Center for Strategy Execution Mai: Strategieumsetzung – Haben Sie das Thema im Griff?, S. 4 und S. 8

Rein rhetorisch ist deshalb die Frage, ob diese Erkenntnis hinsichtlich Unternehmensstrategien auf das Thema der BI-Strategie übertragen werden kann. Die Ursachen sind vielfältig und von Fall zu Fall verschieden. Dennoch können einige Hauptgründe gefunden werden:

- Mangelhafte Kommunikation der Strategie und der abgeleiteten Ziele
- Unzureichende Konkretisierung der Ziele, insbesondere der operativen Ziele
- Unzulängliche Auflösung von Zielkonflikten
- Fehlendes Umsetzungsmodell

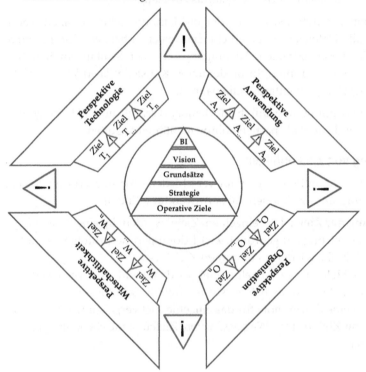

**Abbildung 1-13:** BI-Strategien und Ziele

Zusammenfassend ist festzustellen, dass eine reine Business-Intelligence-Strategie nicht ausreichend sein wird. Die Fokussierung auf Strategie und Ziele stößt hier an Grenzen.

Die Strategie und die Ziele sind zusätzlich um Methoden und Werkzeuge zu ergänzen. Das nachfolgende Kapitel stellt dies anhand der Lean-Reporting- Philosophie dar.

# 2 Lean-Reporting als Philosophie

*Es ist nichts beständiger
als die Unbeständigkeit
Kant*

## 2.1 Einblick

Das Vorhandensein einer Business-Intelligence-Vision und Business-Intelligence-Strategie ist wichtig. Für die Schaffung eines Umfelds zur nachhaltigen Steigerung der Effizienz im Berichtswesen selbst ist dies alleine nicht ausreichend. Für diesen Zweck wird eine Philosophie benötigt, die die Herangehensweise an die vielfältigen und unterschiedlichen Aufgaben und Fragestellungen charakterisiert. Die Lean-Reporting-Philosophie ist dafür die ideale Voraussetzung und wird in den nachfolgenden Kapiteln präsentiert:

- Grenzen der Business-Intelligence-Strategie
- Vorstellung Lean-Management
- Verschwendung und Verschwendungsarten
- Lean-Thinking
    - ✓ Der Wert
    - ✓ Der Wertstrom
    - ✓ Das Fluss-Prinzip
    - ✓ Das Pull-Prinzip
    - ✓ Die Perfektion
- Lean-Reporting-Philosophie

## 2.2 Grenzen der puren Strategie

Die Erstellung einer Business-Intelligence-Strategie mit entsprechend abgeleiteten strategischen und operativen Zielen ist notwendig und wichtig. Die Bedeutung ist völlig unabhängig von der Unternehmensgröße; denn nur durch eine adäquate und stimmige Strategie kann das Thema Business-Intelligence im Unternehmen erfolgreich vorangetrieben werden. Eine pure Strategie wird aber nicht ausreichend sein. Das traditionelle Verfahren bestehend aus Strategie und zugehörigen Zielen gilt es aufzubrechen und zu erweitern. Dies soll anhand der nachfolgenden Schlagwörter veranschaulicht werden:

- **Flexibilität:** Anforderungen und Bedingungen sind heute nicht auf Dauer fixiert. Das erfordert Aufgeschlossenheit und Bereitschaft, sich Veränderungen zu stellen.

- **Zeit:** Reaktionszeiten haben sich erheblich reduziert. Was gestern gültig war, kann morgen bereits zur Korrektur anstehen.
- **Mitarbeiter:** Der Einbezug von Mitarbeiter und deren fundiertes Know-How nimmt eine stetig wachsende Bedeutung ein. Ein hierarchisches Denken tritt hierbei immer mehr in den Hintergrund.
- **Technologie:** Der technologische Wandel schreitet immer weiter voran. Themen wie „soziale Netzwerke" und „Cloud" sind nur zwei der Beispiele, welche Einfluss auf das Thema Strategie und Ziele haben.
- **Kontinuität:** Der Zielfindungsprozess stellt sich in der Regel als eine einmal jährlich stattfinde Vorgehensweise dar. Aber ist genau dieser jährliche Unterbruch der Strategieumsetzung bzw. deren Revidierung bis hin zur Neudefinition überhaupt förderlich? Ein weiterer Grund ist daher der Aspekt der Schaffung einer grundlegenden Basiskontinuität.

## 2.3 Lean-Management

1990 prägten James P. Womack, Daniel T. Jones und Daniel Roos das Thema „Lean" mit ihrem Buch „The machine that changed the world".[10] Hierbei wurden im Wesentlichen die Unterschiede im Produktionsprozess und Entwicklungsprozess in der Automobilindustrie analysiert und beschrieben. Der Umgang mit dem Kunden stand ebenfalls im Blickpunkt. Das Ergebnis war der Begriff „Lean-Production".

Des Weiteren formulierten Werner Pfeiffer und Enno Weiß den Begriff „Lean Management" in dem gleichnamigen Buch „Lean Management".[11] Wichtig hierbei ist die Erkenntnis von Pfeiffer und Weiß, dass Lean-Management kein spezifisch japanisches Modell ist und somit auch auf andere Gegebenheiten angewendet werden kann. Lean-Management findet folglich in verschiedensten Abteilungen seine Anwendung.

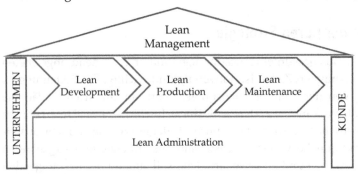

**Abbildung 2-1:** Lean-Management

---

10 Siehe Womack, James & Jones, Daniel & Roos, Daniel: The machine that changed the world
11 Siehe Pfeiffer, Werner & Weiß, Enno: Lean Management

## 2.4 Verschwendung

Der Begriff „Lean" ist heutzutage in vielen verschiedenen Facetten und Ausprägungen vertreten:

- **Lean-Production:** Ursprünglichste Form des Themas „Lean". Insbesondere mit Fokussierung auf den Produktionsprozess.
- **Lean-Maintenance:** Schlanke Instandhaltung mit den zu behandelnden Aspekten wie Minimierung von Stillstandszeiten und Steigerung der Anlagenverfügbarkeit.
- **Lean-Development:** Erweiterung der Materie „Lean" in Richtung Produktentwicklungsprozess.
- **Lean-Administration:** Optimierung der Prozesse im Bereich der Verwaltung.

Der allgemeine Kernansatz aller Lean-Modelle ist das Bestreben, Verschwendung zu vermeiden, so dass die Wertschöpfung entsprechend gesteigert werden kann. Unter Berücksichtigung der beiden Blickwinkel Kunde und Unternehmen werden die Geschäftsprozesse analysiert und auf Schwachstellen geprüft. Verschwendung kann somit in den einzelnen Phasen des Prozesses identifiziert werden. Im Lean-Management wurde hierfür der Begriff „Muda" geprägt, der im nachfolgenden Kapitel näher betrachtet wird.

### 2.4 Verschwendung

Eine wesentliche Rolle im „Lean"-Umfeld spielt das Thema „Verschwendung". Verschiedenste Studien zu dieser Materie „Verschwendung" insbesondere auch im administrativen Bereich lieferten erschreckende Zahlen.

Die Studie „Lean Office 2006", durchgeführt vom Fraunhofer Institut Produktionstechnik und Automatisierung zusammen mit dem Kaizen Institute Deutschland, beziffert den Verschwendungsanteil mit durchschnittlich 32 Prozent![12]

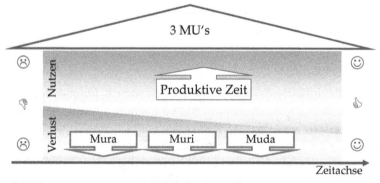

**Abbildung 2-2:** Muda Mura Muri

---

12 Siehe Wittenstein, Anna-Katharina & Wesoly, Michael & Moeller, Georg & Schneider, Ralph: Lean Office 2006 Zusammenfassung, S. 5

Eine weitere Studie der Fraunhofer Austria und des Fraunhofer-Instituts für Produktionstechnik und Automatisierung (Stuttgart) im Jahr 2010 kam auf einen Prozentsatz von 27% bei rund 350 befragten Unternehmen.[13]

Im Japanischen wird für Verschwendung der Begriff „Muda" verwendet. Muda ist einer der sogenannten „Drei-Mu's":

- Mura = Ungleichgewicht
- Muri = Überlastung
- Muda = Verschwendung

Im Toyota Modell wird die Reduzierung von Verlusten basierend auf diesen 3 Mu's als wichtigster Schritt zur Schaffung einer schlanken Produktion gesehen.[14]

### 2.4.1 Mura

Mura, Ungleichgewicht oder Unausgeglichenheit, ist eine Form des Produktivitätsverlusts. Prozesse, die nicht optimal aufeinander abgestimmt sind, stellen ein Beispiel dar. Fatal wird dieses Ungleichgewicht insbesondere dann, wenn es letztendlich zwischen den einzelnen Teilschritten zu Warteschlangen oder Wartepausen führt. Ausfallzeiten von Komponenten oder fehlende Teile bzw. Informationen sind weitere Gefahrenquellen für Mura. Der Aspekt Prozessoptimierung und insbesondere das Thema Geschäftsprozessmanagement sind Punkte, die bei den Unternehmen weit oben auf der Agenda stehen. In der Studie „Zukunftsthema Geschäftsprozessmanagement" von PWC äußern 87% der Unternehmensvertreter, dass das Thema Geschäftsprozessmanagement in Zukunft an Bedeutung gewinnen wird und 71% sind der Auffassung, dass der zukünftige Unternehmenserfolg davon entscheidend abhängt.[15]

### 2.4.2 Muri

Muri, Überbelastung, stellt eine weitere Verlustform dar. Das Augenmerk richtet sich bei Muri auf zwei Ausprägungen:

- Überbelastung der Maschinen
- Überbelastung der Mitarbeiter

Das Betreiben einer Maschine ohne Abnutzung ist nicht möglich. Maschinenausfälle oder Störungen können somit jederzeit auftreten. Dennoch steigt die Gefahr erheblich bei Überbelastung von Produktionsmaschinen. Neben eventuellen Ausfällen der Maschine besteht im schlimmsten Fall ein Brandrisiko. Des Weiteren kann dies bei fortwährender Überbelastung und nicht sachgemäßer Handhabung der Maschinen zum Verlust der Herstellergarantie führen.

---

13 Siehe Fraunhofer-Studie Lean Office Presse-Information
14 Siehe Liker, Jeffrey K.: Der Toyota Weg, S. 170
15 Siehe Müller, Thomas: Zukunftsthema Geschäftsprozessmanagement, S. 15

## 2.4 Verschwendung

Die Überbelastung der Mitarbeiter birgt ebenfalls erhebliche Risiken. In Stresssituationen kann die Anfälligkeit hinsichtlich Fehler steigen. Zusätzlich ist zu beobachten, dass es eine erhebliche Zunahme von psychologisch bedingten Krankheiten gibt. Als Beispiel kann das Thema Burnout angeführt werden. In der Pressemitteilung vom April 2011 informiert das Wissenschaftliche Institut der AOK[16] über Ausfalltage im Zusammenhang mit Burnout und psychologischen Problemen.[17] Erkenntnis ist, dass die Anzahl der Krankheitstage im Zeitraum von 2004 bis 2010 um das 9-fache angestiegen ist. Außerdem ist festzustellen, dass psychische Erkrankungen wesentlich längere Ausfallzeiten verursachen.

### 2.4.3 Muda

Jegliche Art von Aktivität und jeglicher Verbrauch von Ressourcen, der nicht zur Steigerung des Wertes führt, ist Verschwendung und steht somit für Muda. Im Toyota Produktionsprozess wird Verschwendung durch sieben Grundformen beschrieben:

- Wertlose Verarbeitungsschritte
- Überflüssige Bewegungen
- Unnötige Warentransporte
- Wartezeiten und Leerläufe
- Überproduktion
- Ungeeignete Bestände
- Fehler und Nacharbeiten

Manche Quellen führen eine weitere zusätzliche achte Form an. Beispielsweise ergänzt Liker:

- Ungenutzte Kreativitätspotenziale[18]

Um Verluste in der Produktivität zu reduzieren, ist es erforderlich, die Prozesse hinsichtlich Mura, Muri und Muda, zu analysieren. Im Kampf gegen Muda ist James P. Womack und Daniel T. Jones zu zitieren:

> „Glücklicherweise gibt es ein starkes Mittel gegen Muda:
> Lean-Thinking "[19]

---

16  AOK: Allgemeine Ortskrankenkasse
17  Siehe Wissenschaftliches Institut der AOK: Burnout auf dem Vormarsch; www.stress-im-griff.de
18  Siehe Liker, Jeffrey K.: Der Toyota Weg, S. 60
19  Siehe Womack, James & Jones, Daniel: Lean Thinking , S. 23

## 2.5 Lean-Thinking

Die im Unternehmen verfügbaren Ressourcen sind letztendlich begrenzt. Mitarbeiter, finanzielle Mittel und natürlich auch die Faktoren Raum und Zeit sind nicht unendlich abrufbar. Dies führt zur Grundidee der Lean-Thinking-Philosophie:

Die Maximierung des Kundenwertes durch Reduzierung der Produktivitätsverluste insbesondere durch Vermeidung von Verschwendung.

Das Augenmerk wird bei den einzelnen Maßnahmen zur Optimierung auf die Steigerung des Kundennutzens gerichtet. Jeglicher Einsatz an Ressourcen, der keinen zusätzlichen Kundennutzen generiert wird hierbei als Verschwendung betrachtet.

Des Weiteren ist zu beachten, dass das Konzept Lean-Thinking nicht als einmaliges Projekt mit einmaliger Anstrengung zu sehen ist. Es ist zu betonen, dass Lean-Thinking eine Philosophie darstellt und ein fortwährender Prozess wiederspiegelt. Ziel ist es, den optimalen Kundennutzen bei optimalen Ressourceneinsatz immer näher zu kommen.

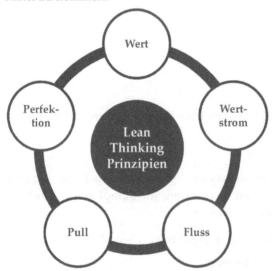

**Abbildung 2-3:** Fünf Lean-Thinking-Prinzipien

Zur Zielerreichung wurden von Womack und Jones fünf wesentliche Prinzipien, die in den nachfolgenden Abschnitten näher dargestellt werden, herausgearbeitet:

- Spezifikation des Wertes
- Identifikation des Wertstroms
- Gestaltung des kontinuierlichen Flusses
- Umsetzung des Pull-Prinzips
- Weiterführung zur Perfektion

## 2.5.1 Der Wert

### 2.5.1.1 Ausgangspunkt

Ausgangspunkt beim Thema Lean-Thinking ist die Bestimmung des Wertes. Die Ermittlung des Wertes erfolgt aus Sicht des Kunden. Die Konkretisierung des Wertes kann in diesem Zusammenhang nur für ein definiertes Produkt oder für eine definierte Dienstleistung erfolgen. Für die folgenden Schritte ist dieser Wert die notwendige Basis.

### 2.5.1.2 Gefahr

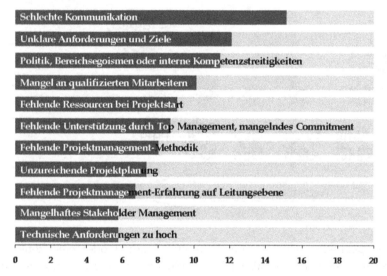

**Abbildung 2-4:** Was in Projekten zum Misserfolg führt[20]

Der Kundenwunsch scheint in der Regel recht einfach greifbar und sehr offensichtlich. Aber genau darin liegt oftmals die Gefahr. Die Verliebtheit in zusätzliche technologische Features und Sonderfunktionen führt dazu, dass über das eigentliche Ziel, den spezifischen Kundenwert zu erreichen, hinausgeschossen wird. Dass die Spezifikation des Kundenwertes gerade im IT-Umfeld nicht so einfach sein kann, kann anhand verschiedenster Studie zum Thema „Probleme in IT-Projekten" aufgezeigt werden.

Exemplarisch ist in Abbildung 2-4 eine Studie der Deutschen Gesellschaft für Projektmanagement e.V. (GPM) und PA Consulting Group dargestellt. Am eklatantesten stellt sich die fehlende Bestimmung des Kundenwertes zum Beispiel am Punkt 2, „Unklare Anforderungen und Ziele" dar.

---

20 Siehe Engel, Claus & Tamdjidi, Alexander & Quadejacob, Nils: Ergebnisse der Projektmanagement Studie 2008

### 2.5.1.3 Herausforderung

Die Herausforderung besteht also in der Beantwortung dieser einfachen und grundlegenden Frage:

*Was will mein Kunde wirklich?*

Und die Antwort in den anschließenden Prozessen nicht aus dem Auge zu verlieren.

### 2.5.2 Der Wertstrom

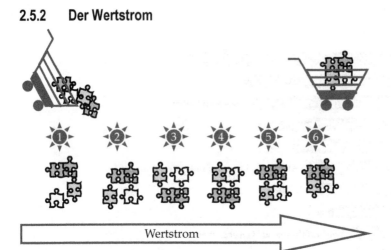

**Abbildung 2-5:** Wertstrom

Nachdem der spezifische Wert für ein konkretes Produkt oder eine konkrete Dienstleistung ermittelt wurde, ist als nächste Maßnahme der Wertstrom zu identifizieren. Die einzelnen Prozessschritte beginnend von der Rohware bis hin zum finalen Endprodukt sind im Detail zu untersuchen.

Jeder Prozessschritt kann anhand der Untersuchung einer von drei möglichen Kategorien zugeordnet werden. In die erste Kategorie fallen Prozessschritte, die einen Wert aus Sicht des Kunden generieren. In die zweite Kategorie sind Prozessschritte einzuordnen, die keinen Wert generieren aber aufgrund der Rahmenbedingungen benötigt werden. Womack & Jones sprechen in diesem Fall von „Muda Typ I"[21]. Und Muda vom Typ II ist die dritte Kategorie mit Prozessschritten, die keinen zusätzlichen Wert darstellen und sofort eliminiert werden können.

### 2.5.3 Das Fluss-Prinzip

Der nächste Schritt stellt die Umsetzung des Fluss-Prinzips dar. In diesem Zusammenhang gilt es die einzelnen Teilprozesse so aufeinander abzustimmen, dass ein gleichmäßiger und kontinuierlicher Prozessablauf entsteht. Die Realität ist

---

21 Siehe Womack, James & Jones, Daniel: Lean Thinking, S. 51

## 2.5 Lean-Thinking

geprägt durch verschiedenste Arten von Puffer oder gar Engpässen, Warteschlangen oder Wartezeiten. Eine Optimierung dieser Prozessschritte erfolgt üblicherweise innerhalb einzelner Bereiche und Abteilungen.

Vorher

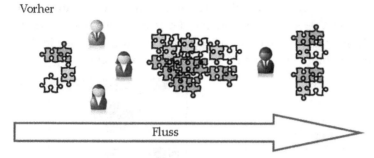

**Abbildung 2-6:** Fluss-Prinzip: Prozess mit Engpässen[22]

Basierend auf den ersten beiden Prinzipien wurde anhand des Kundenwertes der gesamte Wertstrom analysiert. In der Umsetzung des Fluss-Prinzips ist eine Harmonisierung des gesamten Prozesses über interne Grenzen hinweg anzustreben. Des Weiteren kann durch die Reduktion der Verschwendung aufgrund der eingangs beschriebenen Probleme die Effizienz des Gesamtablaufs erhöht werden. Zusätzlich schafft dies die Voraussetzung, den Prozess letztendlich auch mit kleineren Losgrößen fahren zu können.

Nachher

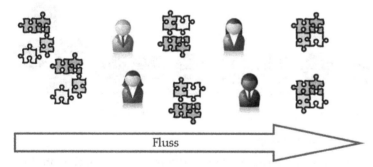

**Abbildung 2-7:** Fluss-Prinzip: Prozess nach Optimierung[23]

Im Lean-Management wird diese grundlegende Umstellung auf das Fluss-Prinzip auch als Kaikaku bezeichnet. Kaikaku ist ein japanischer Begriff, der für „Reform" steht. Die wesentlichen Bestandteile des Kaikaku sind:

- Sukzessive Umstellung auf das Fluss-Prinzip
- Einbezug der Mitarbeiter in die Lean-Thematik
- Etablierung der Lean-Kultur

---

22 Figuren: © istockfoto
23 Figuren: © istockfoto

## 2.5.4 Das Pull-Prinzip

Ziel des Lean-Gedankens ist die Fokussierung auf den Kunden. Durch eine Kundenbestellung oder alternativ durch die Erreichung einer Minimumgrenze im Bestand wird der Produktionsprozess ausgelöst. Dieser Ablauf wird als Pull-Prinzip bezeichnet und steht im Gegensatz zur Variante der maximalen Auslastung des Maschinenparks (Push-Prinzip). Dabei werden häufig Fertigungsaufträge im Vorfeld geplant und im Anschluss durch die Produktion durchgeschleust.

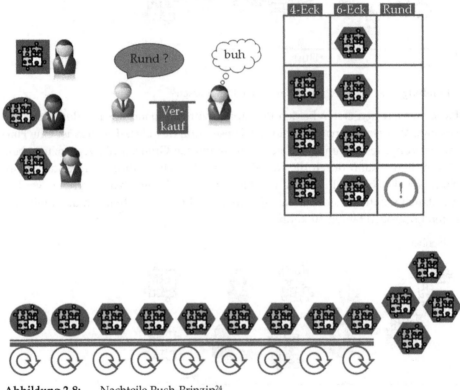

**Abbildung 2-8:** Nachteile Push-Prinzip[24]

Nachteile des Push-Prinzips und Kritikpunkte an diesem in der Regel zentral gesteuerten Produktionsprozess sind:

- **Hohe Vorratshaltung:** Hohe Lagerbestände an Rohware und Halbfabrikate aber auch die Bevorratung ungewollter Fertigprodukte, führen zu erheblichen Lagerhaltungskosten.
- **Schlechter Lieferservicegrad:** Aufgrund mangelhafter Planungen führen in der Folge nicht rechtzeitig vorhandene Produkte zu schlechten Lieferservicegraden.

---

24 Figuren: © istockfoto

## 2.5 Lean-Thinking

- **Eingeschränkte Flexibilität:** Üblicherweise wird der Produktionsprozess von A bis Z detailliert durchgeplant. Kurzfristige Änderungen sind in diesem Verfahren nur schwer zu berücksichtigen.
- **Fehlende Transparenz:** Letztendlich führen Herstellungsprozesse mit mehreren einzelnen teilweise auch identischen Teilschritten zu einem komplexen Gebilde. Zusammenhänge der Einzelschritte sind vor Ort wiederum schwer nachvollziehbar.

Das Pull-Prinzip zeichnet sich somit dahingehend aus, dass jeweils erst ein Bedarf vorhanden sein muss, damit der Produktionsprozess ausgelöst wird.

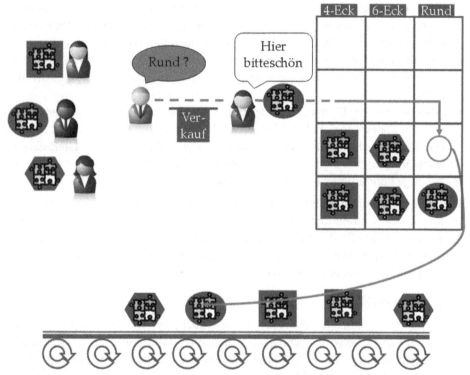

**Abbildung 2-9:** Pull-Prinzip[25]

Als Beispiel zur Steuerung im Produktionsablauf kann als Pull-Prinzip die Methode „Kanban" angeführt werden. Kanban basiert auf dem Verfahren, dass der Produktionsvorgang automatisch ausgelöst wird, sobald durch einen tatsächlichen Verbrauch oder einer entsprechenden Kundenbestellung ein Bedarf entsteht. Dieses Verfahren ähnelt auch einem Supermarkt. Der Begriff Supermarkt taucht in diesem Zusammenhang auch als Synonym für Kanban auf. Kanban durchzieht den kompletten Produktionsprozess. Komponenten oder Halbfabrikate werden

---

25 Figuren: © istockfoto

durch den verbrauchenden Prozess angefordert und durch den liefernden Prozess in der erforderlichen Menge zum idealen Zeitpunkt zur Verfügung gestellt. In der ursprünglichsten Form wurde dies mittels spezieller Karten bewerkstelligt – Kanban steht im japanischen auch für das Wort Karte.

Neben den angeführten positiven Aspekten des Pull-Prinzips existiert ebenfalls eine Kehrseite. Punkte, die bei fehlender Beachtung zu erheblichen Nachteilen führen können, sind:

- **Auslastungsschwankungen:** Starke Schwankungen der Produktionsauslastung können die Folge eines fehlenden konstanten Auftragseingangs sein.
- **Ressourcenengpässe:** Erst durch den auftretenden Kundenbedarf werden die benötigten Ressourcen planbar. Folglich kann es bei einem unvorhergesehenen hohen Bedarf zu Problemen bei den vorhandenen Ressourcen kommen.
- **Überkapazitäten:** Um für alle Fälle gewappnet zu sein, werden Überkapazitäten vorgehalten, so dass ein eventueller Spitzenbedarf gehandhabt werden kann.
- **Höhere Kosten**[26]**:** Durch eine zunehmende direkte und zeitnahe Belieferung des Kunden können regionale und zeitliche Bündelungen nicht umgesetzt werden. Die Folge sind erhöhte Transportkosten. Zusätzliche höhere Materialkosten entstehen durch beispielsweise die fehlende Möglichkeit Mengenrabatte und günstige Preissituationen nutzen zu können.

Produkte basierend auf dem Pull-Prinzip können gemäß den individuellen Anforderungen des Kunden angepasst oder in entsprechender Variantenvielfalt angeboten werden. Bei Produkten wie elektronische Geräte mit kurzen Lebenszyklen oder verderblichen Waren wie Pharmazeutika kann durch das Pull-Prinzip insbesondere das Bestandsrisiko minimiert werden.[27]

### 2.5.5 Die Perfektion

Der letzte Punkt beinhaltet das Thema hinsichtlich der Weiterführung zur Perfektion. An dieser Stelle wird nochmals deutlich, dass das Thema „Lean" kein einmaliges Projekt darstellt. Basierend auf einem kontinuierlichen Verbesserungsprozess wird das Optimum angestrebt.

In diesem kontinuierlichen Prozess, der in der Regel aus einer Vielzahl kleiner einzelner Schritte besteht, werden entsprechende Maßnahmen umgesetzt und Aktivitäten eingeleitet. Dies jeweils im Hinblick auf den identifizierten Wertstrom einerseits und dem daraus abgeleiteten Fluss- und Pull-Prinzip andererseits.

Eine wichtige Rolle nimmt hier wiederum der einzelne Mitarbeiter ein. Beispielsweise kann durch ein betriebliches Vorschlagswesen wertvolles Potenzial in den kontinuierlichen Verbesserungsprozess einbezogen werden.

---

26 Siehe Melzer-Ridinger, Ruth: Supply Chain Management, S. 33
27 ebenda, S. 32

Im Japanischen steht für diesen Verbesserungsprozess das Wort „Kaizen".

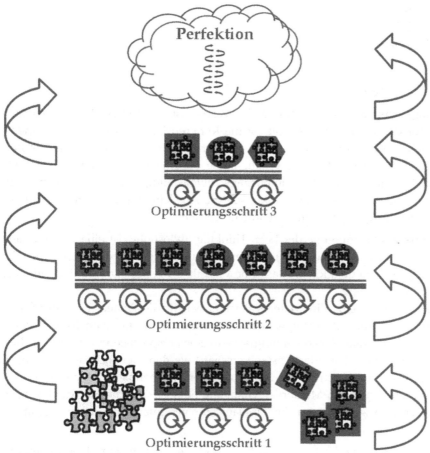

**Abbildung 2-10:** Streben nach Perfektion

## 2.6 Lean-Reporting

Lean-Reporting ist die Konkretisierung der Lean-Philosophie hinsichtlich Aspekte wie Business-Intelligence und betriebliches Berichtswesen. Entsprechende Prozesse zur Gestaltung der jeweiligen Business-Intelligence-Applikationen und dem zugehörigen betrieblichen Berichtswesen werden im Sinne der Lean-Gedanken analysiert. Analog zum Lean-Management steht beim Thema Lean-Reporting ebenfalls der Aspekt der Reduktion jeglicher Art von Verschwendung im Vordergrund.

### 2.6.1 Lean-Reporting-Philosophie

Die Lean-Reporting-Philosophie orientiert sich analog zum Lean-Thinking an den fünf wichtigen Grundprinzipien:

- Wert
- Wertstrom
- Fluss-Prinzip
- Pull-Prinzip
- Perfektion

### 2.6.1.1 Der Wert

Ausgangspunkt für die Ermittlung des Wertes ist der Kunde. Einer der ersten Knackpunkte, den es zu lösen gilt, ist die Konkretisierung des Begriffs „Kunde". Allgemein wird „Kunde" als eine Person oder Organisation definiert, die ein Produkt oder eine Dienstleistung erhält. Diese allgemeine Definition des Begriffs „Kunde" ist im Fall des Lean-Reportings unvollständig und unzureichend. Anhand folgender beispielhafter Punkte soll die Ausdehnung des Begriffs „Kunde" auf weitere Personengruppen verdeutlicht werden:

- **Fokussierung:** Im Sinne der Lean-Thinking-Philosophie ist eine Fokussierung auf den jeweiligen Kunden und dessen Anforderungen vorzunehmen. Dies führt jedoch zu dem Risiko, dass eine Vielzahl sehr spezieller und individueller Lösungen entsteht.
- **Kostentransparenz:** Ein weiteres Beispiel betrifft die Finanzierung der unternehmensinternen Reportingwelt als Gesamtes. Dem einzelnen Kunden kann durch ein adäquates Verrechnungssystem eine entsprechende Transparenz hinsichtlich der entstehenden Kosten verschafft werden. Dennoch ist zu beachten, dass insbesondere entsprechende Investitionsmaßnahmen, beispielsweise Investitionen in die In-Memory-Technologie oder zusätzliche Softwarelösungen und zugehörige Lizenzen, im Einklang zur gesamten Unternehmensstrategie stehen müssen.

Als Kunde im Sinne des Lean-Reportings sind vielmehr die einzelnen Interessengruppen zu sehen:

- **Anwender:** Als „Kunde" im klassischen Sinn, der die Dienstleistung „Reporting" in Anspruch nimmt. Anwender sind beispielsweise Mitarbeiter in den Controlling-Abteilungen.
- **Betreuer:** Als „Kunde" mit Anforderungen einerseits zur Unterstützung der Betreuungsaufgabe von Endanwendern und andererseits mit Anforderungen zur Optimierung der Wartung der Business-Intelligence-Plattform. Betreuer können Mitarbeiter im Helpdesk bzw. First-Level-Support sein.
- **Management:** Als „Kunde" im Hinblick auf die Formulierung und Priorisierung von fachlichen Reporting-Anforderungen. Geschäftsführer oder Leiter von Stabsstellen sind Kunden dieser Interessensgruppe.
- **Entwickler:** Als „Kunde" zur Schaffung und Erweiterung von entsprechenden Business-Intelligence-Applikationen. Entwickler sind interne Informatik-Mitarbeiter oder Experten externe Dienstleister.

## 2.6 Lean-Reporting

- **Sponsor:** Als Kunde mit Fokussierung auf monetären Fragestellungen und deren Controlling. Als Sponsor von Reportingsystemen sind CFOs oder Mitglieder der Unternehmensleitung anzuführen.

Ein einzelner Mitarbeiter kann selbstverständlich mehreren Interessensgruppen dauerhaft oder zeitweise angehören. Die einzelnen Interessensgruppen sind in Kapitel 1.3 dargestellt.

Als Grundlage für die Ermittlung des Wertes kann das Business-Intelligence-Verständnis herangezogen werden (Abbildung 2-11). Auf dieser Basis lassen sich aus der Sicht der Kunden die folgenden Beispiel-Werte ableiten:

- **Schnell:** Angemessene Berichtslaufzeiten, insbesondere kurze Laufzeiten im Standardberichtswesen.
- **Zuverlässig:** Verfügbarkeit der Informationen in einem regelmäßigen Zyklus.
- **Bedienbar:** Zeitgemäße Möglichkeit des Informationsabrufs.
- **Bedarfsgerecht:** Inhalt der Informationen entspricht den Erwartungen.
- **Wirtschaftlich:** Bereitstellung der Business-Intelligence-Plattform in einem ökonomisch sinnvollen Rahmen.

---

### Unser Business-Intelligence-Verständnis

Unser Verständnis ist …

… die schnelle und bedarfsgerechte Informationsversorgung

… die korrekte und zuverlässige Datenaufbereitung

in einem Umfeld, das …

… die erforderlichen Hilfsmittel und geeignete Architektur

… die notwendigen Ressourcen und passende Organisationsform

bietet

… unter Beachtung des optimalen Kosten-Nutzen-Verhältnisses.

---

**Abbildung 2-11:** Business-Intelligence-Verständnis

Die abgeleiteten Beispiel-Werte können durch eine Kundenbefragung validiert werden; denn ein exakter Wert lässt sich letztendlich nur durch eine direkte Erhebung ermitteln.

### 2.6.1.2 Der Wertstrom

Um die Produktivität des Reportings zu steigern, spielt die Analyse der einzelnen Prozesse eine bedeutende Rolle. Mit der Lean-Reporting-Philosophie können an dieser Stelle die verschiedenen Arten von Verschwendung aufgedeckt werden. Für die Bereitstellung eines unternehmensinternen Reportings bedarf es verschiedenster Prozesse:

- **Entwicklungsprozess:** Prozesse in Bezug auf Programmierung und Customizing von Business-Intelligence-Applikationen
- **Datenbeschaffungsprozess:** ETL-Prozesse (Extraktion, Transformation, Laden) zur Bereitstellung der relevanten Informationen.
- **Datenkonsolidierungsprozess:** Prozesse zur Aufbereitung aussagekräftiger und valider Informationen.
- **Planungsprozess:** Prozesse zur Behandlung von Budgetdaten oder Vorschaudaten.
- **Recherche- bzw. Analyseprozess:** Prozesse zur Handhabung des unternehmensinternen Berichtswesens. Hierzu gehören beispielsweise Prozesse zur Datenanalyse oder zur Kommentierung.
- **Service-Prozesse:** Prozesse mit zusätzlichen Eigenschaften wie beispielsweise die Überwachung der einzelnen Teilprozesse im Sinne eines Monitorings oder die automatische Verteilung von Berichten durch Broadcasting-Funktionen.

Um das Lean-Thinking innerhalb der Prozesswelt optimal zu verankern, ist die Zuordnung der einzelnen detaillierten Teilprozesse zu entsprechenden Verantwortlichen vorzunehmen.

Die Analyse des Wertstroms wird im Kapitel 3.4.1 detaillierter betrachtet und des Weiteren in den Optimierungskapiteln anhand von konkreten Beispielen verdeutlicht.

### 2.6.1.3 Das Fluss-Prinzip

Im Reporting-Umfeld taucht an verschiedenen Stellen das Problem betreffend Wartezeiten und Engpässen auf. Die Ursachen für diese Probleme können verschiedener Natur sein. Das latent stets vorhandene Problem der unzureichenden Systemressourcen gilt es einerseits zu beachten. Andererseits können nicht optimal aufeinander abgestimmte Teilprozesse oder, im Hinblick auf Lean, suboptimale Wertströme der Ursprung für Wartezeiten und Engpässe sein.

Im Finanzbereich kann zu diesem Aspekt der suboptimalen Wertströme ein treffendes Beispiel angeführt werden (Abbildung 2-12):

- **Fast-Close:** Zweck des Fast-Close ist die beschleunigte Aufstellung von Konzernabschlüssen. Der Zeitraum vom Ende des Geschäftsjahrs oder der Berichtsperiode bis hin zur Veröffentlichung eines geprüften Abschlusses soll so kurz wie möglich ausfallen.

In der Regel werden zur Optimierung entsprechende Projekte durchgeführt. Dies führt im Normalfall zu einer Verbesserung der Situation. Dass genau dieses Thema sich besonders für die Lean-Reporting-Philosophie eignet, wird nochmals anhand der Abbildung 2-12 deutlich:

- Nicht wertschöpfende Tätigkeiten beanspruchen knapp 30 Prozent der Zeit!

## 2.6 Lean-Reporting

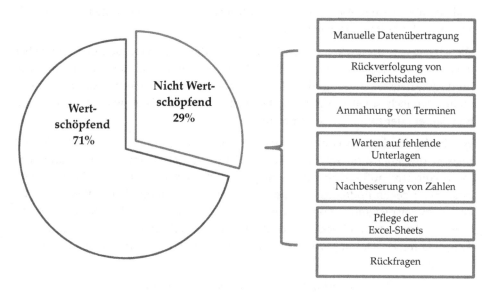

**Abbildung 2-12:** Fast-Close-Hürden, Deshalb lahmt der Fast-Close[28]

Das im Produktionsprozess gängige Thema der Reduktion von Losgrößen ist ebenfalls auf das Lean-Reporting adaptierbar. Insbesondere in den Datenbeschaffungsprozessen sind Potenziale auffindbar. Als Beispiel kann der folgende Punkt angeführt werden:

- **Delta Load:** In einer ersten Phase können beispielsweise die relevanten Daten für einen Intercompany-Abstimmung übertragen werden. In den folgenden Phasen kann das Volumen auf die durchgeführten ergänzenden Buchungen reduziert werden. Der komplette Datenbestand ist nicht mehrfach komplett zu übertragen. Durch die Übertragung von kleineren Datenpaketen kann die Verarbeitungsdauer reduziert werden. Die Themen Delta-, Full- und Relatime-Verfahren werden in Kapitel 5.5.3 detailliert dargestellt.
- **Bedarfsorientierung:** Das Laden der Daten kann durch den Anwender selbst gesteuert werden. Die Datenaufbereitung erfolgt entsprechend dem auftretenden Bedarf (siehe Kapitel 5.4.3).

Durch die Optimierung des Datenbeschaffungsprozesses kann ein zeitnaheres Reporting ermöglicht werden.

### 2.6.1.4 Das Pull-Prinzip

Bei der weiteren Umsetzung der Lean-Philosophie spielt das Pull-Prinzip eine wichtige Rolle. Die Fokussierung insbesondere im Business-Intelligence-Umfeld erfolgt oftmals auf die systemtechnischen Gegebenheiten. Der in der Lean-

---

28 Siehe Schmitz, Andreas (CIO.de): Fast Close – Abschluss per Knopfdruck; Bearingpoint 2005

Philosophie wichtige Aspekte der Ausrichtung auf den Kundennutzen wird oftmals auf einen der hinteren Ränge verbannt.

Die extremsten Beispiele aus den Ursprüngen der Datenverarbeitung sind sicher überwunden. Die Praxis aus der Welt der Großrechner, bei der die Kunden ihre Endlospapierlisten direkt in der EDV abzuholen hatten, existiert in der Form nicht mehr. Dennoch spielt die periodische Verteilung von Listen wahlweise in Form von Papier oder Excel eine wichtige Rolle.

Wie in der Produktion kommen auch beim Reporting die gleichen Nachteile und Risiken des Push-Prinzips zum Tragen. Zum Monatsbeginn werden zahlreiche Informationen aufbereitet und entsprechend verteilt. Ob ein Außendienstmitarbeiter gegen Ende des Monats mit diesen bereits überholten Daten zufrieden ist, ist ein Beispiel anhand dessen der Wert aus Sicht des Reporting-Kunden hinterfragt werden kann. Im Reporting-Umfeld kann ebenfalls die Lean-Philosophie zum Tragen kommen. Der Reporting-Kunde selbst fordert die entsprechende Dienstleistung an:

*Wann immer und wo immer er dies möchte.*

Ein weiteres Beispiel kann im Zusammenhang mit dem Datenbeschaffungsprozess angeführt werden. Exakt definierte Zeitpläne stellen in diesem Bezug oftmals ein Diktat gegenüber dem Kunden als Datenlieferant dar. Daten sind bis zu einem bestimmten Zeitpunkt in dem zugrundeliegenden System zu erfassen. Im Anschluss läuft die Maschinerie der Datenbeschaffungsprozesse an. Nicht rechtzeitig erfasste Informationen sind in der Folge entweder überhaupt nicht berücksichtigt oder erfordern oftmals einen wesentlich erhöhten manuellen Zusatzaufwand. Im positiven Fall werden die Daten frühzeitig eingepflegt und stehen längst zur Abholung bereit. Wertvolle Zeit wird durch Leerlauf schlicht verschwendet. Wiederum ein Klassiker im Hinblick auf Muda und Lean-Thinking.

### 2.6.1.5 Die Perfektion

In den ersten Schritten ist die Verankerung der Lean-Reporting-Philosophie im Alltag ein wichtiger Punkt. Die Philosophie soll gelebt werden. Insbesondere der stete technologische Wandel aber auch organisatorische Änderungen haben unmittelbaren Einfluss auf das Thema Reporting. Es ist daher erforderlich, Prozesse und Abläufe fortlaufend zu analysieren und im Anschluss durch Elimination von Verschwendung weiter zu optimieren. Nachfolgend einige Beispiele, die in den Kapiteln 5 bis 8 näher vorgestellt werden:

- **Standardisierung und Ordnung:** Vereinheitlichung von Verfahrensweisen und Inhalten beispielsweise mittels Methoden wie 5S zur Optimierung von Arbeitsplätzen und Abläufen.
- **LifeCycle-Management:** Aktive Bewirtschaftung des Produktlebenszyklus von Business-Intelligence-Applikationen

## 2.6 Lean-Reporting

Auf dem unendlichen Weg der Perfektion nimmt der einzelne Mitarbeiter und Kunde eine wichtige Rolle ein. Jeder einzelne Mitarbeiter kann bzw. soll Beiträge zur Perfektionierung liefern, unabhängig seiner hierarchischen oder organisatorischen Einordnung. Mitarbeiter beispielsweise aus dem Controlling oder der Informatik haben ein fundiertes Fachwissen in Bezug auf konkrete Abläufe im Reportingumfeld. Für das Streben nach Perfektion ist dieses Wissen zu nutzen, beispielsweise durch:

- **Kaizen im Reporting:** Etablierung eines kontinuierlichen Verbesserungsprozesses.
- **Ideendatenbank und Vorschlagswesen:** Partizipierung der Mitarbeiter zur Nutzung des Ideenpotenzials.

Die zugehörigen Lean-Methoden wie beispielsweise Poka Yoke, 5S oder allgemein Kaizen werden in dem Kapitel 3. detaillierter vorgestellt.

### 2.6.2 Lean-Reporting-Ziele

#### 2.6.2.1 Phasenmodelle des Change-Managements

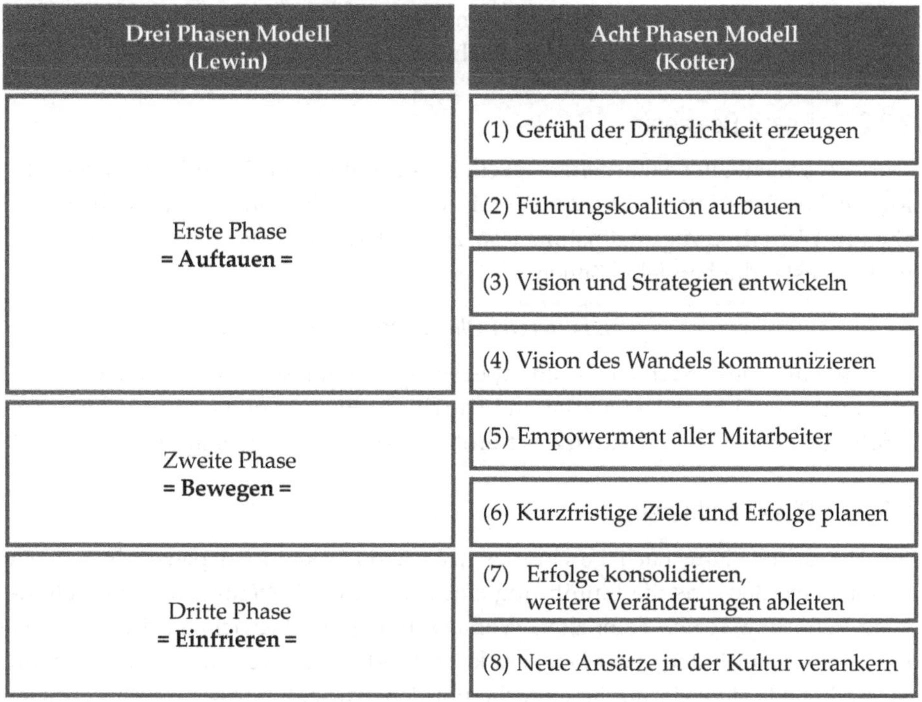

| Drei Phasen Modell (Lewin) | Acht Phasen Modell (Kotter) |
|---|---|
| Erste Phase = **Auftauen** = | (1) Gefühl der Dringlichkeit erzeugen |
| | (2) Führungskoalition aufbauen |
| | (3) Vision und Strategien entwickeln |
| | (4) Vision des Wandels kommunizieren |
| Zweite Phase = **Bewegen** = | (5) Empowerment aller Mitarbeiter |
| | (6) Kurzfristige Ziele und Erfolge planen |
| Dritte Phase = **Einfrieren** = | (7) Erfolge konsolidieren, weitere Veränderungen ableiten |
| | (8) Neue Ansätze in der Kultur verankern |

**Abbildung 2-13:** Phasen-Modelle Lewin und Kotter[29] [30]

---

29 Siehe Sandt, Joachim & Weber, Jürgen: Controlling und Change Management, S. 19
30 Siehe Schott, Eric & Campana, Christophe: Strategisches Projektmanagement, S. 203

Analog zur allgemeinen Business-Intelligence-Strategie ist es auch im Zusammenhang mit der Lean-Reporting-Philosophie notwendig, entsprechende Ziele zu formulieren.

Abhängig davon, wie stark die Lean-Philosophie bereits im Unternehmen verankert ist, sind unterschiedliche Ziele nötig. Die Phasenmodelle des Change-Managements von Lewin bzw. Kotter, dargestellt in Abbildung 2-13, sind als Grundlage anwendbar.

### 2.6.2.2 Phase Auftauen

Die erste Phase „Auftauen" schafft die notwendige Stimmung des Aufbruchs. Bestehende Regeln und Gewohnheiten werden entsprechend analysiert und hinterfragt. Alternativen und Lösungen zu bestehenden Chancen werden erarbeitet und aufgezeigt. Konkret kann hierbei im Sinn von Kotter's Phase „Vision des Wandels kommunizieren" das folgende Ziel formuliert werden.

> *Beispielziel Phase „Auftauen"*
>
> Durchführung der Roadshow mit dem Thema Lean-Management in administrativen Bereichen im Rahmen von innerbetrieblichen Tagungen und Veranstaltungen innerhalb des ersten Halbjahres.

### 2.6.2.3 Phase Bewegen

„Empowerment aller Mitarbeiter" ist ein Kerngedanke der Phase 2 „Bewegen". Die Mitarbeiter selbst, als wichtigster Faktor der Lean-Philosophie, sind durch entsprechende Weiterbildungsmaßnahmen so zu fördern, dass sie selbstverantwortlich und eigenständig handeln können.

> *Beispielziel Phase „Bewegen"*
>
> Teilnahme des Kernteams an speziellen Seminaren zum Thema Lean-Management im ersten Quartal und Durchführung von unternehmensinternen Schulungsmaßnahmen durch das Kernteam selbst im Folgequartal.

### 2.6.2.4 Phase Einfrieren

Für die dritte Phase nach Lewin, das „Einfrieren", kann beispielsweise ein Ziel definiert werden, das die Einführung eines speziellen Rollenträgers innerhalb des Lean-Reporting-Teams beinhaltet. Womack und Jones bezeichnen diesen Rollenträger als Lean-Enterprise-Manager, kurz LEM.[31] Die wesentliche Bestimmung dieser Rolle besteht darin, die einfache und lebenswichtige Aufgabe zu verfolgen, die Optimierungsprozesse kontinuierlich zu begleiten und zu verbessern.

---

31 Siehe Womack, James & Jones, Daniel: Lean Solutions: Wie Unternehmen und Kunden gemeinsam Probleme lösen, S. 202

## 2.7 Fazit

> **Beispielziel Phase „Einfrieren"**
> Verankerung der Lean-Philosophie durch Definition spezifischer Lean-Rollen innerhalb des Business-Intelligence-Competence-Teams bis zum Ende des Jahres.

## 2.7 Fazit

Ausgehend von dem Business-Intelligence-Verständnis ...

> **Unser Business-Intelligence-Verständnis**
> Unser Verständnis ist ...
> ... die schnelle und bedarfsgerechte Informationsversorgung
> ... die korrekte und zuverlässige Datenaufbereitung
> 
> in einem Umfeld, das ...
> ... die erforderlichen Hilfsmittel und geeignete Architektur
> ... die notwendigen Ressourcen und passende Organisationsform
> bietet
> ... unter Beachtung des optimalen Kosten-Nutzen-Verhältnisses.

... lässt sich Lean-Reporting wie folgt definieren:

> **Lean-Reporting**
> Lean-Reporting symbolisiert die Gesamtheit aller Aktivitäten und Maßnahmen, deren Hauptzweck die Ausschöpfung sämtlicher Optimierungspotenziale zur Steigerung der Wertschöpfung von Business-Intelligence-Applikationen ist.

Die ausgearbeitete Business-Intelligence-Strategie als fundamentaler Bestandteil kann durch die beiden Bausteine Lean-Management und Lean-Thinking entsprechend zur Lean-Reporting-Philosophie erweitert werden (siehe Abbildung 2-14).

Der Fokus wird folglich auf den Wert des Reportings für die einzelnen Interessengruppen gerichtet. Prozesse und Funktionen sind im Hinblick auf den erreichbaren Kundennutzen zu untersuchen. Jegliche Form des Ressourceneinsatzes, die keinen zusätzlichen Kundennutzen generiert, ist als Verschwendung, Muda, zu betrachten.

Potenziale in der Wertschöpfung im Business-Intelligence-Umfeld können durch die greifbare Lean-Reporting-Philosophie ausgearbeitet werden. Die Werkzeuge zur Hebung dieser Potenziale werden im nachfolgenden Kapitel vorgestellt.

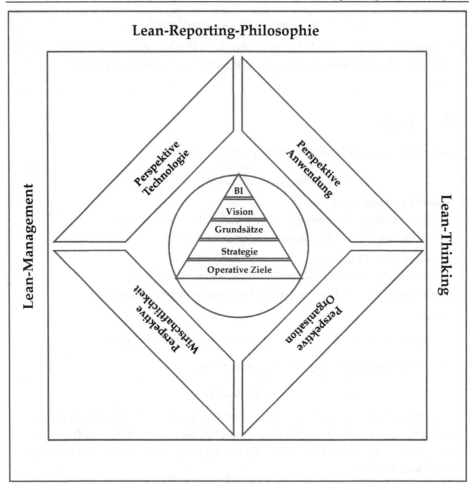

**Abbildung 2-14:** BI-Strategie und Lean-Philosophie

# 3 Umsetzung der Lean-Philosophie

*Die ersten Schritte sind wertlos,*
*wenn der Weg nicht zu Ende gegangen wird.*
*Shankara*

## 3.1 Einblick

Dass Lean-Konzepte und Lean-Methoden auch in der Praxis angewendet und Lean-Reporting-Ansätze umgesetzt und gelebt werden können, soll mit einigen Beispielen unterstrichen werden. Ein bedeutender und wichtiger Schritt ist die erfolgreiche Platzierung des Themas Lean-Reporting innerhalb des Unternehmens. Ein adäquates Startprojekt sollte das Schiff „Lean-Reporting" richtig in Fahrt und auf Kurs bringen. Es gibt keine fertigen Rezepte oder Lösungen, aber es können verschiedene Lean-Methoden, die besonders vertraut sind oder in anderen Abteilungen des Unternehmens bereits Verwendung finden, herangezogen und beim Aufbau eines effizienten Berichtswesens eingesetzt werden. Je nach Anforderung oder nach Komplexität der Aufgabe können diese unterschiedlich sein und müssen den Anforderungen angepasst werden.

Die im Zusammenhang mit der Umsetzung der Lean-Reporting-Philosophie wichtigsten Aspekte werden in der Folge vorgestellt:

- Lean-Methoden
    - ✓ Universelle Lean-Methoden
    - ✓ Projektbezogene Lean-Methoden
- Kernprozesse im Reporting
    - ✓ Entwicklungsprozess
    - ✓ Datenbeschaffungsprozess
    - ✓ Datenkonsolidierungsprozess
    - ✓ Planungsprozess
    - ✓ Recherche- bzw. Analyseprozess
    - ✓ Service-Prozesse

Es ist das Ziel Lean-Reporting im Unternehmen einzuführen und mit jeder neuen Anforderung und jedem neuen Projekt weiterhin nachhaltig zu „leben". Im Kapitel 3.6 wird ein mögliches Einführungsprojekt beschrieben und dabei werden wesentliche, zu beachtende Punkte hervorgehoben.

## 3.2 Lean-Methoden im Überblick

Ein bedeutender Leitgedanke der Lean-Philosophie ist: „Werte für Kunden schaffen und Verschwendung konsequent verhindern". Verschiedene Lean-Methoden werden inzwischen weltweit in nahezu allen Branchen erfolgreich angewendet und beschränken sich nicht mehr nur auf fertigende Prozesse (Lean-Production), sondern beziehen sich auch auf viele andere Geschäftsbereiche. Viele Unternehmen haben Lean-Projekte und Produktionssysteme eingerichtet, die das Toyota Production System zum Vorbild haben und somit für unterschiedliche Fragestellungen unterschiedliche Methoden zur Auswahl haben.

In Abbildung 3-1 sind die elementaren Lean-Methoden und deren Einsatzszenarien dargestellt. Diese Lean-Methoden werden in den nachfolgenden Kapiteln ausführlicher vorgestellt. Die Aufteilung erfolgt in die beiden Bereiche „fortwährend & universell" bzw. „zeitlich begrenzt & projekt- oder objektbezogen".

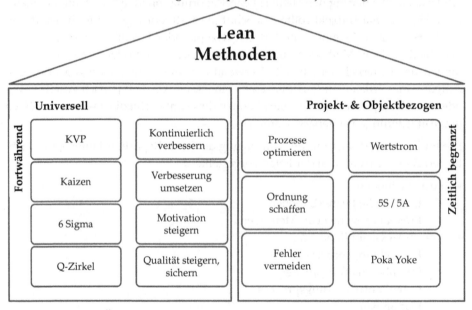

**Abbildung 3-1:** Übersicht Lean-Methoden[32]

Es gibt nicht nur ein richtiges Vorgehen und am Ende auch nicht nur eine richtige Lösung. Es muss für jede Problemstellung ein idealer Ansatz gefunden werden. Dabei kann die Vorgehensweise für verschiedene Unternehmen und Personen auch sehr unterschiedlich sein.

Die verschiedenen Lean-Methoden finden auch bei Aufbau, Analyse und Restrukturierung des Berichtswesens zunehmend Aufmerksamkeit. Der Begriff „Lean-Reporting" drückt die Intention aus, das Berichtswesen von unnötigem Datenbal-

---

32 Siehe Ullmann, Georg: Ganzheitliche Produktionssysteme – IPH Methodensammlung

## 3.3 Universelle Lean-Methoden

last zu befreien und leistungsfähig zu gestalten. Gleichzeitig sollen die Kosten möglichst tief gehalten werden und die Anwender qualitativ besser unterstützt werden.

### 3.3 Universelle Lean-Methoden

Mit übergreifenden Methoden sind Methoden gemeint, welche fortwährend und projektübergreifend eingesetzt und für eine stetige Verbesserung herangezogen werden können. Diese Methoden zielen auf Verbesserungen ab, welche meist direkt vom Mitarbeiter umgesetzt werden können und direkt zu dessen Aufgabengebiet gehören. Neben stetiger Verbesserung und Qualitätssteigerung in Prozessen ist auch die Motivation der Mitarbeiter ein wichtiges Thema.

Die folgenden Methoden werden detaillierter betrachtet:
- Kontinuierlicher Verbesserungsprozess (KVP)
- Kaizen
- Six Sigma
- Q-Zirkel

#### 3.3.1 Kontinuierlicher Verbesserungsprozess

Die Definition, die Ziele und der Vorgehenszyklus des Kontinuierlichen Verbesserungsprozesses, kurz KVP, werden nachfolgend vorgestellt.

##### 3.3.1.1 Beschreibung

Der kontinuierliche Verbesserungsprozess (englisch: continuous improvement process, CIP) wurde Ende der 80er Jahre als deutsche Antwort auf das japanische Kaizen geprägt. „Das gute verbessern" war bereits seit vielen Jahren das Leitprinzip des erfolgreichen Automobilherstellers Toyota. Zweck des kontinuierlichen Verbesserungsprozesses ist es nicht kurzfristige Verbesserungen oder Erfolge zu erzielen, sondern nachhaltig und mit klaren Zielvorgaben Verbesserungen einzuleiten und umzusetzen.[33]

##### 3.3.1.2 Ziele

Die Ziele vom KVP müssen klar formuliert und von der Unternehmensführung getragen werden. Die Zielsetzung ist dabei immer auf die Kundenbedürfnisse ausgerichtet und soll die Beteiligten in den Verbesserungsprozess einbinden. Damit kann eine Identifikation mit den gemeinsam vereinbarten Zielen herbei-

---

[33] Siehe Keuper, Frank & Schunk, Henrik: Internationalisierung deutscher Unternehmen, S. 531

geführt und dabei auch Vertrauen zwischen Vorgesetzten und Mitarbeiter aufgebaut werden.[34]

### 3.3.1.3 Vorgehenszyklus

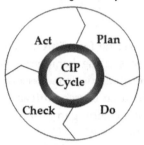

**Abbildung 3-2:** Vorgehenszyklus

Der Vorgehenszyklus setzt sich aus den folgenden 4 Phasen zusammen:

- Plan
    - ✓ vorbereiten
    - ✓ bekanntmachen
    - ✓ institutionalisieren
- Do
    - ✓ Handlungsbedarf ermitteln
    - ✓ Verbesserungsvorschläge sammeln
- Check
    - ✓ Auswahl der Lösungen
    - ✓ Planung der Umsetzung
- Act
    - ✓ Lösungen umsetzen

## 3.3.2 Kaizen

### 3.3.2.1 Beschreibung

Kaizen bedeutet übersetzt kontinuierliche Verbesserung (Kai) zum Besseren (zen) und ist dadurch gekennzeichnet, dass sich die stetigen Verbesserungen auf sämtliche betriebliche Vorgänge erstrecken und sämtliche Hierarchieebenen involviert werden. Zur erfolgreichen Umsetzung der Kaizen-Strategie müssen drei Voraussetzungen gegeben sein:

- Prozessorientierung
- Kundenorientierung
- Mitarbeiterorientierung

---

34 Siehe Kostka, Claudia & Kostka, Sebastian: Der Kontinuierliche Verbesserungsprozess, S. 16ff

## 3.3.2.2 Prozessorientierung

Eine der wesentlichen Rahmenbedingungen für Kaizen ist die konsequente Prozessorientierung. Dies verlangt eine Entwicklung hin zu einer prozessorientierten Kultur. Es steht damit nicht mehr nur das Ergebnis einer Tätigkeit im Vordergrund, sondern der Arbeitsprozess, um dieses Ergebnis zu erreichen. Dieses prozessorientierte Denken ist sehr stark mitarbeiterorientiert, da gerade die Anstrengungen der Mitarbeiter die Prozesse zu verbessern, für den anschließenden Erfolg ausschlaggebend sind.

## 3.3.2.3 Kundenorientierung

Das Ziel von Kaizen ist, letztendlich die Zufriedenstellung der Kunden, denn nur zufriedene Kunden schaffen einen Wettbewerbsvorteil für das Unternehmen. Um die Kunden zufriedenstellen zu können, müssen zuerst deren Bedürfnisse erkannt werden. Sind die Bedürfnisse der externen Kunden dem Unternehmen bekannt, muss sich das Unternehmen bemühen diese zu erfüllen und zwar nach Möglichkeit besser als vom Kunden erwartet und deutlich besser als die Mitbewerber.

## 3.3.2.4 Mitarbeiterorientierung

Kaizen setzt die Mitarbeiterorientierung an die erste Stelle, Kaizen beginnt deshalb beim Menschen. Ein Unternehmen kann nur dann erfolgreich sein, wenn jeder einzelne Mitarbeiter seine Fähigkeiten einbringt. Kaizen ist ein Bewusstsein das von allen Mitarbeitern getragen werden muss, vom Manager bis zum Arbeiter, und bedeutet genau das Gegenteil von "mich geht das nichts an" oder "dafür werde ich nicht bezahlt". Hierarchisches Denken ist mit Kaizen nicht vereinbar, jeder Mitarbeiter, egal auf welcher Stufe soll sich an der Prozessoptimierung beteiligen.

### 3.3.3 Six Sigma

Das Six Sigma Konzept beschreibt ein optimales Zusammenspiel von Kundenanforderungen, Prozessgestaltung und Qualitätssicherung. Six Sigma ist darauf ausgerichtet, Abweichungen und Durchlaufzeiten bei Produkten und Prozessen zu reduzieren, die Kundenzufriedenheit zu verbessern und dadurch eine Wertsteigerung für das Unternehmen zu erreichen. Six Sigma kann als Projektmanagement Methode bezeichnet werden, bei der bewährte Elemente der Qualitätsmanagements intelligent kombiniert und eingesetzt werden. Six Sigma ist nicht nur in Produktionsprozessen sondern genauso wirksam in Verwaltungs- und Dienstleistungsprozessen einsetzbar.[35]

### 3.3.4 Q-Zirkel

Qualitätszirkel sind Gesprächsgruppen innerhalb des Unternehmens, welche spezielle Themen des eigenen Arbeitsbereichs analysieren und entsprechende Lö-

---

35 Siehe Töpfer, Armin: Six Sigma, S 7

sungsmöglichkeiten erarbeiten. Die Meetings finden in einem regelmäßigen Turnus statt und bieten somit den Rahmen komplexere Probleme der einzelnen Bereiche zu erörtern. Qualitätszirkel stellen somit eine ideale Ergänzung des innerbetrieblichen Vorschlagswesens dar. Die Umsetzung der ausgearbeiteten Lösungsvorschläge kann in der Regel nach Rücksprache mit dem Management durch die Mitglieder des Qualitätszirkels selbst durchgeführt oder initiiert werden. Qualitätszirkel basieren analog zu anderen Lean-Methoden auf der aktiven Einbindung der einzelnen Mitarbeiter.[36]

## 3.4 Projektbezogene Lean-Methoden

Projekt- oder prozessbezogenen Methoden, sind meist zeitlich begrenzt und wie in der Bezeichnung beschrieben eher projekt- oder prozessbezogen einsetzbar. Sie können bei klar definierten Problemstellungen angewendet und nach der Umsetzung einer Optimierung teilweise abgeschlossen werden.

Diese Methoden werden herangezogen um den Material- oder Informationsfluss in einen bestimmten Bereich gezielt zu analysieren, um Unordnung im Berichtswesen einer Unternehmung zu beseitigen oder wiederkehrende Fehleingaben in einem System aufzudecken und zu vermeiden. Sie alle haben das Ziel einzelne Projekte und Prozesse zu optimieren und zu vereinfachen.

Die folgenden Methoden werden detaillierter betrachtet:

- Wertstromanalyse
- 5S/5A
- Poka Yoke

### 3.4.1 Wertstromanalyse

#### 3.4.1.1 Beschreibung

Die Wertstromanalyse kann zur Darstellung und Analyse von Prozessen und Informationsflüssen eingesetzt werden. Dabei werden Prozesse aus der Vogelperspektive betrachtet und möglichst einfach dargestellt. Sie dient der Identifikation von Schwachstellen, wie z.B. Verschwendungen und zur Prozessverbesserung. Hierbei liegt in unserem Fall der Schwerpunkt auf der Reduzierung der Durchlaufzeit.

Der Ablauf einer Wertstromanalyse kann grob in fünf Schritte unterteilt werden (siehe Abbildung 3-3). In den einzelnen Schritten sind Antworten auf verschiedene Fragen und Themen zu finden. Nachfolgend sind exemplarische Fragestellungen und zu behandelnde Themen formuliert.

---

36 Siehe Jung, Hans: Allgemeine Betriebswirtschaftslehre, S. 1006

## 3.4 Projektbezogene Lean-Methoden

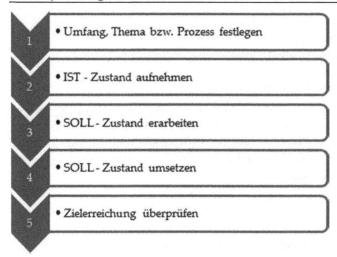

**Abbildung 3-3:** Ablauf Wertstromanalyse

Der Schritt „Umfang, Thema bzw. Prozess festlegen" setzt sich mit folgenden auseinander:

- Welcher Prozess ist betroffen?
- Klare Abgrenzung was gehört dazu, was nicht.
- Sind die Rahmenbedingungen und Abhängigkeiten bekannt?

In dem Schritt „Ist-Zustand aufnehmen" sind u.a. diese Punkte enthalten:

- Das „Sehen lernen" ausgehend vom Kundenwunsch.
- Die Visualisierung der Ist-Situation in einer einfachen und pragmatischen Darstellungsform.
- Die Darstellung beruht auf der „Vogelperspektive" mit an neuralgischen Punkten hinreichend genauer Detaillierung.

Der Schritt „Soll-Zustand erarbeiten" behandelt u.a. diese Themen:

- Ermittlung der Veränderungspotenziale und Veränderungsfähigkeiten.
- Festlegung der Ziele. Als Maßstab dienen die Möglichkeit der Effizienzsteigerung und die Vertiefung der Kundenorientierung.
- Ableitung einfacher und praktikabler Lösungen anhand der vorhandenen Potenziale.

Im Schritt „Soll-Zustand umsetzen" sind diese Punkte zu erörtern:

- Erarbeitung eines inhaltlichen Umsetzungsplans.
- Priorisierung unter Beachtung von Kundennutzen und Relevanz.
- Terminierung von Teilschritten und Maßnahmen, abgeglichen mit vorhandenen Möglichkeiten und Ressourcen.

Im letzten Schritt „Zielerreichung überprüfen" ist ein Feedback zu folgende beispielhaften Fragen zu erörtern:

- Wurden die definierten Ziele erreicht?
- Wurden die Erwartungen erfüllt?
- Welche Nebeneffekte sind aufgetreten?

### 3.4.1.2 Wertstromanalyse und Lean-Reporting

In seiner ursprünglichen Form sieht die Wertstromanalyse die Ist-Aufnahme mittels Papier und Bleistift vor. Im Produktionsumfeld kommen einfache, standardisierte Symbole zur Anwendung, welche für Informationsfluss und Materialfluss eingesetzt werden können. Beispielsymbole für das Design des Wertstroms sind in Abbildung 3-4 dargestellt.[37]

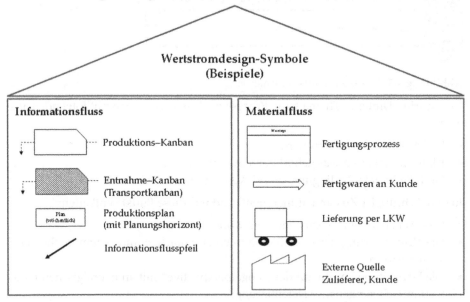

**Abbildung 3-4:** Wertstromdesign-Symbole

Für Prozesse im Reporting-Umfeld, sind nicht alle dieser Symbole aussagekräftig und können nur bedingt eingesetzt werden. Deshalb nehmen wir in unserem Falle zwar die Systematik als Grundlage, verwenden aber ein reduziertes und angepasstes Sortiment an Symbolen, welches uns für die Abbildung der Schritte im Reportingprozess geeignet erscheint.

Anhand eines stark abstrahierten Prozessbeispiels „Datenbeschaffung bis Verfügbarkeit des finalen Berichts beim Reporting-Kunden" wird dieses Vorgehen veranschaulicht (Abbildung 3-5). Der Ist-Zustand beinhaltet verschiedene Prozessphasen wie die Datenanalyse, die Formatierung und letztendlich den Berichtsversand.

---

37 Siehe Rother, Mike & Shook, John: Learning to See – Value-Stream Mapping

## 3.4 Projektbezogene Lean-Methoden

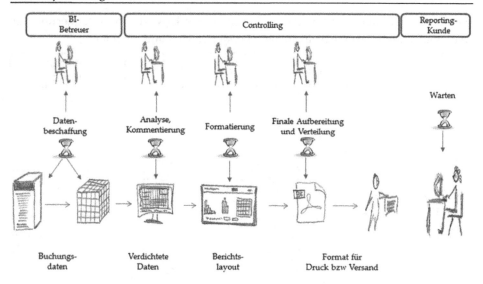

**Abbildung 3-5:** Schematische Darstellung des Prozessbeispiels

Die Vogelperspektive dient einer ersten Skizzierung des Wertstroms. Eine zuerst einfach skizzierte Darstellung des Wertstroms kann in der Folge weiter analysiert und präzisiert werden, so dass die nicht-wertschöpfenden Phasen transparenter werden. Basierend auf den vorgestellten Symbolen kann der Wertstrom wie in Abbildung 3-6 dargestellt aufbereitet werden. Eine transparente und einheitliche Darstellung der Schwachstellen im Prozess ist realisierbar.

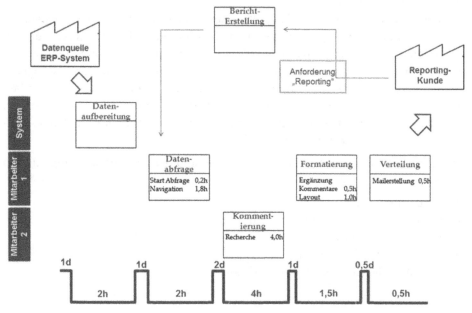

**Abbildung 3-6:** Skizzierung des Wertstroms und der Verschwendungsphasen

Durch die Elimination unnötiger Arbeitsprozesse bzw. deren systemtechnischer Automatisierung lässt sich ein anzustrebender Sollzustand abbilden.

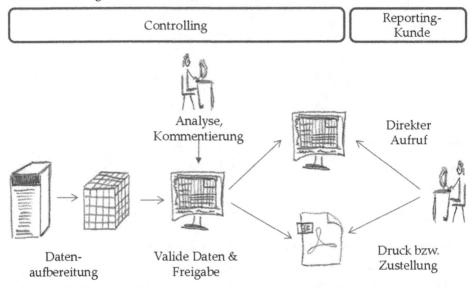

**Abbildung 3-7:** Schematische Darstellung des Soll-Zustands

### 3.4.2 5S/5A Methode

#### 3.4.2.1 Beschreibung

Bei der 5S- bzw. 5A-Methode, handelt es sich um ein strukturiertes Vorgehen, um eine verbesserte Arbeitsplatzorganisation einzuführen und systematisch zu standardisieren. Gleichzeitig soll diese Methode die Arbeitseffizienz und die Produktivität erhöhen. Dies kann unter anderem durch kürzere Suchzeiten und geringeren Ressourceneinsatz erreicht werden und zusätzlich kann auch die Arbeitssicherheit verbessert werden. Die Mitarbeiter werden durch einen besser organisierten Arbeitsplatz motiviert und steigern damit automatisch auch ihr Qualitäts-, Umwelt- und Sicherheitsbewusstsein.

5S steht für die folgenden japanischen Begriffe und den in Klammern angeführten deutschen Bezeichnungen:

- Seiri – Sortieren
- Seiton – Sichtbar Ordnung schaffen
- Seiso – Sauber machen
- Seiketsu – Standardisieren
- Shitsuke – Sichern und ständig verbessern

## 3.4 Projektbezogene Lean-Methoden

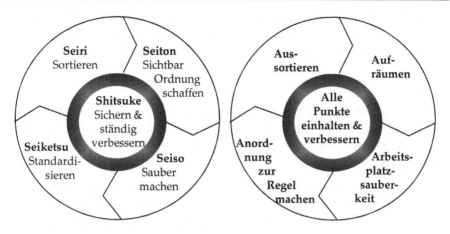

**Abbildung 3-8:** Methode 5S bzw. 5A

Darüber hinaus gibt es weitere Variante mit deutschen Schlagwörtern, die jeweils mit dem Buchstaben „A" beginnen und somit für 5A stehen:

- Aussortieren,
- Aufräumen,
- Arbeitsplatzsauberkeit,
- Anordnung zur Regel machen,
- Alle Punkte einhalten und verbessern

### 3.4.2.2 5S und Lean-Reporting

Jedes Berichtswesen wächst über die Zeit erheblich, einerseits durch neue Anforderungen der Fachbereiche, aber auch durch die Erstellung von neuen, individuellen Analyseberichten. Oft werden Berichte nur wenige Male eingesetzt, oder verlieren nach einer gewissen Zeit an Bedeutung und geraten dadurch in Vergessenheit. Nur sehr selten melden die Anwender solche nicht mehr verwendeten Berichte, deshalb ist es ausgesprochen wichtig, diese Reports periodisch zu identifizieren und gegebenenfalls zu eliminieren.

Die 5S Methode kann für die Bereinigung des Berichtswesens herangezogen und angewendet werden. Eine themenspezifische Transformation der „5S"-Methode in eine „5R"-Methode kann ergänzend durchgeführt werden.

**Rubricate**

Initial ist ein Rubrizieren oder ein Sortieren des Berichtswesens vorzunehmen. Es erfolgt eine Aufteilung der Berichte in verschiedene Rubriken in Anlehnung an Anwendungsgebiete, Verantwortlichkeiten oder Zielgruppen. Es ist dabei wichtig, alle vorhandenen Berichte zu berücksichtigen.

**Rid of ballast**

Periodisch müssen die Berichte nach ihrer Nutzung analysiert und klassifiziert werden. Nicht mehr verwendete Elemente werden identifiziert.

Nach dieser Identifikation und einer entsprechenden Freigabe zur Löschung der Berichte gehen diese Elemente in die letzte Lebensphase über. Natürlich müssen Datenbeschaffung und andere abhängige Prozesse ebenfalls angepasst und bereinigt werden.

**Re-Sort**

Die Berichte werden neu gruppiert und in geeigneten Strukturen, z.B. Themenbereiche oder Anwendungsgebiete, abgelegt und können beispielsweise über ein Reporting-Portal von den Anwendern aufgerufen werden.

**Rules definition**

Die Handhabung dieses Prozesses ist zu standardisieren. Entsprechende Regeln und Normen sind auszuarbeiten. Aus einer einmaligen Aktion kann somit die Grundlage für einen periodisch wiederholbaren Prozess geschaffen werden.

**Recurrent process**

Der jeweilige „5R"-Prozess muss periodisch wiederholt werden und deshalb empfiehlt es sich, die verwendeten Programme einzuplanen und Termine bzw. Meetings periodisch festzulegen.

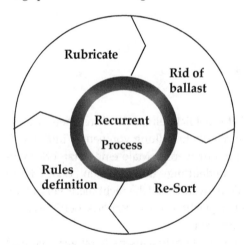

Abbildung 3-9:   „5R"-Methode in Anlehnung an „5S" aus Sicht „R"eporting

### 3.4.3  Poka Yoke

#### 3.4.3.1  Beschreibung

Ausgangsbasis für Poka Yoke ist die Erkenntnis, dass es unmöglich ist unbeabsichtigte Fehler vollständig zu vermeiden. Mit Poka Yoke wird auf einfache Art und Weise dafür gesorgt, dass Fehlhandlungen ausgeschlossen werden können und somit nicht zu Fehlern am Endprodukt führen.

## 3.4 Projektbezogene Lean-Methoden

Als einfaches Beispiel kann eine Steckverbindung herangezogen werden. Sind die beiden Pole +/- gleich ausgebildet können sie sehr leicht verwechselt und falsch zusammengefügt werden. Durch eine Veränderung des einen Pols, Form oder Dimension, wird eine Verwechslung ausgeschlossen und die korrekte Verbindung sichergestellt.

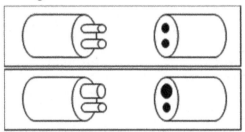

**Abbildung 3-10:** Poka Yoke Beispiel „Steckverbindung"

### 3.4.3.2 Poka Yoke und Lean-Reporting

Solche Lösungen sind im Reporting ebenfalls sinnvoll und meist ohne großen Aufwand realisierbar. Im Wesentlichen geht es darum Fehler zu vermeiden und gerade im Berichtswesen haben Eingabefehler bei Selektion oder Navigation meist entsprechende Nachwirkungen. Sei es, dass ein nochmaliger Berichtsstart mit dem einhergehenden Zeitverlust erforderlich ist oder dass auf Basis inkorrekter Daten Entscheidungsgrundlagen erarbeitet werden.

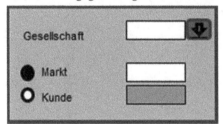

**Abbildung 3-11:** Poka Yoke Beispiel „Selektionsmaske im Reporting"

Bei der Erstellung von Berichten können entsprechende Aspekte beachtet werden, so dass das Risiko von Fehleingaben minimiert werden kann. Nachfolgend einige exemplarische Möglichkeiten:

- Definition von Musseingaben
- Vorbelegung der Selektionen beispielsweise über Berechtigungen
- Grafische Auswahl mittels Maussteuerung ohne manuelle Eingabe
- Verwendung von Umschaltobjekten statt Eingabefelder
- Automatische Steuerung abhängiger Selektionen

## 3.5 Kernprozesse im Reporting

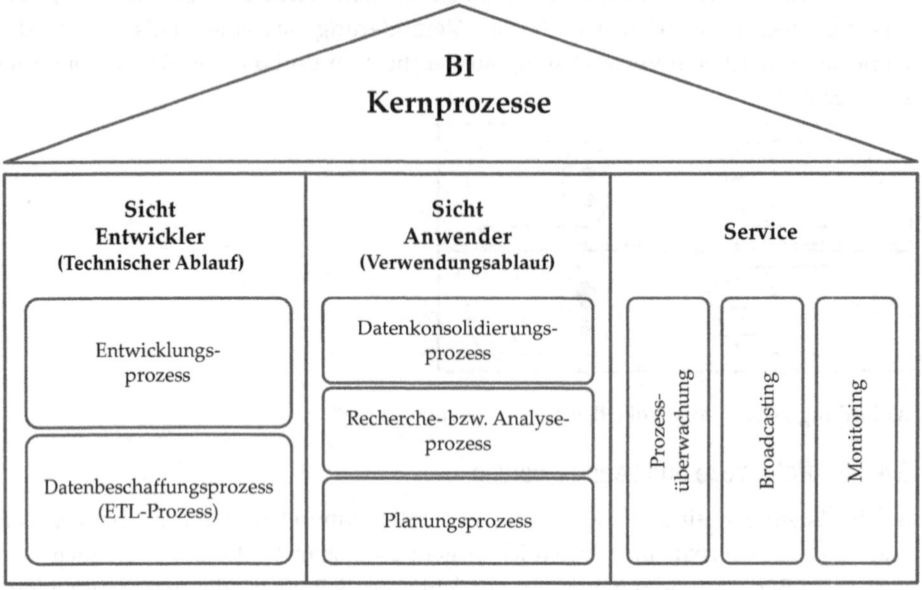

**Abbildung 3-12:** Übersicht BI-Kernprozesse

Die folgenden Prozesse gelten im BI-Umfeld als Kernprozesse und werden in der Folge kurz dargestellt und beschrieben. Die Darstellung dieser Prozesse erfolgt jeweils anhand einer beschränkten Anzahl an Teilprozessen:

- Entwicklungsprozess
- Datenbeschaffungsprozess
- Datenkonsolidierungsprozess
- Planungsprozess
- Recherche- bzw. Analyseprozess
- Service-Prozesse
  - ✓ Prozessüberwachung
  - ✓ Monitoring
  - ✓ Broadcasting

### 3.5.1 Entwicklungsprozess

Bei der Entwicklung einer Reporting-Applikation ist gerade dieser Prozess von großer Wichtigkeit. Bestehende Prozesse müssen analysiert und hinterfragt, zukünftige Prozesse besprochen und dokumentiert werden. Die Vorgaben werden in Fachkonzepten niedergeschrieben und entsprechende Informatikkonzepte daraus abgeleitet. Nach einer entsprechenden Testphase, kann die Anwendung in den produktiven Betrieb übernommen werden.

## 3.5 Kernprozesse im Reporting

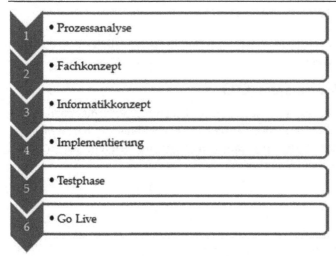

**Abbildung 3-13:** BI-Kernprozess – Der Entwicklungsprozess

### 3.5.1.1 Prozessanalyse

Die Prozessanalyse beruht auf der Ermittlung und Beurteilung von bestehenden Arbeitsabläufen. Dieser Punkt beinhaltet üblicherweise die Aufgaben Istaufnahme und Istanalyse der bisherigen Prozesse.

### 3.5.1.2 Fachkonzept

Es sind organisatorische und technische Vorgabe zur Erstellung von Reportinglösungen zu erstellen. Diese werden in einem entsprechenden Fachkonzept zusammengefasst.

### 3.5.1.3 Informatikkonzept

Das Informatikkonzept umschreibt die technischen, wirtschaftlichen und personellen Rahmenbedingungen einer umzusetzenden Business-Intelligence-Applikation. Ist gleichzeitig eine „Übersetzung" der Vorgaben im Fachkonzept, in eine Informatiklösung und die Erstellung des Dokuments setzt sowohl Anwender- wie auch Informatikkenntnisse voraus.

### 3.5.1.4 Implementierung

Es erfolgt die definitive Umsetzung der Anforderungen aus dem Informatikkonzept in Programmcode, Datenbankmodelle und Verarbeitungsprozesse.

### 3.5.1.5 Testphase

Verarbeitung von einzelnen Geschäftsvorfällen und Datensätzen mit zusätzlichen Integrations- und Massentests.

### 3.5.1.6 Go Live

Zum definierten Termin wird ein automatisierter Prozess in Betrieb genommen und für alle Benutzer freigegeben.

## 3.5.2 Datenbeschaffungsprozess (ETL)

Der Datenbeschaffungsprozess hat die Aufgabe, Daten aus verschiedenen Quellsystemen zu holen (Extraction), diese Daten gegebenenfalls zu harmonisieren, strukturieren oder zu konsolidieren (Transformation) und letztendlich in einem Data-Warehouse-System abzulegen (Loading).

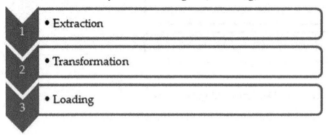

**Abbildung 3-14:** BI-Kernprozess – Der Datenbeschaffungsprozess

### 3.5.2.1 Extraction

Daten werden aus den Quellsystemen extrahiert. Oft werden von den verschiedenen Anbietern in einem sogenannten Business Content, Standardschnittstellen für die verschiedenen Anwendungsbereiche zur Verfügung gestellt und ermöglichen eine einfache und schnelle Implementierung.

### 3.5.2.2 Transformation

Während dem Ladevorgang können die Daten verdichtet oder bereinigt und an das gewünschte Datenformat im Data-Warehouse angepasst werden. Bei diesem Vorgang muss auf die Datenqualität geachtet werden, damit keine Inkonsistenzen entstehen.

### 3.5.2.3 Loading

Die Daten werden in verschiedene, im Data-Warehouse dafür vorgesehene Komponenten wie beispielsweise Datenbanktabellen, oder Stammdatentabellen geladen, wo sie für verschiedene Anwendungen im Reporting zur Verfügung stehen.

## 3.5.3 Datenkonsolidierungsprozess

Als Konsolidierungsprozess werden beispielsweise die Datenmeldung von Organisationseinheiten oder Profitcentern und die Aufbereitung der Daten für die gesamte Unternehmensgruppe bezeichnet. Im BI-Umfeld ist die Datenhoheit und Datenverantwortlichkeit ein sehr wichtiges Thema, deshalb muss der Datenbestand, wenn auch systemtechnisch und automatisch bereitgestellt, immer ge-

## 3.5 Kernprozesse im Reporting

prüft und freigegeben werden. Nach der Datenmeldung kann eine Konsolidierung und letztendlich die Bereitstellung und Kommentierung der Berichte oder Berichtshefte erfolgen.

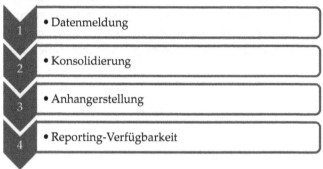

**Abbildung 3-15:** BI-Kernprozess – Der Konsolidierungsprozess

### 3.5.3.1 Datenmeldung

Business Einheiten wie Gesellschaften oder Konsolidierungseinheiten melden ihre Daten periodisch, in dem sie die Daten selbständig ins Data-Warehouse hochladen oder die Daten für einen automatisierten Abholvorgang bereitstellen.

### 3.5.3.2 Konsolidierung

Die erhaltenen Rohdaten der einzelnen Businesseinheiten werden durch verschiedene Anpassungs- oder Konsolidierungsmaßnahmen zu validen und aussagekräftigen Informationen vervollkommnet. Dabei sind manuelle wie auch automatisierte Ergänzungen möglich. Die Binnenumsatzeliminierung kann an dieser Stelle als häufig verwendete Maßnahme angeführt werden.

### 3.5.3.3 Anhangerstellung

Für die Erstellung des Anhangs werden zusätzliche Informationen benötigt. Diese Zusatzmeldedaten sind einerseits durch die Verantwortlichen in den Gesellschaften selbst zu erbringen und andererseits sind Daten aus Sicht der Gruppe zu erfassen. Diese zusätzlich erhobenen Informationen werden in einem entsprechenden Anhang zusammengefasst.

### 3.5.3.4 Reporting-Verfügbarkeit

Berichte werden über verschiedene Frontends wie Excel, oder WEB-Applikationen bereitgestellt. Die Kommentierung, die Interpretation und auch die Kommunikation mit dem Management bleiben dabei ganz wesentliche Aufgaben der lokalen und zentralen Controlling-Bereiche. Der finale Bericht steht dem Reporting-Kunden letztendlich zur Abholung bereit bzw. durch Automatismen kann dieser direkt zur Verfügung gestellt werden.

### 3.5.4 Planungsprozess

Der Planungsprozess ist in sich abgeschlossen und beinhaltet verschiedene Teilschritte aus den vorgängig beschriebenen Prozessen. Die Dateneingabe kann manuell erfolgen, eine Analyse oder Plausibilisierung kann durch Prüfmechanismen im System automatisch ablaufen. Eine Datenanpassung findet oft wieder manuell, TopDown (engl. ‚von oben nach unten') oder BottomUp (engl. ‚von unten nach oben') statt.

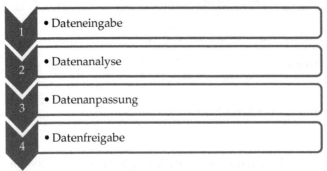

**Abbildung 3-16:** BI-Kernprozess – Der Planungsprozess

#### 3.5.4.1 Dateneingabe

Über eine zum Beispiel Excel- oder WEB-basierte Anwendungsoberfläche kann der Planer seine Plandaten erfassen und speichern. Dabei sind oft unterstützende Funktionen wie zum Beispiel prozentuale Erhöhung oder Verminderung verfügbar.

#### 3.5.4.2 Datenanalyse

Innerhalb der Planungsanwendung werden meistens bereits vordefinierte Abweichungsanalysen angeboten. Differenzen können mit verschiedenfarbigen Ampeln hervorgehoben werden und ermöglichen eine schnelle Identifizierung der Abweichung.

#### 3.5.4.3 Datenanpassung

Die Datenanpassung verhält sich analog wie die Dateneingabe, wobei die bestehenden Plandaten entsprechend angepasst und allfällige Abweichungen neu berechnet werden.

#### 3.5.4.4 Datenfreigabe

Nach Abschluss einer Planung oder Teilplanung können die Daten für die Weiterverwendung freigegeben werden. Der Freigabeprozess kann beliebig komplex gestaltet und mit Hilfe von Workflows abgebildet werden.

## 3.5.5 Recherche- bzw. Analyseprozess

Ausgehend von einer aufgetretenen Fragestellung soll durch den Recherche- bzw. Analyseprozess eine adäquate Antwort erarbeitet werden. Der Prozess selbst wird von verschiedenen Anwendern aus verschiedensten Unternehmensbereichen mit unterschiedlichem Wissensstand ausgeführt. Ausgangspunkt ist die initiale Datenselektion. Nachgelagert erfolgt die eigentliche Recherche durch eine entsprechende Navigation durch diesen Datenbestand. Idealerweise enthält ein erarbeiteter Bericht nicht nur Zahlenmaterial sondern auch erläuternde Kommentare.

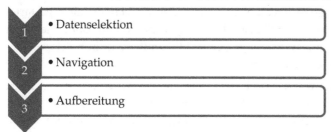

**Abbildung 3-17:** BI-Kernprozess – Der Recherche- bzw. Analyseprozess

### 3.5.5.1 Datenselektion

Beim Berichtsaufruf wird oft mit einer Selektionsmaske und Variablen gearbeitet. Variablen sind Parameter einer BI-Datenabfrage, die erst beim Ausführen der Abfrage bzw. der Web Application mit Werten gefüllt werden. Sie fungieren als Platzhalter für Merkmalswerte, Hierarchien, Hierarchieknoten, Texte und Formelelemente und können auf unterschiedliche Art verarbeitet werden. Es werden meistens verschiedenen Verarbeitungsarten angeboten, welche bestimmen, wie eine Variable zur Laufzeit der Query bzw. Web Application mit einem Wert befüllt wird.

Beispielsweise kann manuell die Eingabe eines Kalendertages erfolgen und basierend auf dieser manuellen Eingabe eine automatische Ermittlung weiterer Variablen wie Kalenderwoche, Monat oder Jahr erfolgen.

### 3.5.5.2 Navigation

Nach der Datenselektion muss das gesamte Datenvolumen aufbereitet, aggregiert und gemäß vorgegebener Berichtsdefinition dargestellt werden. Dies kann je nach Datenvolumen einige Zeit in Anspruch nehmen. Durch Integration von Rechenlogik oder Sortier- oder TopN/LastN Funktionalität kann sich die Performancesituation zusätzlich verändern.

### 3.5.5.3 Aufbereitung

Ein modernes Berichtswesen beinhaltet nicht nur reine Zahlen, quantitative Daten, sondern vermehrt auch Kommentare und qualitative Daten. Diese müssen falls im System abgelegt ebenfalls aufbereitet oder hinzugefügt werden.

## 3.5.6 Service-Prozesse

Verschiedene übergreifende Prozesse, sogenannte Service-Prozesse, ermöglichen es einerseits dem IT-Team der Systembetreuer die Systemparameter einzustellen, Systemleistung und Systemverhalten zu monitoren, die laufenden Prozesse der verschiedenen Applikationen zu überwachen und bieten gleichzeitig auch dem Anwender eine erhebliche Erleichterung bei der Durchführung seiner Arbeit.

### 3.5.6.1 Prozessüberwachung

Verarbeitungsprozesse werden idealerweise durch den Anwender selbst gestartet und können dann auch durch ihn überwacht und geprüft werden. Dafür stehen in den verschiedenen Reportingsystemen geeignete Hilfsmittel wie zum Beispiel Status- und Tracking-Systeme zur Verfügung.

Zum Beispiel kann der Anwender nach dem Start einer Datenverarbeitung durch eine grüne Ampel auf einen erfolgreichen Abschluss des Prozesses hingewiesen werden oder aber im schlechteren Fall mittels einer roten Ampel über den Abbruch des Prozesses informiert werden. Weitere Schritte der Alarmierung wie die Versendung entsprechender Warnmeldungen per Mail oder gar Kurznachrichten sind in der Folge möglich.

### 3.5.6.2 Broadcasting

Mit Broadcasting-Funktionen lassen sich Berichte oder Reportingabfragen vorberechnen und per E-Mail versenden. Neben dem E-Mail-Versand der Dokumente, die in verschiedenen Formaten angehängt werden können, ist die Ablage des Dokuments in einem Content-Management-System eine weitere Variante. Anstatt vielen Empfängern voluminöse E-Mails zukommen zu lassen, kann bei dieser zweiten Variante ein E-Mail mit einem entsprechenden Link in das Content-Management-System zu dem zugehörigen Bericht versendet werden.

Neben der Aufbereitung von regelmäßigen Reports wie beispielsweise einer täglichen Auftragseingangsübersicht, ist eine spezifische fallbezogene Datenaufbereitung denkbar, die im Falle von unerklärbar großen Abweichungen bei Kennzahlen eine entsprechende Information zur Verfügung stellt.

Für verschiedene Einsatzgebiete, wie zum Beispiel in der Systemadministration, stehen letztendlich weitere Verteilungsmöglichkeiten und Funktionen zur Verfügung. Diese umfassen beispielsweise die Erzeugung von Alerts und die Vorberechnung von Objekten zur Performance-Optimierung.

### 3.5.6.3 Monitoring

Systemlandschaften werden immer komplexer und die Nutzung neuartiger Systemkomponenten nimmt stetig zu. Sowohl im ERP-Umfeld wie auch in der Welt des Reportings, sind Anwendungen und Systemkomponenten im Einsatz, welche überwacht und administriert werden müssen. Die IT-Abteilung jedes Unternehmens muss sich dabei fundiertes Wissen aneignen um diese Aufgaben der Überwachung effizient bewältigen zu können.

Durch Automatisierung und Zentralisierung solcher Überwachungsprozesse, kann der Aufwand in den IT-Abteilungen reduziert werden. Dabei muss aber genau definiert werden, welche technischen Komponenten der Systemlandschaft überwacht werden sollen, welche Bausteine für eine notwendige Verfügbarkeit und angemessene System-Performance relevant sind und mit welchen Lösungen diese verschiedenen Bereiche ideal überwacht werden können.

## 3.6 Einführungsprojekt Lean-Reporting

### 3.6.1 Art der Einführung

Lean-Reporting lässt sich nicht einführen wie eine neue Reportinganwendung oder ein neues Reportingwerkzeug. Das Geheimnis steckt vielmehr in einer ständigen Verbesserung, in einem fortwährenden Prozess. Ein solcher Prozess kann sich nur dauerhaft entfalten, wenn Lean-Reporting nicht nur „technisch" umgesetzt wird, sondern auch in der der Reportingkultur Verankerung findet.

Bei der Einführung von Lean-Reporting sind grundsätzlich zwei Varianten unterscheidbar:

- „Big Bang"
- Applikationsspezifisch oder anwendergruppenspezifisch

#### 3.6.1.1 „Big Bang"

Bei dieser Einführungsart wird Lean-Reporting vollständig implementiert und zu einem einzigen, klar definierten Zeitpunkt operativ in Betrieb genommen. Wie bei der Einführung einer Reporting-Applikation liegt der Vorteil darin, dass der Lean-Gedanke in der ganzen Breite bekanntgemacht und umgesetzt wird. Diese Art der Einführung erfordert eine sehr umfangreiche Planung und Vorbereitung im Vorfeld um eine erfolgreiche Einführung zu gewährleisten.

#### 3.6.1.2 Applikationsspezifisch oder Anwendergruppenspezifisch

Bei dieser Einführungsart werden Reporting-Applikationen und Anwender nicht gleichzeitig auf „Lean" getrimmt, sondern die einzelnen Anwendungen bzw. Anwendungsgebiete schrittweise überarbeitet und die jeweiligen Anwendergruppen nach und nach informiert und geschult. Ein Anwendungsgebiet wie beispielsweise das Reporting für den Bereich Einkauf oder Produktion kann die Rolle des Vorreiters übernehmen. Die Einführung bleibt zwar überschaubarer aber die Herausforderung ist bei dieser Variante, den Lean-Funken auf die gesamte Organisation und die gesamte „Reporting-Umgebung" überspringen zu lassen.

## 3.6.2 Einführungsplan

Es gibt kein allgemein gültiges Vorgehen bei der Einführung von Lean-Reporting, aber es sollte auf jeden Fall in Phasen vorgegangen werden.

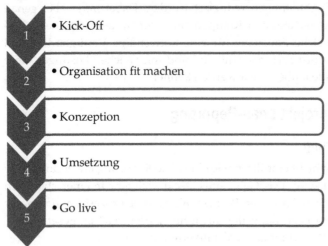

**Abbildung 3-18:**  Einführungsplan Lean-Reporting

Oft wird vor allem Wert auf das System und die technischen Einstellungen gelegt. Dabei wird der Einstellung und dem Verhalten der Mitarbeiter oft zu wenig Beachtung geschenkt. Insbesondere gilt die Devise, von Anfang an alle Beteiligten ins Boot zu holen, die Lean-Idee offen zu kommunizieren und die Verantwortung des Managements einzufordern. Dann steht einer erfolgreichen Einführung nichts mehr im Wege. Natürlich ist es wichtig dabei hartnäckig zu bleiben und sich auf Rückschläge gut vorzubereiten. Das nachfolgende Kapitel ist speziell dem Thema Herausforderungen gewidmet.

Eine Einführung kann in die folgenden fünf Hauptphasen unterteilt werden (siehe Abbildung 3-18):

- Kick-Off
- Organisation fit machen
- Konzeption
- Umsetzung
- Go Live

### 3.6.2.1 Kick-Off

Ein Lean-Reporting-Projekt steht und fällt mit der offenen Informations- und Kommunikationsstrategie. Ein für alle sichtbares Engagement des Managements im Lean-Projekt betont zusätzlich die Bedeutung. In dieser Phase sind die folgenden Punkte besonders zu beachten:

## 3.6 Einführungsprojekt Lean-Reporting

- Ziele formulieren
  Beispielhaft können diese Ziele angeführt werden:
  ✓ Arbeitsabläufe kontinuierlich verbessern und vereinfachen.
  ✓ Potenziale im Reporting aufdecken und Verbesserungen implementieren.
- Erwartungen kommunizieren
  Zu den Erwartungen gehören beispielsweise folgende Punkte:
  ✓ Aktive Unterstützung durch Top Management
  ✓ Täglich voneinander lernen
  ✓ Lean-Botschaften ernstnehmen und weitergeben
  ✓ Offenheit gegenüber Veränderungen

### 3.6.2.2 Organisation fit machen

Bei der Umsetzung eines Lean-Reporting-Projektes ist die Einbeziehung aller Interessengruppen von Nöten. Das Lean-Team und die Aufgaben sind folglich über die ganze Organisation hin zu definieren und zu kommunizieren. Wichtige Themen in dieser Phase sind die folgenden.

- **Lean-Reporting-Team:** Teammitglieder festlegen, Mentoren und Ambassadoren suchen und integrieren. Mentoren unterstützen das Projekt indirekt, auf höherer Hierarchiestufe und ermöglichen Teammitgliedern aktive Beteiligung an Lean-Projekten. Ambassadoren sind direkt in den Projekten dabei und engagieren sich stark, um die Notwendigkeit und Sinnhaftigkeit von Lean-Reporting zu verbreiten.
- **Zuständigkeit:** Die Zuständigkeiten sind zu klären und festzulegen, wobei diese keineswegs nur die Informatik betrifft, sondern gemeinsam mit Controllingbereichen, Key-Usern und anderen Fachbereichen erfolgen muss.
- **Schulung:** Team schulen, Know-How streuen auf jeden Einzelnen und das Aufzeigen von Lean-Themen an konkreten Beispielen des eigenen Unternehmens

### 3.6.2.3 Konzeption

Die Erstellung eines einfachen und durchgängigen Konzeptes für dieses Umsetzungsprojekt ist unerlässlich. Es ist ebenso wichtig das gesamte Team miteinzubeziehen wie auch eine klare Abgrenzung von Bereich und Inhalt vorzunehmen. Von Interesse sind in der Konzeptionsphase diese Punkte:

- **Ideen:** Quick-Wins bieten die Chance, das Projekt „Lean-Reporting" innerhalb des Unternehmens positiv in das Rampenlicht zu rücken. Korrespondierende Ideen sind zu sammeln und zu diskutieren. Neben diesen eher kurzfristigen Zielen sind die weiteren Meilensteine abzustecken.
- **Personen:** Mitarbeiter, welche in den täglichen Prozessen involviert sind, können sehr viel zu Veränderung und Verbesserung beitragen. Es sind Ideen zu sammeln, zu gewichten und zu konkretisieren. Auch außenstehende Personen

können wichtigen Input geben und bei der Suche nach effizienten Lösungsansätzen entscheidend mithelfen.
- **Abgrenzung:** Der zu betrachtende Bereich oder Prozess ist klar zu definieren und abzugrenzen. Die Ausarbeitung eindeutiger Rahmenbedingungen und die Festlegung von Leitplanken sind erforderlich. Vorhandene Abhängigkeiten sind entsprechend aufzuzeigen.
- **Maßnahmen:** Der Maßnahmenkatalog ist auszuarbeiten, zu priorisieren und in Form von Teilprojekten zu gruppieren und zu strukturieren.

#### 3.6.2.4 Umsetzung

Die Umsetzung von Lean-Reporting erfordert Engagement und großen Durchhaltewillen. Man wird immer wieder mit den alten Verhaltensmuster und früheren Lösungsansätzen konfrontiert und muss darauf achten, dass die Leankonzepte berücksichtigt und die Vorgaben eingehalten werden. Für diese Phase können ebenfalls beispielhafte Themen angeführt werden.

- **Teamwork:** Teamwork und allgemein das Know-How aller Mitarbeiter ist einer der wichtigsten Bestandteile des Lean-Gedankens. Die Umsetzung der ausgearbeiteten Maßnahmenpakete erfolgt schlüssigerweise durch Lean-Reporting-Teams
- **Priorisierung:** Vorhandene Ressourcen sind ein wesentliches Thema und meistens können nicht alle Aufgaben und Projekte zum Wunschtermin realisiert werden. Es ist deshalb enorm wichtig die geplanten Schritte zu priorisieren und realistisch zu terminieren. Damit kann aufkommender Angst oder Frustration bei allen Beteiligten entgegengewirkt werden.
- **Umsetzungsbeispiel:** Die vorgestellte Lean-Methode „5S" oder „5R" kann beispielsweise als Basis für die Harmonisierung der Kennzahlen dienen. Das bestehende Reporting oder eine bestimmte Reportingapplikation wird durchleuchtet, die vorhandenen Kennzahlen sortiert, klassifiziert und bei Redundanz systematisch eliminiert.

#### 3.6.2.5 Go Live

Lean-Reporting ist bereit. Zugehörige Prozesse sind reif und ein produktiver Einsatz möglich. Es braucht Zeit und aller Anfang ist schwer, das gilt auch für die ersten Tage und Wochen einer neu umgesetzten Lösung. Für die letzte Phase, „Go Live", können u.a. folgende Punkte von Bedeutung sein:

- **Der Weg ist auch das Ziel:** Jeden Tag ein kleines Stück vorwärts.
- **Kommunikation:** Resultate sind zu zeigen und auf Harmonisierungserfolge aufmerksam zu machen. Weniger ist mehr und eine solche kontinuierliche Vereinfachung und Verbesserung wird alle Beteiligten freuen und zusätzlich motivieren.
- **Review:** Ein Blick zurück kann niemals schaden. Was ist besonders gut gelaufen und wo könnte in Zukunft noch einiges verbessert werden. Sind Erfolge zu

## 3.6 Einführungsprojekt Lean-Reporting

verzeichnen, sollen diese auch gemeinsam gefeiert werden. Das steigert einerseits die Motivation und zeigt andererseits auf, wie viel Potenzial in anderen Bereichen noch vorhanden ist.

### 3.6.3 Herausforderungen

Veränderungen führen fast immer zu Abwehrhaltung, Ängsten und Problemen. Im Change-Management sind verschiedene Arten von Hindernissen und Widerständen erkennbar. Es können dies psychologische, organisatorische und unternehmensspezifische Hindernisse sein, welche ganz unterschiedliche Arten von Widerstand hervorrufen können und denen mit entsprechender Kommunikation begegnet werden kann.

Ein solcher Veränderungsprozess lässt sich in verschiedene Phasen aufteilen. Um zu verstehen, wie Personen mit Veränderungen umgehen, ist die Berücksichtigung der Change-Kurve sehr hilfreich. Bereits in den 60iger wurde diese Kurve mit den verschiedenen emotionalen und rationalen Phasen von Kübler-Ross beschrieben (Abbildung 3-19).

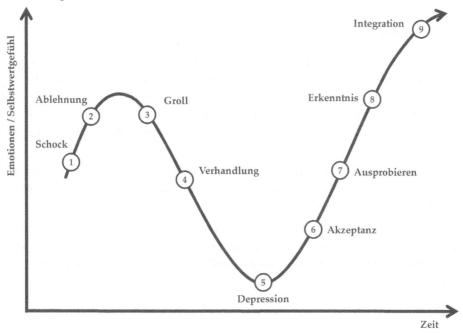

**Abbildung 3-19:** Phasen der Veränderung[38]

Die Arten des Widerstandes und auch die Phasen eines solchen Projektes sollen nicht im Detail behandelt werden, sondern vielmehr einige wesentliche Punkte

---

38 Siehe Malcolm, Eva u.a.: Business Analysis, S. 250

aufgelistet werden, welche auftauchen können und auf die eine Vorbereitung sinnvoll ist.

- **Arbeitslast:** Hohe Arbeitslast "Landunter", insbesondere im Daily Business, ist zu beachten. Kritisch äußert sich dies in der Frage: Warum Projektmeetings am liebsten vermieden werden und endet in dem Resultat: „ Habe heute keine Zeit für Lean ...."
- **Ängste:** Angst bezüglich eigener Existenz und Kompetenz und der einhergehenden Frage: „Werde ich überhaupt noch gebraucht?"
- **Doppelspurigkeit:** Doppelspurigkeiten und zweigleisig geführte Diskussionen sind letztendlich demotivierend.
- **Empörung:** Der Umgang mit Veränderungen fällt oftmals nicht leicht. Es kann zu emotionale Äußerungen und Empörungen kommen in der Form wie z.B.: „Was für eine Verschwendung an Zeit und Geld ..."

Es sind viele Hürden zu überwinden und es gilt alle auftauchenden Probleme ernst zu nehmen und zeitnah zu besprechen. Eine offene und zeitnahe Kommunikation bringt an dieser Stelle oftmals den entscheidenden Vorteil.

## 3.7 Fazit

Mit der Anwendung von Lean-Prinzipien und Lean-Methoden liegt ein Baustein für einen nachhaltigen Unternehmenserfolg vor. Das Lean-Management-Prinzip stellt den Unternehmen einen großen und etablierten Werkzeugkasten zur Verfügung. Darin befinden sich die richtigen Methoden, um Dienstleistungs- und Administrationsprozesse zu optimieren und bestehende Verschwendung zu eliminieren.

Die Voraussetzungen für Lean-Reporting sind geschaffen. Durch den ersten entscheidenden Schritt den erfolgreichen Projektstart kann das Thema Lean-Reporting ins Rollen gebracht werden.

Aber es muss dafür gesorgt werden, dass Lean-Reporting auch gelebt und in der täglichen Praxis immer und immer wieder angewendet wird. Es gilt das Thema im Unternehmen nachhaltig zu verankern und als allgemeines Gedankengut zu verbreiten.

## 3.7 Fazit

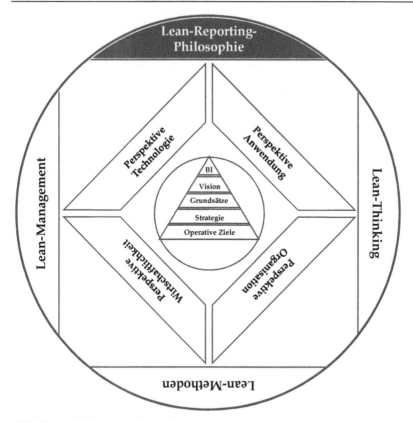

**Abbildung 3-20:** Lean-Reporting

# 4 Etablierung der Lean-Reporting-Philosophie

*Wer aufhört, besser zu werden,*
*hat aufgehört, gut zu sein*
*Philip Rosenthal*

## 4.1 Einblick

Lean-Management ist nicht nur dazu da, Abläufe und Prozesse zu optimieren oder entsprechend schnell Erfolge zu erzielen. Beim Thema Lean handelt es sich vielmehr um eine Philosophie, die es im Berufsalltag zu verankern gilt. Der Geschäftsleitung obliegt die aktive Unterstützung einer Einführung der Lean-Philosophie. Nur eine gelebte Lean-Philosophie kann letztendlich zu Erfolge führen. Nicht nur die Geschäftsleitung ist diesbezüglich gefordert. Im Wesentlichen sind es die Mitarbeiter und Kollegen, die die Lean-Philosophie erst richtig zum Leben erwecken und letztendlich dauerhaft mittragen.

Um diese Thematik zu verdeutlichen, werden in den nachfolgenden Kapiteln die folgenden Aspekte behandelt:

- Lean-Reporting Leben einhauchen
- Institutionalisierung der Lean-Philosophie
- Denkweisen
    - ✓ Lean-Denken & Lean-Thinking
    - ✓ Neue Wege und andere Betrachtungsweisen
- Spannungsfelder
    - ✓ Standardisierung und Individualisierung
    - ✓ Lean und Perfektion
    - ✓ Flexibilität und Stabilität
    - ✓ Innovation und Kontinuität

## 4.2 Lean-Reporting Leben einhauchen

Nach der Einführung von Lean-Reporting muss ein kontinuierlicher Verbesserungsprozess (KVP) dafür sorgen, dass der Schwung des ersten Schrittes auch erhalten bleibt. Mit verschiedenen Methoden kommen wir von einem Lean-Projekt zu einem "daily business process"!

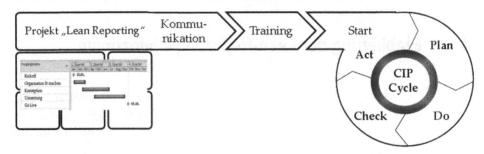

**Abbildung 4-1:** Lean-Reporting - Vom Projekt zum täglichen KVP-Prozess

## 4.3 Institutionalisierung

Damit Lean-Reporting nachhaltig betrieben und gelebt werden kann, muss auch der kontinuierliche Verbesserungsprozess institutionalisiert werden. Die Botschaft muss klar kommuniziert werden. Das Ideenmanagement sollte idealerweise in das betriebsinterne Vorschlagswesen integriert werden und die Zielvereinbarungen der Mitarbeiter sollten auch eine „Lean"-Komponente beinhalten.

Neben der Vermittlung von Hintergründen zur Lean-Philosophie ist die „Lean"-Denkweise spürbar zu fördern.

Mit den zu erwartenden positiven Erfahrungen der Lean-Philosophie werden ebenso Spannungsfelder entstehen. Diese Spannungsfelder gilt es fundiert zu analysieren, um im Sinne der Lean-Philosophie die passenden Entscheidungen treffen zu können.

### 4.3.1 Lean-Botschaft

Ohne klare Zielsetzung, ohne Ideen und natürlich ohne Vision wird jede Einführung scheitern. Deshalb ist ein klares und nachvollziehbares Vorgehen festzulegen und die einzelnen Schritte dieses Prozesses sind gut vorzubereiten. Jeder beteiligte Mitarbeiter soll wissen wo er steht und wo die Reise hingeht. Er soll die „MOST-SMARTen" Ziele kennen, verstehen und mittragen.[39]

Jeder Mitarbeiter auf jeder Stufe soll wissen, was von ihm in seiner Funktion erwartet wird – ob Führungskraft oder Mitarbeiter. Wenn man sich entschieden hat Lean-Reporting einzuführen und zu leben, dann um mittel- bis langfristig mehr Zeit für die eigentlichen Kernaufgaben freizubekommen, die Eigenverantwortung der Mitarbeiter zu fördern, jegliche Verschwendung zu vermeiden, transparente Prozesse zu schaffen und damit am Ende viel Zeit und Geld zu sparen.[40]

---

39 Siehe Reitz, Andreas: Lean TPM – in 12 Schritten zum schlanken Management System, S. 285
40 ebenda, S. 286

## 4.3 Institutionalisierung

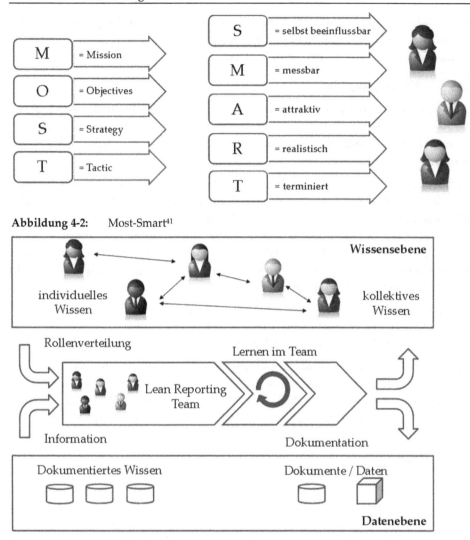

**Abbildung 4-2:** Most-Smart[41]

**Abbildung 4-3:** Wissenstransfer und Weiterentwicklung[42]

Es ist effizient Teams zu bilden, die bestehende Reportingprozesse regelmäßig hinterfragen, optimieren und nach neuen Lösungen suchen. Ob bei Prozessoptimierung oder beim Aufbau von neuen Reporting-Anwendungen, soll auf das bestehende Wissen von einzelnen Teammitgliedern und auf gemachte Erfahrungen in den Lean-Reporting-Teams zurückgegriffen werden. Damit kann ein Wissenstransfer und eine Weiterentwicklung jedes Teammitgliedes erreicht und eine

---

41 Figuren: © istockfoto
42 Siehe Gamweger, Jürgen & Jöbstl, Oliver: Six Sigma Belt Training, S. 69, Bild 22. Figuren: © istockfoto

nachhaltige Verbesserung und Stabilisierung der Reporting-Umgebung gewährleistet werden. Eine klare Rollenverteilung im Team, Offenheit und Bereitschaft gemeinsam Ziele zu erreichen ist dabei Voraussetzung.

### 4.3.2 Kommunikation

Es gibt viele verschiedenen Kommunikationsinstrumente, die immer dazu dienen betroffene Personen über angestrebte Änderungen oder Veränderungen zu informieren. Dies kann mit Hilfe von Vorträgen, Bereichsmeetings, Videos oder Newsletters geschehen.

Wir wollen viel mehr, wir wollen, dass der Lean-Gedanke jedes Projekt von Anfang an begleitet und bei jeder Prozessanpassung das Hauptthema ist. In jeder Projektsitzung, Statussitzung und jedem Bereichs- oder Abteilungsmeeting muss Lean-Reporting auf der Agenda stehen. Dabei dürfen keinesfalls nur anstehende Projekte, auftretende Probleme und schlecht laufende Prozesse im Vordergrund stehen, sondern auch realisierte Verbesserungen und erzielte Einsparungen und Erfolge kommuniziert und präsentiert werden.

- Ideen: Nach neuen, innovativen Ideen suchen, andere fragen!
- Belohnung: Eingebrachte Ideen und Vorschläge bei Umsetzung belohnen
- Freiraum: Verantwortungs- und Entscheidungsfreiraum schaffen

Durch ein Anreizsystem kann die Anfangsphase positiv unterstützt werden und mit gezielten Marketing-Aktionen kann der Lean-Gedanke immer wieder ins Bewusstsein gerückt werden – Warum nicht einmal einen nützlichen Gegenstand, wie Mousepad, USB-Stick, Kugelschreiber etc. verteilen und damit das Thema in Erinnerung rufen[43].

### 4.3.3 MitarbeiterIn

Die Mitarbeiter sollen in diesen Prozess der steten Verbesserung eingebunden sein und Entscheidungsspielräume erhalten. Sie sollen spüren, dass ihre Einwände und Ideen ernst genommen werden und ein großes Interesse des Managements vorhanden ist. Die Delegation von Verantwortung und Autorität ist wichtig, damit Mitarbeiter selbständig handeln und sich bald eine Eigendynamik in der Gruppe entwickeln kann.[44]

Wir wollen die Qualifikationen der Mitarbeiter optimal einsetzen, sichern und ausbauen, damit auch in Zukunft kreative und innovative Lösungen gefunden werden können. Lean-Reporting erfordert neue Qualifikationsprofile für Mitarbeiter und Vorgesetzte.

---

43 Siehe Gamweger, Jürgen & Jöbstl, Oliver: Six Sigma Belt Training, S. 87 ff
44 Siehe Schultheiss Wilhelm: Lean Management – Strukturwandel im Industriebetrieb durch Umsetzung des Management Ansatzes , S. 46

## 4.3 Institutionalisierung

Bei Mitarbeitern muss der Wille geweckt werden unternehmerisch zu denken und zu handeln, Verarbeitungsprozesse Lean zu gestalten und das Berichtswesen optimal einzurichten. Für die Vorgesetzten heißt führen, Rahmenbedingungen und Leitplanken schaffen, damit sich die Mitarbeiter entfalten können. Sind die Rahmenbedingungen für Lean-Reporting definiert, kann sich jeder zwischen den gesetzten Leitplanken frei bewegen und nach kreativen und nachhaltigen Lösungen suchen. Bei der Definition von Mitarbeiterzielen ist darauf zu achten, dass diese einerseits auf den Gesamtzusammenhang ("den Blick für das Ganze") und andererseits auf konkrete, quantifizierbare Lean-Aspekte zielen.

Durch Lean-Management ändert aber auch der Stellenwert der Einzelleistung und die Gruppenleistung gewinnt an Bedeutung. Ein ganzes Team ist für das Arbeitsergebnis verantwortlich und entsprechend sinnvoll ist eine Erfolgsbeteiligung am Ende eines Projektes.[45]

Immer wieder sollten wir uns die Frage stellen, wie wir den Prozess und damit auch den Mitarbeiter und das Team unterstützen und weiterentwickeln können.

Welches „Knowhow" braucht der Mitarbeiter und wie kommt er dazu:

- Training
    - ✓ Schulungen, Weiterbildung extern
    - ✓ Intern
- Erfahrungsaustausch
    - ✓ Arbeitskreise
    - ✓ Referenzbesuche

Welche Hilfsmittel und Werkzeuge stehen dem Mitarbeiter zur Verfügung und können ihn in seiner Arbeit unterstützen:

- Ideenmanagement (siehe Kapitel 6.2.3)
    - ✓ Ideendatenbank für Anwender und Entwickler erstellen
    - ✓ Regelmäßiger Erfahrungsaustausch im Team

Wie können wir den Mitarbeiter aktiv am Lean-Reporting-Prozess beteiligen und seine Ideen und Wünsche optimal integrieren:

- Zielvereinbarungen
    - ✓ "Lean" in Mitarbeiterzielen berücksichtigen
    - ✓ Persönliche Entwicklungsplanung

---

[45] Siehe Pfeiffer, Werner & Weiß, Enno: Lean Management: Grundlagen der Führung und Organisation lernender Unternehmen, S. 261

## 4.4 Denkweisen

Nicht nur die Handlungsweise ist im Hinblick auf die Lean-Philosophie entscheidend, sondern eine wichtige Voraussetzung für eine erfolgreiche Etablierung ist die Denkweise. Dieses Lean-Denken gilt es entsprechend zu fördern.

### 4.4.1 „Lean"-Denken

Proaktives, sensitives, ganzheitliches, Potenzial- und ökonomisches Denken werden von Bösenberg/Metzen als fünf grundlegende Denkansätze des Lean-Managements angeführt.[46]

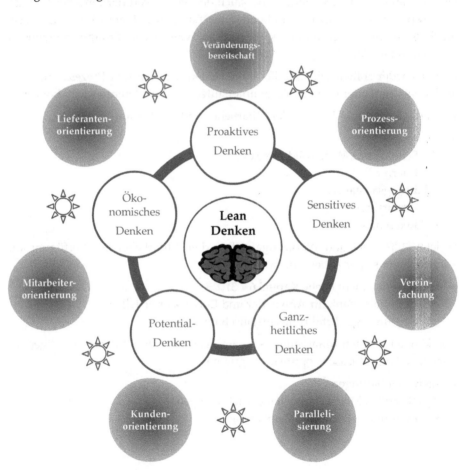

**Abbildung 4-4:** Lean-Denken[47]

---

46 Siehe Börsenberg, Dirk & Metzen, Heinz: Lean Management, S. 41
47 Siehe Bogaschewsky, Ronald & Rollberg, Roland: Prozeßorientiertes Management, S. 99

## 4.4 Denkweisen

### 4.4.1.1 Proaktives Denken

Die Art des Denkens, bei der die Absicht zu agieren im Vordergrund steht, um zu vermeiden, dass man gezwungen wird (evtl. unter Druck) zu reagieren. Deshalb wird versucht selbständig vorzudenken und möglicherweise entstehende Probleme oder eintretende Ereignisse zu erkennen bevor die Notwendigkeit zu handeln gegeben ist.

### 4.4.1.2 Sensitives Denken

Damit zukünftige Entwicklungen oder Ereignisse eruiert oder erkannt werden können, reicht es nicht aus, nur auf Grund von harten Fakten zu entscheiden. Es braucht sensitives Denken, um auch sogenannte weiche Faktoren wie Bauchgefühl oder Stimmungsbarometer als Entscheidungsgrundlage wahrzunehmen und zu akzeptieren.

### 4.4.1.3 Ganzheitliches Denken

Um im Sinne der Unternehmensstrategie und Unternehmenszielsetzung zu agieren und zu entscheiden ist eine ganzheitliche Betrachtung und Denkweise unerlässlich. Nur wer die Übersicht über die komplexen Zusammenhänge innerhalb von Prozessen der betrieblichen Realität kennt, ist auch in der Lage die Aktivitäten an der vorgegebenen Zielsetzung auszurichten und die notwendigen Schritte einzuleiten.

### 4.4.1.4 Potenzialdenken

Dieses Denken ist gefragt, um alle zur Verfügung stehenden Ressourcen (Potenziale) zu erkennen und zu nutzen. Dies können zum Beispiel ungenutzte Fähigkeiten bzw. Know-How von Mitarbeitern, von Lieferanten oder Kunden und ebenso Lösungen von anderen Geschäftspartnern und Wettbewerbern sein.

### 4.4.1.5 Ökonomisches Denken

Wirtschaftliches Handeln erfordert ökonomisches Denken, um bei jeder Aktivität auf Sparsamkeit und Wirtschaftlichkeit zu achten und grundsätzlich jede Art von Verschwendung zu vermeiden. Es gilt nicht wertschöpfende Tätigkeiten in den Prozessen zu erkennen und zu minimieren. Alles was Kosten verursacht ohne einen Mehrwert zu generieren, ist als Verschwendung zu betrachten und unter allen Umständen zu vermeiden.

### 4.4.2 Neue Wege gehen

Oft werden bei der Suche nach Lösungsansätzen nur bekannte Modelle, Methoden und Vorgehensweisen in Betracht gezogen. Es fällt schwer, bekannte und bewährte Schemen und Elemente zu verlassen und außerhalb der gewohnten und bekannten Umgebung nach neuen Lösungen zu suchen

Der Begriff „thinking outside the box" oder „denken außerhalb des vorgegebenen Rahmens", heißt nichts anderes, als neue Denkweisen suchen, welche nicht konventionell sind. Nach Lösungen suchen, welche neuartig sind, welche vielleicht im ersten Moment eigenartig erscheinen und ganz anders als übliche Modelle und Methoden funktionieren.

Eine bekannte Aufgabenstellung ist das „Neun-Punkte-Problem" im Bereich der Problemlösung und der Denkpsychologie. Die Punkte sind mit einem Stift durch maximal 4 gerade Linien zu verbinden ohne den Stift abzusetzen. Erst ist es schwierig überhaupt eine Lösung zu finden und plötzlich entdeckt man noch ganz andere Lösungsansätze.

**Abbildung 4-5:** Thinking out of the Box – Das Rätsel

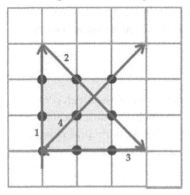

**Abbildung 4-6:** Thinking out of the Box – Die Lösung

Und mit ein wenig Toleranz kann eine Lösung mit 3 Strichen umgesetzt werden:

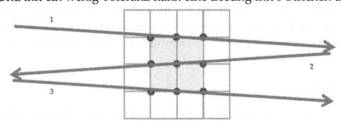

**Abbildung 4-7:** Thinking out of the Box – Lösung mit 3 Strichen

## 4.4 Denkweisen

### 4.4.3 Ein anderer Blick

Manchmal erkennen wir ein Problem oder gar eine Lösung „ auf den ersten Blick" und sind überzeugt die Situation richtig eingeschätzt, oder gar die richtige Lösung gefunden zu haben. Aber ist dem wirklich so, kann es nicht sein, dass uns unser Blick täuscht oder nicht die ganze Wahrheit verrät?

Was zeigt diese Grafik in Abbildung 4-8? Sind es zwei Gesichter oder ist es ein Kelch? Ein Kippbild ist eine Grafik, die je nach Betrachtung unterschiedliche Interpretationen zulässt. Ebenfalls passend zu diesem Thema sind Redewendungen, wie „Den Wald vor lauter Bäumen nicht sehen". Aus Sicht der Lean-Philosophie ist es hilfreich, die Perspektive zu wechseln. Statt beispielsweise die Einzelheiten separat zu betrachten, schafft der Wechsel in eine Vogelperspektive die Wahrnehmung der Gesamtheit und Zusammenhänge des zu untersuchenden Ablaufs (bzw. analog für die umgekehrte Situation).

**Abbildung 4-8:**   Lean-Denken - Kippbild[48]

### 4.4.4 Sinne können täuschen

Nicht immer entspricht das, was wir sehen oder wahrnehmen, der Wirklichkeit. Wir lassen uns sehr oft täuschen und werden durch natürliche Täuschungen oder gar künstliche Fälschungen und Manipulationen in die Irre geführt.

Sind die Linien in der Grafik in Abbildung 4-9 wirklich gleich lang?

In vielen Situationen des beruflichen Alltags können unsere Sinne getäuscht werden und wir wiegen uns vielleicht fälschlicherweise in Sicherheit oder versuchen einem nicht existierenden Problem auf den Grund zu gehen. Deshalb ist es wichtig,

---

48  Bild © istockfoto

andere Möglichkeiten, neue Lösungswege und unbekannte Ansätze in die Überlegungen miteinzubeziehen und die Denkweise offen zu gestalten.

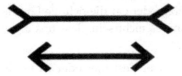

**Abbildung 4-9:**   Lean-Denken – Sinnestäuschung

### 4.4.5 Lean-Thinking

Mit Hilfe von verschiedenen Denkweisen und auf der Suche nach anderen, neuen Lösungsansätzen sind wir in der Lage „Lean" zu denken und Lean-Reporting am Leben zu erhalten und stetig weiterzuentwickeln. Es geht darum der Philosophie von Lean-Thinking Rechnung zu tragen, indem wir im Reporting eine konsequente Ausrichtung auf den Kundennutzen anstreben und jede Art von „Verschwendung" im Reporting vermeiden.

Die oben beschriebenen Ansätze und Denkweisen können dabei helfen, ideale und unerforschte Lösungen zu finden, um damit einen optimalen Kundennutzen zu erzielen.[49]

## 4.5 Spannungsfelder

Die nachstehend jeweils in einem Abschnitt in Verbindung gebrachten Themen tauchen üblicherweise in Überschriften eher mit „Thema 1 contra Thema 2" oder „Thema 1 versus Thema 2" auf. Der Titel der Überschrift mit der Verknüpfung „und" soll die Zusammengehörigkeit der beiden Themen demonstrieren. Daher werden nachfolgend die Grenzen aber auch die sich ergebenden Chancen aufgezeigt, die in diesen Spannungsfeldern liegen.

### 4.5.1 Standardisierung und Individualisierung

Nachfolgend werden die Themen Standardisierung und Individualisierung im Sinne von individuellen Einzellösungen erörtert.

#### 4.5.1.1 Standardisierung

Standardisierung bedeutet im eigentlichen Wortsinn eine Vereinheitlichung von Formen, Farben, Typen, Prozessen. Im Zusammenhang mit Reporting ist zusätzlich die Standardisierung der Inhalte unverzichtbar. Eine für alle Reporting-Applikationen gleichlautende Definition von Kennzahlen wie beispielsweise „Umsatz" ist vorzunehmen. Die Intention ist die Schaffung gemeinsamer Standards

---

49 Siehe Womack, James P. & Jones, Daniel T.: Lean Thinking: Banish Waste and Create Wealth in Your Corporation

respektive Leitlinien beispielsweise bei Prozessen, Werkzeugen oder Softwarekomponenten.

Im Reporting hat die Standardisierung des Weiteren zum Ziel, die Lesbarkeit des Reportings für die Konsumenten zu erhöhen und die Eindeutigkeit bzw. Klarheit der Informationen herbeizuführen. Dr. R. Hichert vergleicht dies oft mit dem Lesen einer Landkarte, welche durch Standardisierung von jedem sofort verstanden wird: Norden ist immer oben, Flüsse blau und Autobahnen dicker gezeichnet als Hauptstraßen.[50] Eine derartige Systematik fehlt aber oftmals in den Reportingapplikationen: Grafiken, Tabellen, Farben und Darstellungsformen werden mehr oder weniger willkürlich und je nach Geschmack des Erstellers angewendet und sind abteilungsübergreifend völlig unterschiedlich.

#### 4.5.1.2 Individualisierung

Auch bei Individualisierung wird den verschiedenen Aspekten im Reporting wie Lesbarkeit und Klarheit Rechnung getragen, aber eben gezielt auf Anwender oder Anwendergruppen abgestimmt.

Im Reporting kann eine gezielte Individualisierung durchaus notwendig werden, es bedarf aber einer eindeutigen Klärung durch die Kunden, ob ein bestimmter Bedarf, zum Beispiel eine gewünschter Spezialbericht wirklich notwendig ist. Handelt es sich um einen individuellen Bedarf, für den eine Neukonzeption erforderlich ist, müssen Überlegungen bezüglich Qualität, Ökonomie angestellt und die möglichen Lösungen einander gegenübergestellt werden.

Die Entwicklung individueller Lösungen ist zwar meist aufwendiger und komplexer, führt aber, falls sorgfältig und auf den Bedarf hin entwickelt, zu einem größeren Mehrwert für den Kunden.

#### 4.5.1.3 Standardisierung als Enabler von Individualisierung

Idealerweise werden Standards in einem „Reporting-Styleguide" definiert. Das Dokument ähnelt dem Corporate-Design-Guide und gibt eine Anleitung, wie Farben, Formen und Grafiken im Unternehmen angewendet werden sollen; also beispielsweise welche Grafikform (Balken, Säulen, Kreise) für die Darstellung eines bestimmten Sachverhalts die geeignete ist und welche Farben, Schriften und sonstige Notationsvorschriften dabei als Standard verwendet werden sollen. Weitere Informationen zum Thema Design sind im Kapitel 5.1 zu finden.

#### 4.5.1.4 Risiko

Im Gegensatz zu einer Corporate-Design-Guideline ist ein „Reporting-Styleguide" ein Dokument, das nicht nur von Personen aus dem Bereich Kommunikation & Marketing verwendet werden soll, sondern von allen Anwendern im Unterneh-

---

50 Siehe Hichert, Rolf: Zitate

men, welche Reports erstellen und gestalten. Deswegen sind die Anforderungen an Verständlichkeit und Lesbarkeit extrem hoch und es empfiehlt sich, eine solche Guideline durch vorkonfigurierte Templates zu ergänzen. Sonst scheitert die Umsetzung an der Komplexität.

### 4.5.2 Lean und Perfektion

Unter Lean-Management verstehen wir „Streben nach Perfektion" in allen Prozessen. Wichtig ist die Betonung, dass ein kontinuierlicher Verbesserungsprozess hin zu einer effizienteren Handlungsweise angestrebt wird. Die Lean-Philosophie steht in diesem Zusammenhang nicht für Perfektionismus mit den negativen Eigenschaften wie übermäßiges planen, organisieren und kontrollieren. Der Weg zur Verbesserung ist steinig und unendlich und besteht aus vielen verschiedenen Gabelungen mit dem jeweiligen Risiko, Fehler letztendlich zu begehen. Wo gehobelt wird fallen Späne, Fehler sind wichtiger Bestandteil der gelebten Lean-Philosophie. Entscheidend ist nur, den gleichen Fehler nicht wiederholt zu begehen.

#### 4.5.2.1 „Work smarter, not harder"

Ziel ist immer, sämtliche Abläufe zu beschleunigen, indem Unnötiges weggelassen wird. Antoine de Saint-Exupéry hat einmal gesagt, dass Perfektion nicht dann erreicht ist, wenn nichts mehr hinzugefügt werden kann, sondern dann, wenn nichts mehr weggelassen werden kann. Das trifft den Nagel auf den Kopf.

Die Botschaft lautet: „Work smarter, not harder".

#### 4.5.2.2 Das „80/20"-Prinzip oder der Pareto-Effekt

Dieses Prinzip besagt, dass eine Minderheit der Ursachen, des Aufwandes oder der Anstrengungen zu einer Mehrheit der Wirkungen, des Ertrags oder der Ergebnisse führt. In der Praxis sind somit eigentlich 80% der Anstrengungen weitgehend unbedeutend und beinhalten somit ein enormes Verschwendungspotenzial.

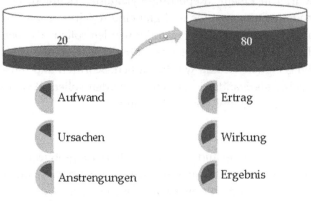

**Abbildung 4-10:** 80/20 -Regel

## 4.5 Spannungsfelder

In Reportingprojekten kann das Prinzip so angewendet werden, dass alle Anforderungen der Anwender sowie deren Verwendungshäufigkeit aufgenommen und gruppiert werden. Es wird sich bald herausstellen, dass mit 20% der Funktionen rund 80% des Anwenderbedarfs abgedeckt und damit auch der Aufwand im gleichen Verhältnis tief gehalten werden kann.

Die Botschaft lautet: Lieber 80% umgesetzt als 100% geplant!

Es ist jedoch entscheidend, dass das Pareto-Prinzip nicht gleich zu setzen ist mit der Tatsache, dass jeweils und ausschließlich nur 80% des Aufwands zu erbringen sind. Hat beispielsweise eine Maschine 5 Defekte oder sind im Reporting 5 Fehler versteckt sind 100% des Aufwands zur Behebung dieser Defizite zu erbringen. Dies unabhängig davon, ob für die Behebung von 4 Problemen nur 20% des Gesamtaufwands benötigt werden.

Wichtig ist die Erkenntnis, dass das Pareto-Prinzip eine Fokussierung auf das Wesentliche erlaubt.

### 4.5.3 Flexibilität und Stabilität

Ein effizientes Berichtswesen oder eine leistungsfähige Reporting-Anwendung muss ein großes Datenvolumen mit guter Performance verarbeiten bzw. bearbeiten können. Die Lösung muss stabil und das Resultat jederzeit reproduzierbar sein.

ERP-Systeme wie zum Beispiel SAP bieten in dieser Hinsicht gut integrierte Lösungen, die dem Anspruch an Stabilität und Performance genügen, aber oft nicht so flexibel und benutzerfreundlich einsetzbar sind wie ihre Konkurrenzprodukte. Es können natürlich Anpassungen vorgenommen werden, diese Ergänzungen zum Standard erfordern jedoch IT-Know-How und sind mit einem erheblichen zeitlichen und finanziellen Aufwand verbunden. Deshalb gilt es auch hier nur die wesentlichen und relevanten Bedürfnisse der Anwender zu erfüllen und die Lösung Lean zu gestalten.

Soll z.B. eine Planungslösung für Umsatz und Absatzkennzahlen so flexibel sein, dass sowohl in absoluten Werten wie auch in prozentualen Abweichungen geplant werden kann, dann wird eine solche Anwendung sofort wesentlich komplexer und aufwendiger in der Realisierung. Die Rechenlogik muss auf jeder Aggregationsstufe und in jedem Planungsmodus korrekte Eingaben ermöglichen und mathematisch richtige Ergebnisse liefern.

Sehr oft scheitern solche Projekte an der Komplexität, die sich einerseits im großen Realisierungsaufwand und andererseits in der unzumutbaren Performance niederschlagen.

### 4.5.4 Innovation und Kontinuität

Innovation ist gefragt! Ohne innovative Lösungen werden zukünftige Anforderungen der internen und externen Anwender auch im Reporting-Umfeld nicht mehr erfüllt werden können. Neue Methoden, neue Technologien und neue Entwicklungen sind spannend und gerade für Informatik-Mitarbeiter das Salz in der Suppe.

Innovative Lösungen bringen Veränderung und Vereinfachung, die sowohl bei Entwickler wie auch beim Anwender ein Umdenken voraussetzen. Neue Lösungen sind oft genial, weisen aber häufig noch Kinderkrankheiten auf, weil sie in der Praxis noch nicht oder nur ungenügend getestet werden konnten.

Deshalb ist es zwar richtig, dass neue Trends aufgenommen und getestet werden, aber nicht immer sinnvoll gleich jede Lösung produktiv einzusetzen. Aus der Perspektive des Kundenwerts ist daher zu prüfen, ob die zugrundeliegende Innovation zu einer wahrhaftigen Verbesserung für den Kunden führt.

Um ein Lean-Reporting nachhaltig zu betreiben, muss ein fruchtbares Klima bezüglich Innovation geschaffen und gepflegt werden. Die Zusammenarbeit mit Hochschulen bei Praktikums- und Abschlussarbeiten kann dabei ein Erfolgsfaktor sein, um mit gezielten Vorstudien und Pilotprojekten die Auswahl der idealen Werkzeuge und Lösungen zu unterstützen und die Basis für eine zukunftsorientierte Reporting-Strategie zu legen.

Gerade bei neuen Technologien und Systemen darf die Abhängigkeit von technischen Spezialisten nicht außer Acht gelassen werden. Es wird dabei immer schwieriger, die ganze Prozesskette zu betreuen und auftretende Störungen zu beheben.

Zusammengefasst kann die Aussage formuliert werden, dass im Falle einer Steigerung des Kundenwerts der Innovation der Vorzug gegenüber der Kontinuität gebührt.

## 4.6 Fazit

Lean-Reporting entsteht nicht über Nacht! Die Lean-Reporting-Philosophie ist weder nach ein paar Tagen verinnerlicht, noch wird sie automatisch täglich gelebt. Der „Lean-Reporting-Garten" muss gehegt und gepflegt werden. Die Lean-Botschaft ist ein täglicher Begleiter aller Anwender.

Mit unterschiedlichen Denkweisen, verschiedenen Sichtweisen können neue Ansätze gefunden, geprüft und umgesetzt werden. Plötzlich wird es möglich ganz neue Wege zu gehen, ohne sich von Vorbehalten, von Voreingenommenheit oder anderen Hindernissen bremsen zu lassen.

Nicht alles muss von Anfang an perfekt sein, aber es muss ein gutes Gleichgewicht zwischen Flexibilität und Stabilität, sowie zwischen Innovation und Kontinuität gefunden werden. Das Bestreben jeden Tag ein bisschen „leaner" zu werden, heißt folglich nichts anderes, als permanent nach Optimierung in Abläufen und Verhalten zu suchen und diese Effizienzpotenziale gewinnbringend umzusetzen.

Auf diese Weise wird Lean-Reporting verinnerlicht und gelebt!

## 4.6 Fazit

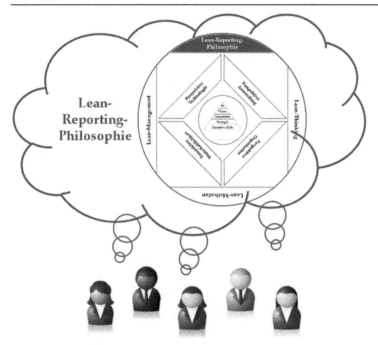

**Abbildung 4-11:** Lean-Reporting verinnerlicht[51]

---

51 Figuren: © istockfoto

# 5 Optimierungen im Bereich Anwendungen

*Der beste Weg um zu beginnen,*
*ist es, zu beginnen.*
*Marie Edmond Jones*

## 5.1 Einblick

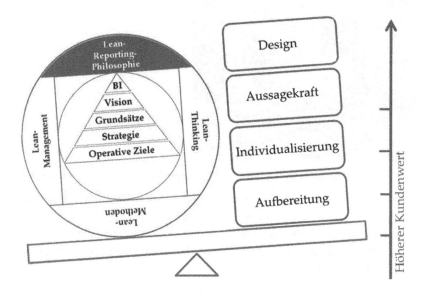

**Abbildung 5-1:** Lean-Reporting im Bereich Anwendungen

Durch Lean-Reporting können im Bereich Anwendungen viele Potenziale gehoben werden. Insbesondere die folgenden Themen sind von Interesse:

- Design
    - ✓ Etablierung der Corporate-Reporting-Identity
    - ✓ Standardisierung der Reportgestaltung
- Aussagekraft
    - ✓ Vereinheitlichung der Terminologie
    - ✓ Umgang mit Schatten-Reporting
- Individualisierung
    - ✓ Unterstützung durch Self-Service-Funktionen
- Aufbereitung
    - ✓ Handhabung des Datenbeschaffungsprozesses

## 5.2 Potenziale im Design

### 5.2.1 Business Szenario

Das Thema Design spielt eine sehr bedeutende Rolle bei Produkten für den Endverbraucher. Ergänzend dient ein adäquates Corporate-Design als Basis für eine optimale, emotionale Ansprache und letztendlich Bindung von Geschäftspartnern.

**Abbildung 5-2:** Design im Bad mit Spülkasten „Monolith" & Dusch-WC „AquaClean"[52]

In Bezug auf das Thema Reporting bedeutet Design nicht nur eine layoutbasierte Aufbereitung der relevanten Kennzahlen oder deren Anreicherung mit ein paar ansprechenden Grafiken. Das Design soll vielmehr die Grundlage darstellen, Informationen schnell greifbar zu machen und je nach Business-Intelligence-Applikation eine adäquate Interaktion zu ermöglichen.

### 5.2.2 Einordnung in die Lean-Reporting-Philosophie

Im Hinblick auf die Lean-Prinzipien und Lean-Methoden können verschiedene Standpunkte angeführt werden.

#### 5.2.2.1 Lean-Reporting

Die Spezifikation des Wertes aus Sicht einzelner Reporting-Kundengruppen kann anhand exemplarischer Beispiele wie folgt verdeutlicht werden:

- **Anwender:** Das Design der Business-Intelligence-Applikation und der zugehörigen Berichte haben eine optimale Bedienbarkeit zu ermöglichen. Des Weiteren soll durch ein angemessenes und ästhetisches Design eine schnelle Informationsaufnahme ermöglicht werden.
- **Entwickler:** Durch das Design darf kein erheblicher Mehraufwand in der Umsetzung entstehen.

---

52 Bildquelle: Geberit

## 5.2 Potenziale im Design

- **Management:** Als Auftraggeber ist das Design gemäß den persönlichen Vorstellungen aufzubereiten.

Der Wertstrom kann auf den Kernprozess „Entwicklung" fokussiert werden. Schwachstellen im Kontext des Themas „Design" können beispielhaft in dem in Abbildung 5-3 dargestellten Prozess aufgezeigt werden.

### 5.2.2.2 Ansätze

Die exakte Festlegung des Report-Designs benötigt innerhalb der Implementierungsphase regelmäßig mehrere Abstimmungsgespräche. Ein erster Ansatz die Produktivität an diesem Punkt zu steigern, ist die Reduktion dieser stattfindenden Zyklen.

Zusätzlich ist festzustellen, dass verschiedenste Berichte und Analysen aus unterschiedlichen Abteilungen aufbereitet und neben den direkten abteilungsinternen Empfängern auch durchaus eine signifikante Anzahl weiterer Empfänger hinzukommen kann. Ein auf den jeweiligen Bericht abgestimmtes Design sorgt letztendlich für eine Fülle an unterschiedlichen Darstellungsformen bei dem jeweils empfangenden Anwender.

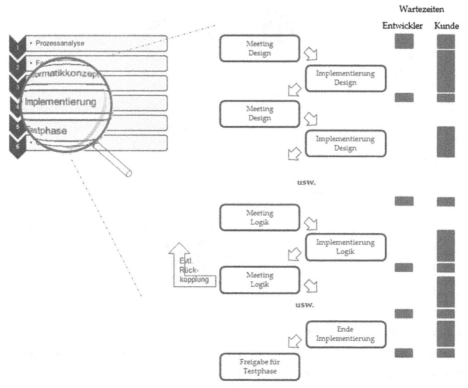

**Abbildung 5-3:** Wartezeiten im Entwicklungsprozess

Ansatz zur Optimierung kann daher im Themenblock Design die konsequente Standardisierung der Business-Intelligence-Applikationswelt sein. Standardisierung ist an verschiedenen Stellen möglich. Insbesondere die Art und Weise der Gestaltung des jeweiligen Reports bietet viele Möglichkeiten, Regeln und Normen zu definieren. Als gemeinsame Basis dient ein einheitliches Corporate-Reporting-Design.

### 5.2.2.3 Herausforderungen

Die größte Hürde stellt sicherlich das Finden eines adäquaten gemeinsamen Nenners dar. Der gemeinsame Nenner wird sicherlich nicht die real existierende Vielfalt abbilden können. Demzufolge wird es in der Konsequenz zu Restriktionen kommen, die eine im Gesamten freie Gestaltung der jeweiligen Business-Intelligence-Applikation unterbinden. Ein auf den spezifischen Berichtsinhalt bis ins Detail optimal abgestimmtes Design ist in der Folge nur bedingt möglich. Aufgrund der vorgenommenen Standardisierung entsteht im schlimmsten Fall die Gefahr der Inakzeptanz.

**Abbildung 5-4:**   Designvielfalt und Chaos beim Anwender[53]

Die Herausforderung besteht somit in der zielgerichteten Kommunikation dieser Standards. Alle Beteiligen sind entsprechend abzuholen und der allgemeine Nut-

---

53  Figuren: © istockfoto

## 5.2 Potenziale im Design

zen ist im Zuge dieser Information aufzuzeigen. Die Standardisierung des Designs bietet viele Vorteile:

- **Zeitersparnis:** Entwicklungszeiten von Berichten und Business-Intelligence-Applikationen können reduziert werden.
- **Berichtsinterpretation:** Durch Reduktion der Designvielfalt (Abbildung 5-4) kann das „Lesen" der unterschiedlichen Berichte schneller erfolgen.
- **Fehleranfälligkeit:** Fehler aufgrund von mangelhafter Gestaltung des Berichts werden vermieden.
- **Schulungsaufwand:** Die Durchführung von applikationsspezifischen Schulungen sind nicht erforderlich. Gemeinsame und abteilungsübergreifende Schulungen zur Bedienung des Reportingsystems sind möglich.
- **Kosten:** Die eingesparte Zeit sowohl beim Entwickler als auch bei Anwender hat auch einen monetären Aspekt. Durch die jeweilige Zeitersparnis erfolgt ebenso eine Kostenreduktion.

### 5.2.3 Blickpunkt Corporate-Identity

#### 5.2.3.1 Module des Corporate-Identitys

Die Corporate-Identity betont die Alleinstellungsmerkmale eines Unternehmens und sorgt durch ein einheitliches Erscheinungsbild und Auftreten für ein eigenes Profil, hauptsächlich hinsichtlich Selbstverständnis, Identität und Charakter. Die Corporate-Identity richtet sich sowohl nach innen als auch nach außen.

Für die Corporate-Identity werden die drei wesentlichen Säulen, Corporate-Design, Corporate-Behaviour und Corporate-Communication angeführt:[54]

- **Corporate-Design:** Corporate-Design als Basissäule für die visuell-formale Gestaltung der Unternehmensidentität.[55]
- **Corporate-Communication:** Corporate-Communication als zweite Säule beinhaltet sämtliche Varianten der Kommunikationswerkzeuge und Aktivitäten.
- **Corporate-Behaviour:** Corporate-Behaviour als dritte Säule drückt die Verhaltensweise des Unternehmens gegenüber den Geschäftspartnern ebenso aus wie das interne Auftreten.

Aus Sicht des Themas Reporting ergeben sich zwei Handlungsfelder, die in Bezug auf den Aspekt Corporate-Identity verfolgt werden können:

- **Corporate-Reporting-Design:** Das Corporate-Reporting-Design dient der Konkretisierung der visuellen Designaspekte.
- **Corporate-Reporting-Language:** Die Corporate-Reporting-Sprache als Detailthema der Corporate Communication ist zu bestimmen.

---

54 Siehe Böhringer, Joachim & Bühler, Peter & Schlaich, Patrick: Kompendium der Mediengestaltung, S. 640
55 Siehe Wiesner, Knut: Internationales Management, S. 193

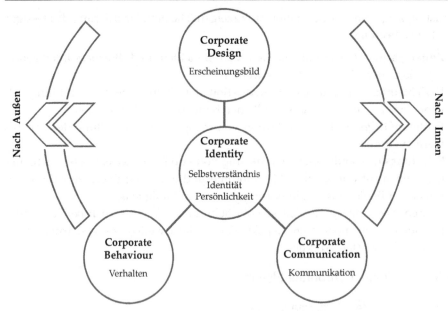

**Abbildung 5-5:** Corporate Identity Komponenten[56]

### 5.2.3.2 Corporate-Reporting-Design

Das Corporate-Reporting-Design unterstützt eine optimale Strukturierung des Berichtswesens. Das Corporate-Reporting-Design findet unabhängig von der Systemform Anwendung. Dies bedeutet, dass das Corporate-Reporting-Design sowohl Papierberichte tangiert als auch webbasierte Berichte und dies letztendlich unabhängig vom Endgerät. Im Zuge der Definition des Corporate-Reporting-Designs sind Standards hinsichtlich visueller Aspekte festzulegen.

**Logo**

Als wichtigste Komponente ist das Firmenzeichen oder Logo, eventuell ein eigenständiges Reporting-Logo, anzuführen. Die Identifikation mit dem eigenen Unternehmen wird durch das Logo betont.

**Farben**

Die Wahl der Farben stellt die größte Herausforderung dar. Die einzelnen Reporting-Tools der Anbieter liefern im Standard jeweils ein eigenes Farbspektrum aus, die in der Regel für die eigenen Bedürfnisse angepasst werden können.

Zusätzlich ist das unternehmenseigene Corporate-Design zu berücksichtigen. Diese verschiedenen Farbvarianten sind in Abbildung 5-6 dargestellt. Im Ergebnis kann aus diesen Varianten das Corporate-Reporting-Design entwickelt werden. Im Beispiel wurden zu den vorhandenen Unternehmensfarben mit Grün, Blau und

---

56 Siehe Böhringer, Joachim & Bühler, Peter & Schlaich, Patrick: Kompendium der Mediengestaltung, S. 640

## 5.2 Potenziale im Design

Rot, die Farben Gelb und Orange ergänzt. Die ergänzten Farben sind relevant im Zusammenhang mit einem Exception-Reporting. Des Weiteren wurde die Farbpalette durch Wiederholungen aufgefüllt. Der Vorteil ist, dass durch ein Kopieren innerhalb von MS Excel nicht Effekte wie Weiße-Schrift auf Weißen-Grund entstehen.

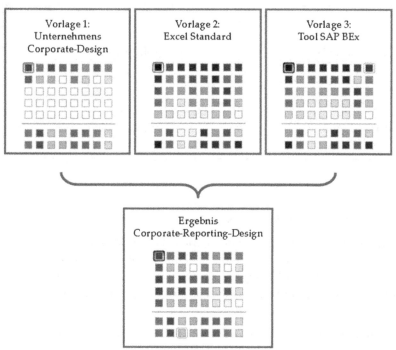

**Abbildung 5-6:** Corporate-Reporting-Design – Farben im MS Excel

**Schriftart**

Ein weiterer Aspekt stellt die Schriftart dar. Hier spielt ebenfalls das Corporate-Design eine Rolle. Diese Rolle ist umso bedeutender, falls das Unternehmen eine eigene Hausschriftart hat.

Für die Reporting-Schriftart kommen weitere Anforderungen hinzu. Durch die Schriftart soll der Inhalt schnell und einfach wahrgenommen werden können. Die Schriftart soll sowohl für Papierberichte als auch für die Bildschirmanzeige passend sein.

**Reporting-Layout**

Das Corporate-Reporting-Design wird durch adäquate Layout-Vorlagen vervollständigt.

Für die jeweilige Gestaltung gibt das verwendete Medium den Ausschlag. Das Layout ist unterschiedlich zu definieren in Abhängigkeit, ob es sich um eine Web-Lösung, eine Lösung zum Ausdrucken oder um eine Präsentation handelt.

| Kopfzeile 1 | Kopfzeile 2 | Logo | |
|---|---|---|---|
| Überschrift ||||
| 35 % Aufmerksamkeit || 25 % Aufmerksamkeit ||
| 25 % Aufmerksamkeit || 15 % Aufmerksamkeit ||
| Fußzeile 1 | Fußzeile 2 || Fußzeile 3 |

**Abbildung 5-7:** Beispiel eines Seitenlayouts mit Microsoft Word[57]

Die Aufmerksamkeit des Anwenders oder Berichtskonsumenten richtet sich im Wesentlichen auf den oberen linken Teil des Dokumentinhalts. Für den allgemeinen Eindruck ist die Gesamtgestaltung jedoch ebenso von Bedeutung. Ein attraktives Layout mit durchgängiger Struktur fördert eine entsprechend schnelle Informationsaufnahme.

Durch das Corporate-Reporting-Design sind in der Folge Rahmenbedingungen beispielsweise für die Kopf- und Fußzeile und die Überschrift vorzugeben.

**Corporate-Reporting-Language**

Innerhalb von internationalen Unternehmen spielt die Sprache eine wesentliche Rolle. Durch eine gemeinsame Konzernsprache soll die Grundlage geschaffen werden für einen erfolgreichen Informationsaustausch.[58]

Voraussetzung und Hürde zugleich ist die Tatsache, dass alle betroffenen Mitarbeiter diese Sprache ausreichend beherrschen müssen.[59]

Neben den internen Mitarbeitern und internen Interessengruppen nimmt die Bedeutung der externen Reportingempfänger im Hinblick auf die zu unterstützenden Sprachen zu.

---

57 Siehe Pollmann, Rainer & Rühm, Peter: Controlling-Berichte: professionell gestalten, S. 217

58 Siehe Smolenski, Franziska & Kramer, Jost W.: Controlling in internationalen Unternehmen, S. 91

59 ebenda, S. 92

## 5.2 Potenziale im Design

Die Festlegung der Corporate-Reporting-Sprache hängt somit unmittelbar von den sprachlichen Fähigkeiten der einzelnen Reportingzielgruppen ab. Zwei Varianten sind in Abbildung 5-8 dargestellt.

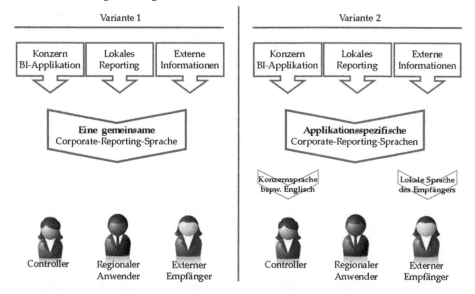

**Abbildung 5-8:** Corporate-Reporting-Sprache – 2 Varianten[60]

### 5.2.4 Blickpunkt Reportgestaltung

Sinn und Zweck der verschiedenen unternehmensinterner Berichte ist in erster Linie, die Verantwortlichen mit den nötigen Informationen zur Unternehmenssteuerung zu versorgen. Die Informationen sind daher so aufzubereiten, dass eine schnelle Verfügbarkeit und eine schnelle Interpretation ermöglicht werden.

Grafische Elemente wie beispielsweise Diagramme dienen in diesem Zusammenhang als Mittel zum Zweck. Die Aussagekraft des einzelnen Reports soll durch diesen Einsatz bewusst optimiert werden.

Die externe Berichterstattung und deren zugehörigen Reports werden sich letztendlich unterscheiden. Zum einen werden durch den Kapitalmarkt Richtlinien und Vorgaben für die Berichtserstattung vorgegeben. Im anderen Fall der Darstellung des Unternehmens nach außen beispielsweise innerhalb von Firmenbroschüren wird der Fokus mehr auf die Gesamtkomposition und auf die Gestaltung der Druckschrift liegen.

Konkret soll in diesem Abschnitt das unternehmensinterne Berichtswesen angesprochen werden. Hierzu erfolgt eine Differenzierung nach dem Medium für das Berichtswesen und nach der Art des Berichtswesens.

---

60 Figuren: © istockfoto

Betreffend der Berichtsart kann eine Aufteilung in Standardberichte, Adhoc-Berichte und Spezialberichte erfolgen.

- **Standardberichte:** Standardberichte sind Berichte, die in einem periodischen Rhythmus dem Empfängerkreis zur Verfügung gestellt werden und üblicherweise eine einheitliche Aufbereitung besitzen. Oftmals sind diese Berichte als Druckversion erhältlich.
- **Adhoc-Berichte:** Berichte dieser Art werden jeweils auf Anforderung erstellt. Spezielle und konkret auftauchende Fragestellungen werden durch entsprechende Berichte kurzfristig beantwortet. In der Regel ist die Aufbereitung einmalig oder wiederholend jedoch über einen sehr kurzen Zeitraum.
- **Spezialberichte:** Geoinformationssysteme sind als Beispiel für spezielle Berichtsformen anzuführen.

Zusätzlich können diese verschiedenen Berichtsarten auf unterschiedlichen Medien zugänglich gemacht werden. Aus der Vielfalt der unterschiedlichsten Medien sind insbesondere die Papierberichte, Bildschirm-Berichte, Präsentationen und Mobile-Lösungen zu nennen.

- **Papierberichte:** Das papierlose Büro ist noch lange nicht Realität. Druckberichte sind nach wie vor im Alltag sehr stark verbreitet.
- **Bildschirm-Berichte:** Bildschirm-Berichte oder Web-Berichte können direkt am Rechner abgerufen werden. Sie können teilweise zusätzliche Möglichkeiten zur Navigation innerhalb des Datenbestands bieten. Ein zu nennendes Ausprägungsbeispiel ist das Dashboard.
- **Präsentationen:** Informationen werden in Form von Präsentationen für verschiedenste Gesprächstermine, Sitzungen und Veranstaltungen aufbereitet.
- **Mobile-Reports:** Wie bereits erwähnt gewinnt das Thema Mobile-Reporting zunehmend an Bedeutung. Informationen werden von unterwegs oder speziellen Endgeräten wie dem iPad abgerufen.

### 5.2.4.1 Fokus Standardberichte

Als gängiges Produkt für die Gestaltung von Standarddruckberichten wird die Software Microsoft Excel verwendet. Excel ermöglicht insbesondere die Realisierung der klassischen Berichtsvariante mit Tabelle und Diagramm.

Durch die vielen funktionalen Möglichkeiten können mit Hilfe von Excel ideale Standardberichte insbesondere zum Ausdrucken erstellt werden. Als einfachstes Beispiel ist die Funktion „Seite einrichten" mit den Möglichkeiten der Skalierung zu erwähnen. Durch die Verwendung von Formatierungsmöglichkeiten wie die bedingte Formatierung oder aber spezieller Funktionen können weitere Möglichkeiten zur Reportgestaltung erschlossen werden.

Mit Excel lassen sich somit effektiv Informationen darstellen und falls gewünscht zu Papier bringen. Die Effizienz im Implementierungsprozess von Berichten lässt sich durch eine konsequente Standardisierung steigern.

## 5.2 Potenziale im Design

Eine klare Gliederung von Daten-Tabellen stellt eine Maßnahme der Standardisierung dar. Die Gliederung beinhaltet die Festlegung der Reihenfolge der einzelnen Kennzahlenblöcke. Zu einem Kennzahlenblock im Hinblick auf die zeitliche Dimension werden beispielsweise die Informationen des laufenden Jahres, des Vorjahres, Planwerte bzw. Vorschauwerte zusammengefasst. Des Weiteren erfolgt die Festlegung der Position von Formeln für die Berechnung von Anteilswerten oder Abweichungen. In Abbildung 5-9 ist ein Beispiel für eine Daten-Tabelle dargestellt.

**Abbildung 5-9:**   Beispiel Excel-Tabelle[61]

Insbesondere das Thema Diagramme bietet ein enorm hohes Potenzial zur künstlerischen Entfaltung. Die künstlerische Entfaltung soll jedoch nicht im Vordergrund stehen, sondern die professionelle Gestaltung der Diagramme für den jeweiligen Geschäftszweck ist der zu beachtende Aspekt.

---

61 Original Excel-Datei siehe http://www.lean-reporting.com

Für die Festlegung der Gestaltungsrichtlinien gibt es eine Vielzahl an Autoren mit entsprechenden Empfehlungen. Zu welcher gewünschten Aussage welches Diagramm idealerweise passt wird von Gene Zelanzy in „Wie aus Zahlen Bilder werden" verdeutlicht.[62] Zusätzlich sind die Success-Regeln (say, unify, condense, check, enable, simplify und structure) zur Beurteilung von Geschäftsdiagrammen eine Hilfestellung.[63]

In Abbildung 5-10 wird beispielhaft ein gestapeltes Balkendiagramm zur Visualisierung der Rangfolge eingesetzt.

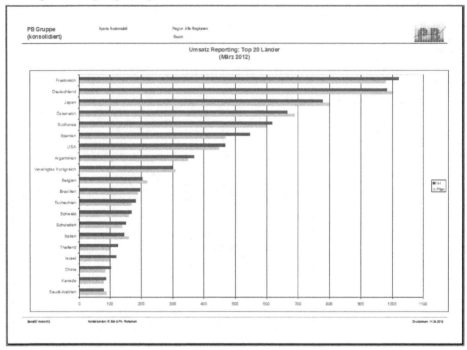

**Abbildung 5-10:** Beispiel Balkendiagramm[64]

Excel bietet neben der Diagramm-Funktion auch gestalterische Möglichkeiten basierend auf entsprechender Excel-Formel wie es beispielsweise die Excel-Formel „Wiederholen" ermöglicht. Ein Ergebnis ist beispielhaft in Abbildung 5-11 dargestellt.

Durch die Bereitstellung eines entsprechenden Template-Katalogs und zugehöriger Gestaltungsrichtlinien kann die Effizienz in der Reporterstellung gesteigert werden.

---

62 Siehe Zelazny, Gene: Wie aus Zahlen Bilder werden
63 Siehe Gerths, Holger & Hichert, Rolf: Professionelle Geschäftsdiagramme nach den SUCCESS-Regeln gestalten
64 Original Excel-Datei siehe http://www.lean-reporting.com

## 5.2 Potenziale im Design

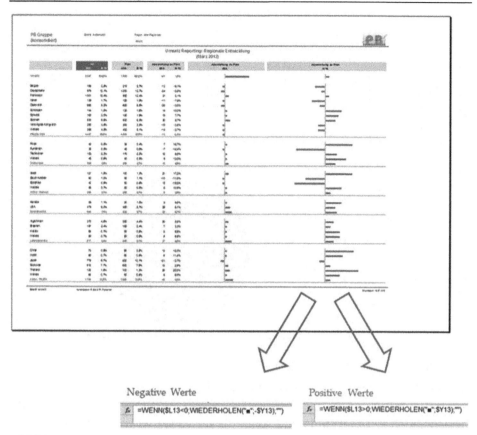

**Abbildung 5-11:** Tabelle & Grafik mit der Funktion „Wiederholen"[65]

### 5.2.4.2 Fokus Dashboards

Das Dashboard stellt eine Visualisierungsform dar, mit deren Hilfe eine Vielzahl an Informationen in verdichteter Form dem Anwender zur Verfügung gestellt werden können. Dashboards bieten oftmals auch zusätzliche Funktionen einerseits zur Navigation und weiteren Datenanalyse. Andererseits sind auch Dashboards abbildbar, die die Durchführung von verschiedenen Simulationen ermöglichen. Für die Visualisierung der Informationen werden oftmals grafische Elemente wie Ampelgrafiken oder Tachometer-Darstellungen verwendet.

In genau diesem Einsatz der verschiedensten grafischen Elemente ruht die allergrößte Gefahr. Defizite sind oftmals in der übermäßigen Platzverschwendung für die einzelnen Elemente festzustellen. Des Weiteren enden viele Dashboards in einem wahren bunten Durcheinander.

---

65 Original Excel-Datei siehe http://www.lean-reporting.com

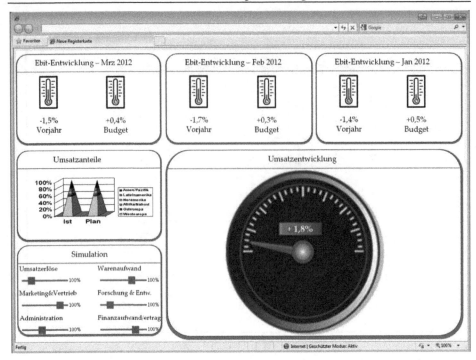

**Abbildung 5-12:** Dashboard - Negativbeispiel

Wie im Falle der Standarddruckberichte ist es bei den Dashboards ebenfalls bedeutend, den Fokus auf die adäquate Informationsaufbereitung zu richten. Bei der Erstellung eines Dashboards sind somit die folgenden wichtigen Aspekte zu beachten.

- **Aktualität:** Je zeitnaher das Dashboard aktualisierte Informationen liefern kann, desto höher die Bereitschaft des Einsatzes. Die Informationsbasis sollte zusätzlich auf einer ausreichenden Anzahl an Datensätzen beruhen.
- **Konsistenz:** Wesentlicher Unterschied zu der Ausgabe von Standarddruckberichten ist die Möglichkeit der Navigation innerhalb des Datenbestandes. Dashboards bieten in der Regel hierzu einen übersichtlichen Umfang an Funktionen an. Letztendlich führt dies zum Ergebnis, dass mehrere Informationsebenen existieren. Die Handhabung und die Benutzeroberfläche sind auf diese Konstellationen abzustimmen, so dass eine Durchgängigkeit über die einzelnen Stufen hinweg gewährleistet ist.
- **Darstellungsform:** In Abhängigkeit der aufzubereitenden Informationen sind die entsprechenden Elemente zu wählen. Je nach Szenario sind die Daten in Tabellenform oder durch grafische Elemente aufzubereiten. Insbesondere bei den grafischen Elementen spielt der Inhalt eine entscheidende Rolle. Die Darstellung von Lastsituationen oder Kapazitäts- bzw. Ressourcenwerten kann durchaus mit den oftmals auftauchenden Tachometerdarstellungen vorgenommen werden. Dies ist insbesondere dann sinnvoll, wenn es sich um schnell ändernde

Situationen mit kurzfristig einzuleitenden Aktionen handelt. Ansonsten ist der Einsatz von grafischen Elementen zur Visualisierung von Trends mit zugehörigen Zeitreihen zu empfehlen.
- **Kommentierung:** Durch die Integration von Kommentaren und zusätzlicher Hintergrundinformationen kann der Nutzen eines Dashboards erheblich gesteigert werden.
- **Fokussierung:** Zusätzliche Funktionen wie die Möglichkeit einzelne Sektionen des Dashboards zu vergrößern oder zu verkleinern ermöglichen dem Anwender bei einer extrem hohen Informationsdichte individuell die Lesbarkeit zu steuern. Bei mobilen Endgeräten ist dies Möglichkeit umso wichtiger aufgrund der reduzierten Bildschirmgröße.
- **Performance:** Entscheidend und extrem wichtig ist das Thema Performance. Damit ein Dashboard sinnvoll einsetzbar ist, sind die relevanten Daten in einer entsprechend akzeptablen Zeit aufzubereiten. Extrem hohe Laufzeiten und Wartezeiten in der Handhabung können nicht toleriert werden und führen in der Folge zu einer Inakzeptanz der Dashboard-Lösung. Die Performance stellt somit eines der entscheidendsten Kriterien für alle Beteiligten dar.

### 5.2.4.3 Fokus Präsentationen

Informationen werden zusätzlich für verschiedenste Anlässe aufbereitet. Die jeweilige Zielgruppe eines solchen Anlasses steht im besonderen Fokus.

Insbesondere für externe Empfänger ist natürlich das Corporate-Design das Maß aller Dinge. Die emotionale Ansprache des Empfängers rückt wieder maßgeblich in den Vordergrund. Durch eine Präsentation sollen Informationen oder Themen übermittelt werden, so dass letztendlich der Teilnehmer die stets präsente Frage, was bringt mir dies, mit „sehr viel" beantwortet. Die Business-Intelligence-Daten dienen zur Untermauerung der jeweiligen Aussagen.

Für die Erstellung von Präsentationen wird sehr häufig die Software Microsoft PowerPoint eingesetzt. Dieses Tool bietet eine Vielzahl an Möglichkeiten entsprechend Informationen aufzubereiten und beispielsweise als Diagramm darzustellen. Die Möglichkeiten die MS PowerPoint im Standard bietet, um auf einfache Art und Weise ansprechende und professionelle Diagramme zu erstellen, können schnell erschöpft sein. Der Einsatz spezieller Add-Ins verspricht an dieser Stelle Abhilfe. Ein Beispiel basierend auf der Add-In Lösung von Think-Cell ist in Abbildung 5-13 dargestellt.

Eine Standardisierung ist auch in diesem Bereich sinnvoll. Durch die Schaffung entsprechender Templates, bei denen nur jeweils im begrenzten Umfang Anpassungen durchgeführt werden müssen, erhöhen die Produktivität. Der jeweils sehr zeitintensive Neubeginn auf der grünen Wiese entfällt.

Eine weitere Variante stellen Softwarelösungen dar, die einen direkten Zugriff auf die reportingrelevanten Daten im Data-Warehouse-System zu lassen. Eine Aktualisierung der zu präsentierenden Daten kann daher jederzeit erfolgen.

Das oftmals manuelle Anpassen der zugrundeliegenden Daten entfällt in diesem Fall. Diese Lösungen sind dadurch insbesondere hinsichtlich der Datenqualität und der Sicherstellung der Korrektheit der Daten überlegener und vorteilhafter.

Nichtsdestotrotz ist auch in diesem Zusammenhang die Ausarbeitung entsprechender Templates anzuregen. Denn auch in diesem Fall kann die jeweilige Neuentwicklung eines Dokuments zeitintensiv ausfallen.

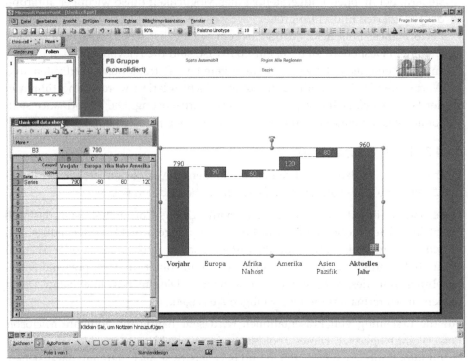

**Abbildung 5-13:** Wasserfall-Diagramm mit PowerPoint und Think-Cell

### 5.2.5 Quintessenz

Die Quintessenz der Optimierungsvorschläge ist, dass eine Standardisierung der Designthemen den Entwicklungsprozess von Business-Intelligence-Applikationen nachhaltig verbessert. Der Nutzen stellt sich sehr vielfältig dar. Zur Betonung dieses Nutzens sind die drei nachfolgenden Hauptvorteile exemplarisch angeführt.

- **Schnelligkeit:** Die Zeitdauer beginnend mit der Entwicklung bis hin zum fertigen Produkt ist wesentlich kürzer. Verschwendungsphasen und Warteschleifen reduzieren sich wesentlich. Eine kurze Time-to-market ist der Vorteil.

## 5.3 Potenziale in der Aussagekraft

- **Qualität:** Das Produkt „Reporting" kann in seiner Qualität gesteigert werden. Eine einheitliche Gestaltung und der Einsatz von Templates stellen die notwendige Basis dar. Die Schaffung einer Konsistenz übergreifend für sämtliche Business-Intelligence-Applikationen steigert diesen Nutzen nachhaltig.
- **Transparenz:** Zum einen sorgt eine abgestimmte Terminologie für ein identisches Verständnis der Informationen. Des Weiteren sorgen die Gestaltungsrichtlinien dafür, dass eine Verzerrung der Informationsweitergabe nicht erfolgt. Die Datenaufbereitung erfolgt in korrekter Form und wird nicht durch gestalterische Elemente verdreht.

Erreicht wird diese Optimierung durch die verschiedensten Maßnahmen und Einzelschritte. Die bedeutungsvollsten Maßnahmen sind nachfolgend erwähnt.

- Definition des Corporate-Reporting-Designs
- Bestimmung der Corporate-Reporting-Language
- Festlegung von Gestaltungsrichtlinien für Reports

Der zu Beginn in Abbildung 5-3 vorgestellte Entwicklungsprozess stellt sich in seiner optimierten Form gemäß Abbildung 5-14 dar.

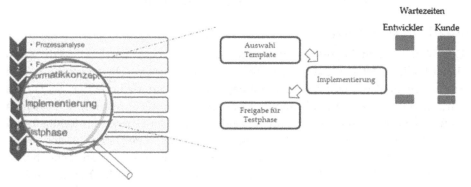

**Abbildung 5-14:** Optimierter Entwicklungsprozess

## 5.3 Potenziale in der Aussagekraft

### 5.3.1 Business Szenario

Die Interpretation der verfügbaren Informationen oder die Aufbereitung der erhobenen Analysedaten kann immer wieder zu Missverständnissen führen. Die Ursache dieser Missverständnisse beruht in der Regel auf einem differenzierten Verständnis der aufzubereitenden Kennzahlen. Dies kann einerseits in einer Ausarbeitung der Kennzahlen basierend auf einer unvereinbaren Berechnungslogik beruhen. Andererseits kann die Verwendung abweichender Datengrundlagen die Ursache des Übels sein.

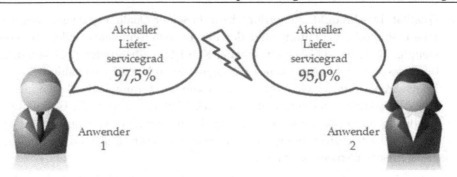

**Abbildung 5-15:** Differenziertes Verständnis von Kennzahlen[66]

### 5.3.2 Einordnung in die Lean-Reporting-Philosophie

Aufgrund dieser differenzierten Betrachtungsweise leidet letztendlich der inhaltliche Nutzen der entsprechenden Information. Die Wirkung und die Geltung der Information treten in den Hintergrund. In den Vordergrund rückt die Diskussion über die unterschiedliche Interpretation. Aus Sicht der Lean-Philosophie ist ein klares Defizit in der Spezifikation des Wertes festzustellen.

#### 5.3.2.1 Lean-Reporting

Der Wert für den Reporting-Anwender kann entsprechend erhöht werden. An dieser Stelle bietet sich die Lean-Methode „5S/5A" an. Das Thema Ordnung und Sauberkeit stellt die wesentliche Grundlage dieser Lean-Methode dar. Sauberkeit wird im Zusammenhang mit den Reportingprozessen nicht nur mit den Themen Aufräumen und Reinigen verbunden, sondern auch der Aspekt der Reinheit und Eindeutigkeit spielt eine Rolle. Eine saubere und eindeutige Definition der einzelnen Kennzahlen sorgt letztendlich für die Sicherung eines entsprechend hohen Kundenwerts. Die Vorstellung der Lean-Methode „5S/5A" ist im Kapitel 3.4.2 zu finden.

#### 5.3.2.2 Ansätze

Entsprechend der Methode „5S/5A" gilt es, das bestehende Reporting zu durchleuchten und die vorhandenen Kennzahlen zu ermitteln. Die „5S/5A"-Methode besteht aus den folgenden Schritten (siehe Abbildung 5-16):

- Sortieren
- Strukturieren
- Analysieren
- Eliminieren
- Automatisieren & optimieren

---

66 Figuren: © istockfoto

## 5.3 Potenziale in der Aussagekraft

Die existierenden Kennzahlen können in der Folge entsprechend sortiert und klassifiziert werden. Zusätzlich erfolgt eine Präzisierung dieser Kennzahlen insbesondere im Hinblick auf die Berechnungslogik. Bezeichnungen, deren Berechnungslogik redundant ist, werden in einem weiteren Schritt eliminiert. Der Einsatz eines unternehmensweiten Reporting-Glossars kann der Lösungsweg sein. Definierte Prozesse, die die Handhabung einer Neuanlage einer Kennzahl regeln, runden dieses Thema ab.

**Abbildung 5-16:** 5S/5A im Zusammenhang mit Kennzahlen

### 5.3.2.3 Herausforderungen

Die Vorteile einer Harmonisierung der Kennzahlen innerhalb eines Unternehmens sind sicher offensichtlich. Das Ziel einer gemeinsamen Sprache kann auf diesem Weg erreicht werden.

Ein Knackpunkt stellt das Thema „Schatten-Reporting" dar. Inwieweit das Aufbereiten von Kennzahlen in zusätzlichen eigenständigen Umgebungen zulässig ist, ist ein Angelpunkt für verschiedenste Diskussionen.

Zusätzlich wird durch die Standardisierung und der Schaffung zugehöriger Prozesse, beispielsweise für die Neuanlage einer Kennzahl, ein entsprechender administrativer Zusatzaufwand erzeugt. Die Vorteile dieses Zusatzaufwandes sind zu kommunizieren, so dass dieser von allen Beteiligten letztendlich getragen wird.

### 5.3.3 Blickpunkt Terminologie

Eine gemeinsame Terminologie innerhalb des Unternehmens sorgt für die nötige Transparenz innerhalb der Reportingwelt und garantiert eine Vergleichbarkeit.

Ziel einer Harmonisierung der einzelnen Fachausdrücke ist daher die Gewährleistung der Durchgängigkeit. Derselbe Sachverhalt spiegelt in den unterschiedlichsten Reports den gleichen Inhalt wieder.

Die Harmonisierung beruht auf der Präzisierung der Definition, insbesondere hinsichtlich der Berechnungslogik und der zeitlichen Abgrenzung.

### 5.3.3.1 Beispiel 1: Lieferbereitschaftsgrad

Das erste Beispiel Lieferservicegrad oder Lieferbereitschaftsgrad stellt eine Kennzahl aus dem Bereich der Logistik dar. Durch die Anführung zweier synonymer Begriffe wird bereits deutlich, dass bei einer unternehmensweiten Verwendung eine Harmonisierung zu erfolgen hat. Die Kennzahl Lieferbereitschaft repräsentiert die Fähigkeit, den Kunden mit der von ihm gewünschten Ware ab Lager zu bedienen.

Pfohl stellt in „Logistiksysteme" verschiedene Berechnungsmodelle vor. Exemplarisch sind in Abbildung 5-17 zwei Modelle angeführt zur Verdeutlichung dieser Problematik.[67]

**Variante 1: Berechnung auf Basis der Bestellungen**

$$\text{Lieferbereitschaftsgrad (in \%)} = \frac{\text{erfüllte Bestellungen} * 100}{\text{eingegangene Bestellungen}}$$

**Variante 2: Berechnung auf Basis der Nachfrage**

$$\text{Lieferbereitschaftsgrad (in \%)} = \frac{\text{gelieferte Menge} * 100}{\text{nachgefragte Menge}}$$

**Abbildung 5-17:** Beispiele für die Berechnung des Lieferbereitschaftsgrads[68]

Um letztendlich eine sinnvolle Interpretation dieser Kennzahl zu ermöglichen, sind im Rahmen der Formulierung, die Berechnungslogiken zu fixieren. Auch die Berücksichtigung eventueller Sonderfälle ist in der Formulierung der Kennzahl zu beachten. Im SAP ERP kann beispielsweise ein Auftrag als „Sofortauftrag (SO)", bei der der Kunde die Ware sofort abholt, definiert werden. Eine weitere Variante stellt der „Terminauftrag (TA)" dar. In der Kennzahl Lieferbereitschaftsgrad ist zu hinterlegen, ob alle Auftragsarten von Relevanz sind oder eben nur bestimmte Auftragsarten analysiert werden.

---

67 Siehe Pfohl, Hans-Christian: Logistiksysteme, S. 38
68 ebenda, S. 38

## 5.3 Potenziale in der Aussagekraft

### 5.3.3.2 Beispiel 2: Cash-Flow

Für die Kennzahl Cash-Flow als eine der wichtigsten Kennzahlen zur Analyse der Finanz- und Erfolgssituation existiert keine einheitliche Definition basierend auf der Berechnungslogik.[69]

Die Berechnung des Cash-Flows kann sowohl direkt als auch indirekt erfolgen. Die direkte Darstellung beinhaltet den Bruttoausweis von Ein- und Auszahlungen und die indirekte Darstellung basiert auf dem Periodenergebnis, das entsprechend um Korrektur-, Ergänzungs- und Umbuchungsgrößen angepasst ist.[70]

Der International Accounting Standard 7 beinhaltet eine Aufteilung in drei Tätigkeitsblöcke:

- Betriebliche Tätigkeit
- Investitionstätigkeit
- Finanzierungstätigkeit

In Bezug zu dieser Gruppierung ergibt sich folgende beispielhafte Berechnungslogik:

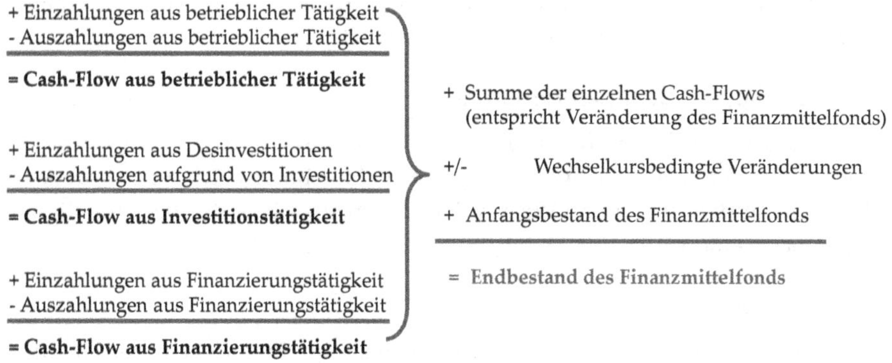

```
+ Einzahlungen aus betrieblicher Tätigkeit
- Auszahlungen aus betrieblicher Tätigkeit
= Cash-Flow aus betrieblicher Tätigkeit

+ Einzahlungen aus Desinvestitionen
- Auszahlungen aufgrund von Investitionen
= Cash-Flow aus Investitionstätigkeit

+ Einzahlungen aus Finanzierungstätigkeit
- Auszahlungen aus Finanzierungstätigkeit
= Cash-Flow aus Finanzierungstätigkeit
```

+ Summe der einzelnen Cash-Flows (entspricht Veränderung des Finanzmittelfonds)
+/- Wechselkursbedingte Veränderungen
+ Anfangsbestand des Finanzmittelfonds
= Endbestand des Finanzmittelfonds

**Abbildung 5-18:** Berechnungslogik Cash-Flow[71]

### 5.3.3.3 Reporting-Glossar

Die Einführung eines zentralen Reporting-Glossars gewährleistet die erforderliche Transparenz. Durch die Integration in das Unternehmensportal bzw. konkreter in das Reporting-Portal sind die entsprechenden Informationen einfach abrufbar. Das Thema Reporting-Portal wird in Kapitel 8.2.3 ausführlicher dargestellt.

Durch die technische Ausrichtung des Reporting-Glossars im Sinne einer Wiki (siehe Kapitel 6.3.4.2) können sämtliche interne Mitarbeiter, die Pflege der Kennzahlen und der zugehörigen Definitionen vornehmen. Es kann somit auch das Ziel

---

69 Siehe Preißler, Peter R.: Betriebswirtschaftliche Kennzahlen, S. 37
70 Siehe Panitz, Klaus & Waschkowitz, Carsten: Reportingprozesse optimieren, S. 123
71 Siehe Althoff, Frank: Einführung in die internationale Rechnungslegung, S. 279f

gesetzt werden, dass Kennzahlen und deren Definition direkt am fachlichen Ursprung konkretisiert und im Reporting-Glossar erfasst werden.

Insbesondere durch die Wikis wird ein gemeinsames Arbeiten an den einzelnen Dokumenten ermöglicht. Ein zusätzlicher verwaltungstechnischer Aufwand mit entsprechend zusätzlich hohen Durchlaufzeiten kann vermieden werden.

Ein weiterer Vorteil besteht darin, dass nicht nur die korrekt ausformulierten Kennzahlen abrufbar sind, sondern zusätzlich auch unzulässige Kennzahlbeschreibungen hinterlegt werden können.

Konkret kann das Beispiel Lieferbereitschaftsgrad wieder aufgegriffen werden. Im Beispiel wurde zusätzlich das Synonym Lieferservicegrad angeführt. Im Reporting-Glossar kann dieses Beispiel somit wie folgt abgebildet werden:

Die Kennzahl „Lieferbereitschaftsgrad" wird als reportingrelevante Kennzahl mit der zugehörigen Berechnungslogik ausformuliert.

Die Kennzahl „Lieferservicegrad" wird als Synonym gekennzeichnet mit der Konsequenz, dass diese Bezeichnung nicht im unternehmensinternen Reporting verwendet werden darf. Als Information ist zusätzlich der Verweis auf die freigegebene Kennzahl „Lieferbereitschaftsgrad" zu hinterlegen.

### 5.3.4 Blickpunkt Schatten-Reporting

Unter dem Begriff Schatten-Reporting werden Prozesse und Lösungen verstanden, die neben der offiziellen Business-Intelligence-Umgebung betrieben werden. Oftmals geschieht dies auch ohne Wissen der Mitarbeiter eines Business-Intelligence-Competence-Centers (BICC).

#### 5.3.4.1 Risiken

Letztendlich besteht das Hauptrisiko darin, dass im Endeffekt unterschiedliche Zahlenwerte ermittelt werden (siehe Abbildung 5-19). In trivialen Datenbeschaffungsprozessen, bei denen die Daten nahezu unverändert aus der Quelle in das Reporting übertragen werden, ist dies sicherlich nicht zwingend der Fall. Jedoch kann es aufgrund der unterschiedlichen zeitlichen Abgrenzung zu Unstimmigkeiten kommen. In komplexeren Szenarien, bei denen die Daten aufgrund zusätzlicher Prozesse im Data-Warehouse selbst nochmals einer Überarbeitung unterliegen, ist eine korrekte parallele Führung eines Schatten-Reportings nahezu unmöglich.

Die Sicherheit dieser in der Regel dezentral gehaltener Daten teilweise sogar auf den jeweils lokalen Rechnerlaufwerken ist üblicherweise nicht ausreichend gegeben. Für Personen, die Zugang zu diesem Rechner haben bzw. das entsprechende Verzeichnis einsehen können, sind die Daten frei zugänglich. Besonders heikel wird dies im Zusammenhang mit personenbezogener Informationen und entsprechender Datenschutzaspekte.

## 5.3 Potenziale in der Aussagekraft

Als wichtigster Punkt ist in diesem Zusammenhang die Produktivitätsfrage zu sehen. Es ist die generelle Frage zu stellen, ob es sich nicht eventuell um Verschwendung handelt, wenn Mitarbeiter aus den Fachabteilungen mit der Pflege entsprechender Reportingdaten und der mühsamen manuellen Ausarbeitung zugehöriger Berichte beschäftigt sind.

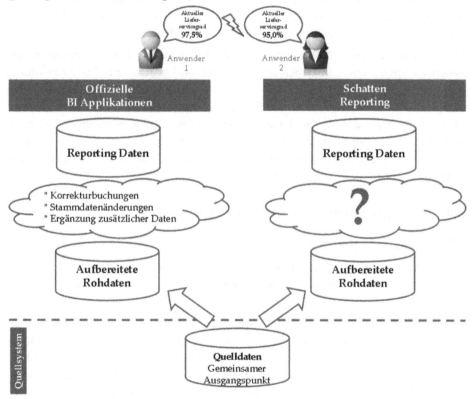

**Abbildung 5-19:** Risiko Schatten-Reporting[72]

### 5.3.4.2 Chancen

Das Thema Schatten-Reporting besteht nicht nur aus Risiken. Im Gegenteil die ausgearbeiteten Lösungen sind besonders angepasst an die jeweiligen Anforderungen der Fachabteilungen und im hohe Grade abgestimmt auf den jeweiligen Geschäftsprozess.

Ein zusätzlicher Aspekt stellt das Thema Ressourcen dar. Insbesondere bei entsprechenden Engpässen für die Entwicklung passender BI-Applikationen kann durch die Schaffung von einzelnen Insellösungen ein Quick-Win erzielt werden.

---

72 Figuren: © istockfoto

### 5.3.5 Quintessenz

Durch die Schaffung eines adäquaten Reporting-Glossars kann der Diskussion wie eine Kennzahl ermittelt wird entgegengewirkt werden. Durch den Einsatz der Lean-Methode „5S/5A" kann für Ordnung und Sauberkeit gesorgt werden. Durch eine Standardisierung der Begriffe und einer adäquaten Definition kann für eine unternehmensweite Eindeutigkeit gesorgt werden. Die gemeinsame Reportingsprache wird dadurch nochmals entschieden geschärft.

Das ebenfalls zu beachtende Thema Schatten-Reporting ist insbesondere in den Fällen zu untersuchen, in denen eine parallele und redundante Datenermittlung erfolgt. Muda ist sehr oft zu finden, wenn Daten mühsam in zusätzlichen Tabellen zu erfassen sind und parallel zu existierende BI-Applikationen redundant gehalten und verarbeitet werden. Die Ursachen, die zu der Entstehung einer Schatten-Reporting-Welt führen, sind vielfältig. Für die Ursachen deren Gründe in mangelnder Benutzerfreundlichkeit liegen, bietet das nächste Kapitel „Potenziale in der Individualisierung" verschiedene Lösungsansätze.

## 5.4 Potenziale in der Individualisierung

### 5.4.1 Business Szenario

Das Szenario hinsichtlich der Individualisierung kann mit einem schlichten Leitsatz beschrieben werden: BI-Applikationen sollen einfach handhabbar und erweiterbar sein.

Der Wunsch vieler Anwender nach mehr Benutzerfreundlichkeit und einer höheren Flexibilität der jeweiligen Lösungen kommt dadurch zum Ausdruck. Der Kreis der Anwender erstreckt sich in diesem Zusammenhang vom externen Geschäftspartner über den mobilen Außendienstmitarbeiter bis hin zum versierten Power-Analyst. Self-Service-Funktionen im BI Umfeld geraten somit immer mehr in Fokus.

### 5.4.2 Einordnung in die Lean-Reporting-Philosophie

Durch den Einsatz der vorgestellten Lean-Methoden können Defizite, die eine einfache Handhabung und Erweiterung der BI-Applikationen verhindern, aufgedeckt werden.

#### 5.4.2.1 Lean-Reporting

Um die Handhabung zu vereinfachen, kann die Lean-Methode Poka Yoke herangezogen werden. Das Grundprinzip dieser Methode ist die Fehlervermeidung. Kein Mensch, somit auch kein Anwender von BI-Lösungen, ist in der Lage Fehler vollständig zu vermeiden. Durch die Implementierung entsprechender Hilfsmittel kann jedoch die Fehleranfälligkeit im Gesamten reduziert werden. In Kapitel 3.4.3 wird die Methode Poka Yoke eingehend vorgestellt.

## 5.4 Potenziale in der Individualisierung

Des Weiteren kann auch in diesem Zusammenhang die konsequente Analyse des Wertstroms entsprechende Produktivitätsverluste aufdecken. Die Grundlagen für ein stimmiges BI-System mit entsprechenden Self-Service-Funktionen können dadurch geschaffen werden.

### 5.4.2.2 Ansätze

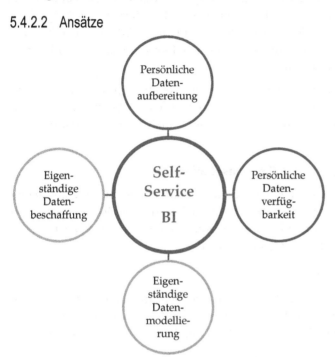

**Abbildung 5-20:** Self-Service-Business-Intelligence

Das Ziel von Self-Service-Business-Intelligence liegt in der optimalen Unterstützung des Anwenders, eigenständig den gesamten Reportingprozess steuern zu können. Um zeitnah fundierte Entscheidungen treffen zu können, nimmt der Spruch „die richtige Information zur richtigen Zeit" eine immer größere Bedeutung ein. Um diesen Anspruch gerecht zu werden, ist es notwendig, dass dem Anwender Werkzeuge und Techniken zur Verfügung stehen, damit der Business-Intelligence-Prozess in den verschiedensten Phasen beeinflusst werden kann.

Des Weiteren, in Anlehnung an die Lean-Methode Poka Yoke, gilt es, aus dem Blickwinkel des Anwenders unnötige Schritte zu eliminieren. Durch dieses Abnehmen von Arbeitsschritten soll auch die Bedienung der BI-Applikationen vereinfacht werden. Ein Anspruch, der insbesondere für die Kundschaft der reinen Informationskonsumenten umzusetzen ist.

In den nachfolgenden Kapiteln werden für die vier in Abbildung 5-20 dargestellten Aspekte entsprechende Potenziale aufgezeigt.

### 5.4.2.3 Herausforderungen

Das Hauptaugenmerk ist wie in der Lean-Philosophie verankert auf den Kundenwert zu richten. Die jeweils als Self-Service zur Verfügung gestellten Funktionen sollten den Kundenwert steigern. Um dies zu gewährleisten, ist die einfache und schnelle Handhabung dieser Funktionen zu sichern. Die Vielzahl der Möglichkeiten soll letztendlich nicht die Ursache des gegenteiligen Effekts einer Kundenunzufriedenheit oder gar eines Kundenfrustes sein. Es darf nicht zu einer Überforderung des Anwenders kommen.

Zusätzlich ist im Vorfeld zu eruieren, in welchen Reportingprozessen durch die Zurverfügungstellung von Self-Service-Funktionen eine Optimierung erreicht werden kann. Hierzu sind entsprechend fundierte Analysen des Wertstroms vorzunehmen.

## 5.4.3 Blickpunkt Self-Service Datenbeschaffung

Die Aktualität der Daten ist ein entscheidender Punkt im Berichtswesen. Je zeitnaher und vollständiger die Daten zur Verfügung stehen, desto grösser ist der Vorteil und Nutzen für den Informationskonsumenten. Optimierungspotenziale sind demzufolge im Verfügbarkeitszyklus zu suchen.

### 5.4.3.1 Verfügbarkeitszyklus

Neben der monatlichen Aufbereitung von Daten stellt die tägliche Aufbereitung relevanter Daten sicherlich ein Klassiker dar. In der Nacht werden aus den verschiedenen Quellsystemen die Daten extrahiert und in das BI-System geladen.

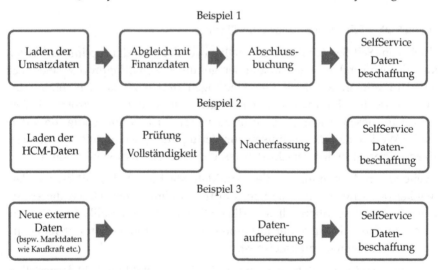

**Abbildung 5-21:** Beispiele Self-Service Datenbeschaffung

Am nächsten Tag erfolgt jeweils eine Datenanalyse. Beruhend auf dieser Analyse kann es nun erforderlich sein, dass im operativen System zusätzliche Aktionen

## 5.4 Potenziale in der Individualisierung

notwendig sind. Es kann der Fall sein, dass die Erfassung zusätzlicher Buchungen nötig ist. In Abbildung 5-21 sind Beispiele für Anforderungen im Hinblick auf Self-Service in der Datenbeschaffung angeführt.

### 5.4.3.2 Self-Service-Cockpit

Durch Self-Service-Funktionen im Bereich der Datenbeschaffung soll es dem Anwender selbst ermöglicht werden, den Datenbeschaffungsprozess in seinem Sinne zu beeinflussen. Sobald aller zusätzlichen Belege erfasst sind, kann der Anwender selbst den Prozess initiieren.

In Abbildung 5-22 ist ein entsprechendes Cockpit zur Steuerung der Datenbeschaffung dargestellt. Die Daten aus unterschiedlichen Bereichen können erfasst werden, sobald alle zusätzlichen Informationen ergänzt wurden, wird die Datenbeschaffung ausgelöst und deren Verlauf kann über eine Statusanzeige verfolgt werden.

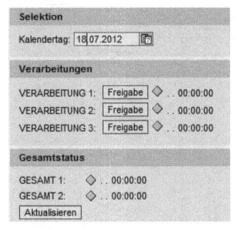

**Abbildung 5-22:** Beispiel-Cockpit zur Steuerung der Datenbeschaffung

### 5.4.4 Blickpunkt Self-Service Datenmodellierung

Für die verschiedensten Business-Intelligence-Applikationen besteht der Bedarf, dass zusätzliche Informationen angereichert werden.

Das Szenario kann wie folgt aussehen (siehe Abbildung 5-23):

- **Datenerstellung:** Die zusätzlichen Daten werden zusammengetragen und aufbereitet. Im Beispiel erfolgt eine Klassifizierung der Kunden nach den folgenden vier Kriterien:
  - ✓ 01 Interessent
  - ✓ 02 Erstkunde
  - ✓ 03 Gelegenheitskunde
  - ✓ 04 Stammkunde

- **Datenbeladung:** Im Anschluss werden die neu erstellten Informationen in das BI-System geladen. Zur besseren Differenzierung dieser zusätzlich angereicherten Daten gibt es entsprechende Umgebungen beispielsweise eine eigene persönliche oder eine Umgebung für die Abteilung.

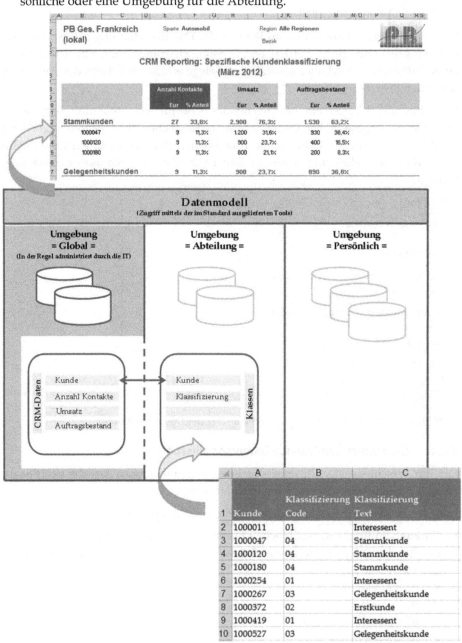

Abbildung 5-23: Erweiterung des Datenmodells

## 5.4 Potenziale in der Individualisierung

- **Verknüpfung:** Bei Bedarf können die neuen Daten anhand entsprechender Schlüssel wie Material, Kunde usw. mit bestehenden BI-Applikationen verknüpft werden. Im Beispiel erfolgt die Verknüpfung mit dem im BI-System hinterlegten Kunden.
- **Auswertung:** Mit den bestehenden Werkzeugen kann auf diese Daten zugegriffen werden. Die zusätzliche Klassifizierung steht somit für Analysezwecke zur Verfügung.

### 5.4.5 Blickpunkt Self-Service Datenaufbereitung

Wesentlicher Bestandteil Self-Service-Business-Intelligence ist eine einfache Bedienung der Werkzeuge zum Durchführen von Analysen und zum Erstellen von Berichten. Potenziale in der Aufbereitung sind einerseits in der Datenselektion zu finden. Andererseits sollen vorgenommene Berichtsanpassungen so abgelegt werden können, dass zu einem späteren Zeitpunkt eine Wiederverwendung erfolgen kann.

#### 5.4.5.1 Datenselektion

Oftmals wird bei einem Start eines Berichts vorab ein Selektionsbild dargestellt, das durch den jeweiligen Anwender auszufüllen ist. In Abbildung 5-24 ist ein Selektionsbild zu sehen, das zugleich auch Möglichkeiten der Vereinfachung aufzeigt.

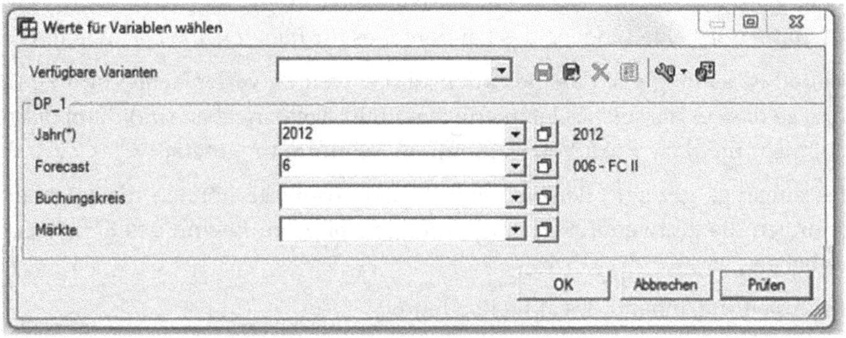

**Abbildung 5-24:** Selektionsbild

Mit Hilfe von Varianten können vorgenommene Eingaben abgespeichert werden und bei einem weiteren Berichtsaufruf wiederverwendet werden. Insbesondere bei umfangreichen Eingaben, beispielsweise einer Auswahl unterschiedlichster Märkte, sind Varianten eine hilfreiche Unterstützung.

Mit Hilfe der sogenannten Personalisierung können zusätzlich Variablen mit einem konstanten Selektionswert versehen werden. Diese Variablen bedürfen keiner Eingabe bei einem weiteren Berichtsaufruf. Ist ein Anwender beispielsweise für die Tochtergesellschaft in Österreich zuständig. Ist es für diesen Anwender sinnvoll, diese Variable fix auf den österreichischen Gesellschaftscode einzustellen.

Weitere Optimierungen ergeben sich aus dem Zusammenhang des Berichtswesens. Es ist beispielsweise zu prüfen, ob die Eingabe der Parameter Jahr und Forecast eventuell dem Anwender abgenommen werden kann. In der Regel werden die Berichte für den jeweiligen relevanten Zeitraum aufgerufen. Dies bedeutet, dass dieser Bericht mit entsprechenden Vorschlagswerten für das Jahr und für den Forecast versehen werden kann. Es kann sogar soweit eine Anpassung erfolgen, dass keine Anzeige dieser Zeitvariablen erfolgt sondern direkt mit den im Hintergrund ermittelten Daten die Aufbereitung des Berichts gestartet wird.

Zusätzlich ist denkbar, dass Variablen direkt anhand von den Berechtigungen des Benutzers abgefüllt werden. Wenn Mitarbeiter A die Berechtigung zur Anzeige der Daten der österreichischen Tochtergesellschaft hat, kann bereits zum Start des Berichts die Variable im Hintergrund mit dem entsprechenden Code für die österreichische Gesellschaft versorgt werden.

Eine Alternative zur Selektion mit Variablen stellen Auswahllisten, die im Bericht selbst dargestellt werden, dar. Zu Beginn wird der Bericht mit einer entsprechenden Defaulteinstellung gestartet. Im Nachgang kann der Anwender dann mit Hilfe von Auswahllisten, DropDown-Boxen, die dargestellten Daten nach Wunsch eingrenzen. Diese Option bietet zusätzlich den Vorteil, dass gesteuert werden kann, ob nur sinnvolle Kombinationen ausgewählt werden können. Wenn zum Beispiel die Tochtergesellschaft in Österreich ausschließlich ihren österreichischen Markt bedient, dann wird eine Eingabe des Ländercodes für Italien keine Daten liefern.

Im Idealfall ist es möglich, dass Selektionsbild soweit zu vereinfachen und zu optimieren, so dass es als solches letztendlich entfällt. Fehleingaben sind dann definitiv nicht mehr möglich. Poka Yoke ist somit in Reinform umgesetzt.

Für das eingangs gezeigte Beispiel einer Selektionsmaske können die folgenden Anpassungen die Notwendigkeit eines Selektionsbilds zu Beginn des Berichtsaufrufs aufheben.

- **Jahr:** Ableitung anhand des aktuellen Jahres.
- **Forecast:** Ableitung anhand der aktuellen Forecast-Periode.
- **Buchungskreis:** Ermittlung basierend auf den Berechtigungen.
- **Märkte:** Verschiebung in das Berichtswesen als DropDown-Box.

### 5.4.5.2 Berichtsanpassung

Durch die Bereitstellung von Templates (siehe Kapitel 5.2.4.1) steht ein erster wichtiger Baustein für die eigenständige Anpassung oder Erstellung von Berichten zur Verfügung. Durch zusätzlich einfach zu bedienende Funktionen ist es einem Power-User letztendlich selbst möglich, nach Bedarf Berichte zu erstellen. Eine wesentliche Funktion die in diesem Kontext benötigt wird, ist die Möglichkeit eigene Kennzahlen definieren zu können. In Tools, die in MS Excel eingebettet sind

## 5.4 Potenziale in der Individualisierung

und den Funktionsumfang von MS Excel nutzen können, ist dies sicherlich für den Power-User einfach. Aber auch in webbasierten Lösungen sind für den Power-User einfach handzuhabende Funktionen zur Berechnung und Ermittlung zusätzlicher Kennzahlen notwendig.

Ein weiterer Aspekt ist, dass auch für den Informationskonsumenten passende Funktionen existieren. In diesem Zusammenhang ist sicherlich das Abspeichern spezifischer Sichten zu sehen. Im Zuge der Durchführung von verschiedenen Ad-hoc-Analysen soll die Sicht auf das jeweilige Endergebnis in einer eigenen Sicht abgespeichert werden. Zu einem späteren Zeitpunkt kann diese spezielle Sicht wiederum geladen werden.

Eine zusätzliche Funktion in diesem Zusammenhang ist das Ergänzen zugehöriger Kommentare.

Der nächste Schritt wird folglich sein, dass die aktuell durchgeführte Analyse parallel mehreren Personen gleichzeitig zur Verfügung gestellt wird und die weitere Analyse gemeinsam durchgeführt werden kann.

### 5.4.6 Blickpunkt Self-Service Datenverfügbarkeit

Einerseits kann durch die Zusammenführung verschiedener Informationen zu einer Gesamtsicht gemäß dem Motto „One Page only" eine Verbesserung erzielt werden.

Andererseits kann zusätzlich das Thema Self-Service betrachtet werden. Anstelle Berichte selbst aufzurufen und Informationen selbst aufzubereiten, stehen dem Anwender Funktionen zur Verfügung, die eine direkte Lieferung der gewünschten Berichte durch das BI-System ermöglichen. Entsprechende Dienste wie SAP BEx Broadcaster oder Oracle BI Publisher sorgen für eine automatische Erstellung und Verteilung der Berichte (Broadcasting).

#### 5.4.6.1 One-Page only

Ansätze wie One-Page only oder die 360 Grad Sicht auf die Daten haben das Ziel, dass dem Anwender alle relevanten Informationen einfach und an einer Stelle zugänglich gemacht werden. Der Anwender selbst ist nicht gezwungen an verschiedenen Stellen Berichte mit unterschiedlicher Handhabung aufzurufen und die benötigte Information im Anschluss in mühsamer Kleinarbeit zusammenzutragen. Diese aufwändige Kleinarbeit bietet natürlich sehr viele Gelegenheiten zur Falscheingabe – eine Möglichkeit der Abhilfe bietet Poka Yoke.

Mit Hilfe von Arbeitsbereichen soll es dem Anwender ermöglicht werden, dass Reportinginhalte gemäß den jeweiligen spezifischen Anforderungen gruppiert werden können. Diese Anforderungen können in persönliche Arbeitsbereiche mit entsprechend individuellen Vorstellungen münden oder für Anwendergruppen sind übergreifende Arbeitsbereiche abzubilden.

SAP bietet für die eigene Portallösung das Addon „Enterprise Workspaces"[73] an. Mit Hilfe dieses Addons können die verschiedenen Portalinhalte wie SAP Transaktionen, BI-Applikationen oder Dokumente in eigenen Arbeitsbereichen eigenständig organisiert werden.

Im Hinblick auf das Thema „One-page only" kann der Anwender selbst auf einfache Art und Weise seinen eigenen Arbeitsbereich, sozusagen ein „One Workspace only" zusammenstellen. Das lästige Navigieren in starr vorgegebenen Strukturen entfällt. Der Anwender muss nur seinen Workspace öffnen und hat die gewünschte 360 Grad-Sicht.

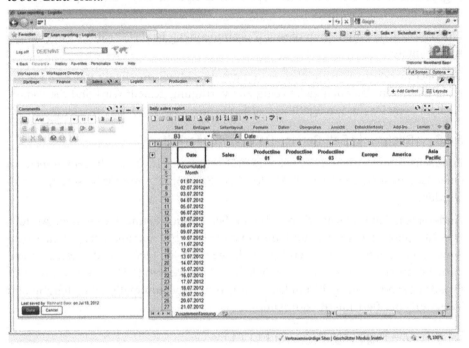

**Abbildung 5-25:** Selbst einstellbarer Arbeitsbereich

### 5.4.6.2 Broadcasting

Mit Hilfe von Broadcasting-Tools oder Publisher-Werkzeugen können Berichte aufbereitet und einem Empfängerkreis zur Verfügung gestellt werden. In Bezug auf die Abbildung 5-26 kann folgender Kreislauf durch das Broadcasting optimiert werden.

---

73 Weitere Informationen zum Produkt unter http://help.sap.com/nwew (17.07.2012)

## 5.4 Potenziale in der Individualisierung

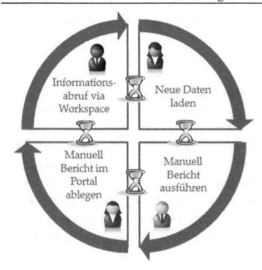

**Abbildung 5-26:** Prozess ohne Broadcasting[74]

Durch die Broadcasting-Funktion kann in einem ersten Schritt der Bericht mit den neu verfügbaren Daten aktualisiert werden. Im zweiten Schritt wird durch das Broadcasting der aktualisierte Bericht publiziert. Dies kann einerseits durch eine Ablage im Portal erfolgen, so dass dieser beispielsweise für die Arbeitsbereiche zur Verfügung steht. Andererseits kann auch direkt eine Verteilung via E-Mail erfolgen (siehe Abbildung 5-27).

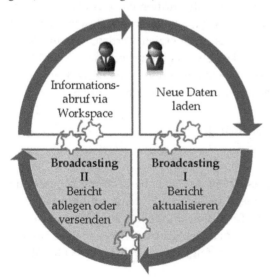

**Abbildung 5-27:** Prozess mit Broadcasting[75]

---

74 Figuren: © istockfoto
75 Figuren: © istockfoto

Statt Wartezeiten zwischen den einzelnen Teilschritten kann ein durchgängiger Prozess erreicht werden.

### 5.4.7 Quintessenz

Die verschiedenen Möglichkeiten, die Anwendern geboten werden, tragen zu einer erheblichen Wertsteigerung bei. Dem Anwender selbst wird es durch Self-Service-Funktionen ermöglicht, maßgeblich Einfluss nehmen zu können, auf Umfang und Aktualität der Daten. Entscheidungsprozesse können somit beschleunigt werden.

Diese Flexibilität gilt es aus Sicht der BI-Verantwortlichen zu begleiten. Durch die Self-Service-Funktionen wird eine Umgebung geschaffen, die es einfach ermöglicht, zusätzliche Kennzahlen zu schaffen oder aber eben auch bestehende Kennzahlen zu modifizieren oder neu zu definieren. Durch diese Begleitung soll das Risiko vermindert werden, dass es zu einem Verlust an Qualität und Konsistenz kommt.

Durch passende Prozesse im LifeCycle-Management kann zusätzlich gewährleistet werden, dass nicht auf Dauer ungenutzte Datensilos entstehen oder ein Schatten-Reporting innerhalb des BI-Systems aufgebaut wird. Außerdem können auf der anderen Seite häufig genutzte und verwendete Zusatzinformationen direkt in die globale BI-Umgebung integriert werden. Der nächste Schritt der Optimierung ist, dem Anwender wiederum, manuelle Tätigkeiten zur Datenaufbereitung durch die Schaffung einer Standard-BI-Applikation abzunehmen.

Generell ist die Abnahme von unnötigen Arbeitsschritten ein Ziel bei diesen Verbesserungen. Falls der Arbeitsschritt nicht komplett durch das System abgenommen werden kann, können zusätzliche Fortschritte erzielt werden, in dem Mechanismen vorgesehen werden, die zur Fehlervermeidung beitragen. Die Lean-Methode Poka Yoke unterstützt diesen Aspekt der Fehlervermeidung. Der Aufbau des Selektionsbilds kann beispielsweise entsprechend gestaltet werden.

## 5.5 Potenziale in der Aufbereitung

### 5.5.1 Business Szenario

Als einer der grundlegendsten Prozesse dient der Datenbeschaffungsprozess oder ETL-Prozess der Versorgung des Business-Intelligence-Systems mit Informationen. Die auf die Extraktion folgende Transformation ermöglicht die Harmonisierung der Daten, so dass der Datenbestand optimal aus Sicht der Datenanalyse zugänglich gemacht werden kann. Letztendlich erfolgt eine reportinggerechte Ablage dieser aufbereiteten Daten.

Im Zusammenhang mit den wichtigsten Prozessen im Business-Intelligence-Umfeld wurde der Datenbeschaffungsprozess (ETL-Prozess) in Kapitel 3.5.2 dargestellt.

## 5.5 Potenziale in der Aufbereitung

### 5.5.2 Einordnung in die Lean-Reporting-Philosophie

Die verschiedenen Ansätze der Lean-Philosophie können auch bei dem Thema der Aufbereitung verfolgt werden.

#### 5.5.2.1 Lean-Reporting

Der Datenbeschaffungsprozess kann mittels der verfügbaren Methoden für die Analyse des Wertstroms geprüft werden. Im Hinblick auf das Thema Verschwendung, Muda, können in diesem Zusammenhang zwei Prüfungsvarianten angeführt werden.

- Prozessablauf: Die Analyse des jeweiligen Prozessablaufs deckt die vorhandenen Defizite auf. Ein Prozessablauf ist anhand eines Beispiels in Abbildung 5-28 aufgezeigt.

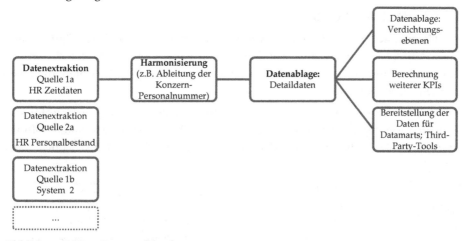

Abbildung 5-28: Prozessablauf

- Prozesszyklus: Die zeitliche Wiederholung der einzelnen Datenbeschaffungen und deren Abstimmung mit den operativen und analytischen Prozessen ist der Fokus dieser Betrachtung. Dieser Sachverhalt ist in Abbildung 5-29 wiedergegeben.

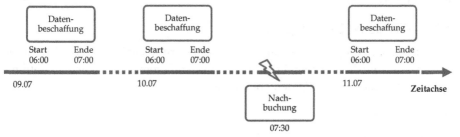

Abbildung 5-29: Prozesszyklus

## 5.5.2.2 Ansätze

Entlang des Datenbeschaffungsprozesses können für die drei Hauptbestandteile entsprechende Optimierungen vorgenommen werden.

Im ersten Verarbeitungsblock, der Datenextraktion, können beispielsweise Potenziale im Hinblick auf die Handhabung von Full- und Delta-Datenbeschaffungen gehoben werden. Der Aspekt „Realtime-Reporting" kann ebenfalls untersucht werden.

Die Ausarbeitung der Transformation kann durch einen geeigneten Aufbau des Datenmodells optimiert werden.

Im letzten Verarbeitungsschritt, die Datenablage, wird der Blickpunkt auf die beiden Themen Datenhistorie und Datenredundanz gelegt.

## 5.5.2.3 Herausforderungen

Die Herausforderungen liegen im Wesentlichen in den technischen Möglichkeiten, die das BI-System bietet. Insbesondere in den Fällen, bei denen es sich um verschiedene heterogene Systeme, aus denen reportingrelevante Daten extrahiert werden sollen, handelt.

Zusätzlicher Aufwand entsteht in den Fällen, in denen einzelne organisatorische Einheiten ihre Stammdaten ohne übergreifende Abstimmung verwalten. Oftmals führt dies letztendlich zur mehrfachen Verwendung des gleichen Codes (siehe Abbildung 5-30).

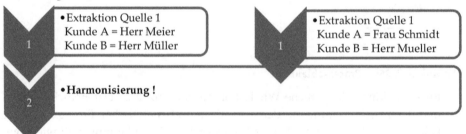

**Abbildung 5-30:** Problematik der Stammdaten

### 5.5.3 Blickpunkt Datenakquisition

Der Datenbeschaffungsprozess kann in die zwei grundsätzlichen Verfahren Full- bzw. Delta-Akquisition eingeteilt werden. Zusätzlich nimmt das Thema Realtime-Reporting eine zunehmend bedeutende Rolle ein.

#### 5.5.3.1 Full-Verfahren

Das Full-Verfahren stellt die einfachste Form der Datenextraktion dar. Bei jeder Extraktion werden jeweils sämtliche verfügbaren Daten aus dem liefernden Quell-

## 5.5 Potenziale in der Aufbereitung

system übertragen. Als Vorteil erweist sich, dass das Full-Verfahren in der Regel schnell umgesetzt werden kann.

Jedoch bedeutet das komplette Laden des gesamten Datenbestandes einen erheblichen Ressourcenaufwand.

Ein Nachteil beruht darin, dass im Quellsystem sämtliche relevante Vergangenheitsdaten komplett vorgehalten werden müssen. Eine Archivierung der Daten im Quellsystem sorgt somit in der Folge für Probleme im Reporting.

Zusätzlich ist zu beachten, dass die Daten aus der Vergangenheit immer wieder auf das Neue übertragen werden. Es sind also Mechanismen einzubauen, die eine Kumulation dieser Daten verhindern. Die einfachste Form dies zu verhindern ist, dass die Daten zu Beginn einer Verarbeitung aus dem Datenwürfel gelöscht werden. Das Problem liegt in diesem Fall darin, dass für die Dauer der Datenverarbeitung keine Datenanalyse durchgeführt werden kann.

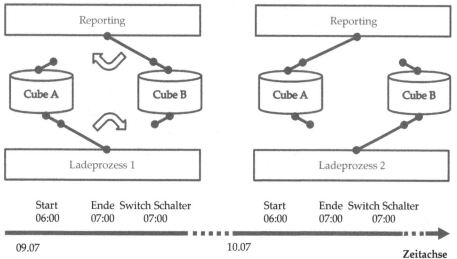

**Abbildung 5-31:** Full-Verfahren mit Schalterlogik

Ein Optimierungsansatz besteht darin, dieses Zeitfenster so kurz wie möglich zu halten. Um diese Downtime für das Reporting zu reduzieren, kann auch zum Beispiel eine spezielle Schalterlogik eingebaut werden. Durch diese Schalterlogik wird gesteuert, welcher Datenwürfel der aktiv zu nutzende ist.

### 5.5.3.2 Delta-Verfahren

Das Delta-Verfahren stellt eine wesentlich komplexere Form der Datenextraktion dar. Für die Implementierung ist ein umfangreiches Know-How der Verarbeitungsprozesse erforderlich. Neben dem Know-How hinsichtlich der Handhabung der Deltas im Reporting-System ist auch ein fundiertes Wissen bezüglich der Business-Prozesse relevant. Darüber hinaus ist die technische Möglichkeit zur Bestimmung der Deltainformationen ein entscheidender Knackpunkt.

Im besten Fall kann das Delta direkt im Quellsystem bestimmt werden. Fakturen werden üblicherweise fortlaufend durchnummeriert. Für die Abgrenzung des Deltas kann somit die letzte übertragene Fakturanummer verwendet werden. Alternativ kann ein entsprechender Zeitstempel zum Einsatz kommen. Alle Belege, die nach diesem Zeitpunkt erstellt wurden, sind in der nächsten Deltabeschaffung zu übertragen.

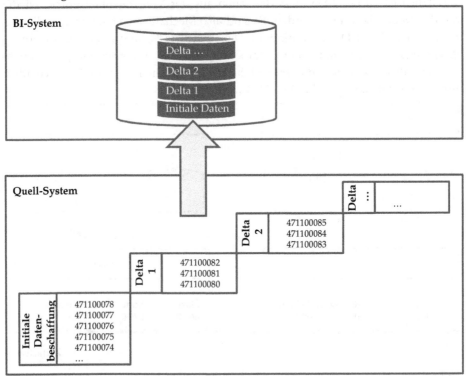

**Abbildung 5-32:** Deltaermittlung im Quellsystem

Im zweiten Szenario erfolgt die Bestimmung des Deltas im Reportingsystem selbst. In der Extraktion werden alle geänderten und neuen Datensätze ermittelt und an das Reportingsystem übergeben. Bevor diese jedoch im Datenwürfel abgelegt werden erfolgt ein Abgleich der Datensätze mit den bereits in der Vergangenheit übertragenen Daten. Eventuell relevante Unterschiede können durch diesen Abgleich aufgedeckt werden. In der Folge kann der bisherige Datensatz storniert werden und der neue geänderte Datensatz eingefügt werden.

## 5.5 Potenziale in der Aufbereitung

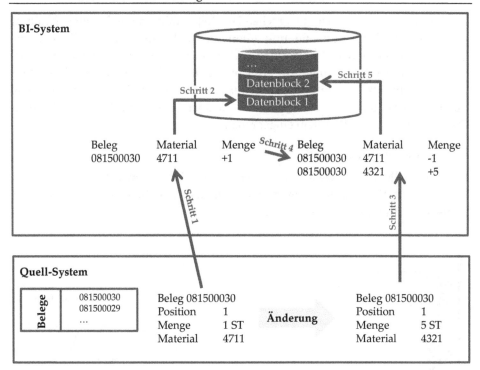

**Abbildung 5-33:** Deltaermittlung im Reportingsystem

Das für die Datenbeschaffung generell zu empfehlende Deltaverfahren kann bedauerlicherweise nicht in jeder Konstellation Anwendung finden. Ursache ist oftmals das Fehlen geeigneter Deltainformationen.

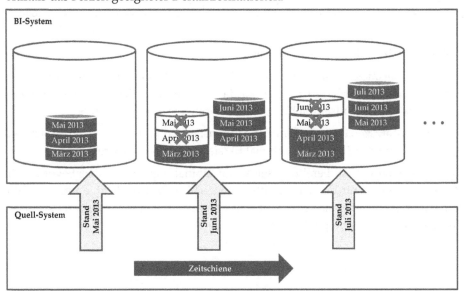

**Abbildung 5-34:** Pseudo-Delta-Verfahren

Die Implementierung einer entsprechenden Deltaermittlung und Deltaverwaltung ist mit erheblichem Aufwand und unerwünscht komplexen Eingriffen in das Quellsystem verbunden. In diesen Fällen kann durch eine Simulation des Deltas eine entsprechende Optimierung erreicht werden. Dieses Verfahren bezeichnet Daniel Knapp als Pseudo-Delta-Verfahren.[76] Beim Pseudo-Delta-Verfahren wird durch die Übergabe von Paramtern das zu übertragende und zu verarbeitende Datenvolumen im Quellsystem eingegrenzt.

### 5.5.3.3 Realtime-Akquisition

Konventionelle ETL-Prozesse haben eine wesentliche Schwachstelle. Relevante Daten stehen für Entscheidungen erst nach dem Durchlauf der verschiedenen Aufbereitungsphasen zur Verfügung.

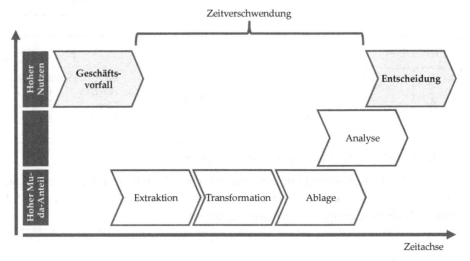

**Abbildung 5-35:** Hoher Muda-Anteil im ETL-Prozess

Klassische Beispiele entstammen dem E-Business. Informationen aus dem Verhalten der Kunden werden analysiert, so dass hochaktuell dem einzelnen Kunden entsprechende Einkaufsempfehlungen unterbreitet werden können.

Weitere Einsatzszenarien sind im Produktionsbereich zu finden, wenn es sich beispielsweise um das Thema Operational BI (siehe Kapitel 8.4.3) dreht.

Oftmals erfolgt die Aufbereitung selbst nur einmal täglich und dies bevorzugt in der Nacht außerhalb der Anwesenheitszeiten. Der Vorteil liegt darin, dass die teilweise recht systembelastende Datenaufbereitung von der ebenfalls rechenintensive Datenanalyse entkoppelt wird.

---

76 Siehe Knapp, Daniel: Delta-Management in SAP Netweaver BW, S. 27

## 5.5 Potenziale in der Aufbereitung

Realtime-Akquisition kann als Alternative sehr zeitnah Informationen zum Geschäftsverlauf liefern. Sobald durch einen Geschäftsvorfall entsprechende Daten anfallen, stehen diese auch im Reporting zur Analyse zur Verfügung.

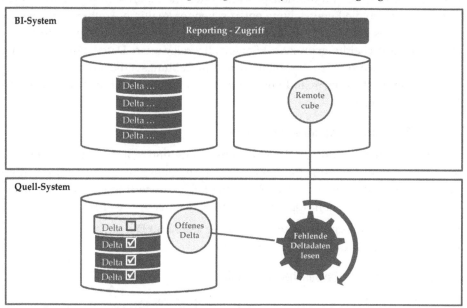

**Abbildung 5-36:** Realtime durch Remote-Zugriff

Um dies im Reporting-System zu gewährleisten, gibt es mehrere Varianten:

- **Erhöhter Beschaffungszyklus:** Durch eine Erhöhung des Beschaffungszyklus können Informationen zeitnaher zur Verfügung gestellt werden. Anstelle einer einmaligen Datenbeschaffung in der Nacht werden die Daten beispielsweise in einem Stundentakt in das BI-System übertragen.
- **Push-Technik:** Üblicherweise werden die Daten steuernd aus dem BI-.System aus den jeweiligen Quellsystemen abgeholt. Durch den Einsatz von Web-Services kann dies umgekehrt erfolgen. Neue Datensätze werden durch das Push-Prinzip in das BI-System direkt geschoben.
- **Remote-Zugriff:** Während der Ausführung einer Analyse erfolgt ein direkter Zugriff auf das Quellsystem. Die fehlenden Daten werden „on the fly" ergänzt. In Abbildung 5-36 ist dieses Szenario abgebildet.

Die Szenarien zeigen, dass die Implementierung eines Realtime-Akquisitions-Szenarios nicht trivial ist. Realtime-Reporting macht Sinn für verschiedene Applikationen, jedoch nicht in jedem Fall.

Die Kennzahl Umsatz basierend auf den Fakturen ist in der Realisierung eines Realtime-Verfahrens sicher handhabbar. Die Abgrenzung von Deltainformationen kann im Falle von fortlaufend nummerierten Fakturanummern einfach erfolgen. Dennoch ist der Sinn in diesem Fall zu hinterfragen, falls insbesondere die große

Masse der Fakturen durch einen separaten Fakturalauf erzeugt wird und im Tagesverlauf nur vereinzelte Sonderfälle abgearbeitet werden.

Die Auswertung der Produktionsprozesse oder die Analyse von Warenströmen lassen sich durch die Bereitstellung entsprechender Realtime-Applikationen weiter optimieren. Als weiteres Beispiel kann ein Kundenbestellprozess angeführt werden. Dem Entscheidungsprozess können alle relevanten Daten zur Verfügung gestellt werden. Aktuellste Informationen zum Zahlungsverhalten oder zu bereits eingegangen Bestellungen sind entsprechend unmittelbar während des Business-Prozesses verfügbar.

### 5.5.4 Blickpunkt Datentransformation

Durch die Transformation erfolgt eine Bereinigung und Standardisierung der eingehenden Daten. Die Aufgabe dieses Transformationsprozesses ist es, die Rohdaten in auswertbare und saubere Reportingdaten zu überführen. Je nach Konstellation können verschiedene Optimierungsansätze umgesetzt werden:

- Implementierungsaufwand für das Coding (Szenario 1)
- Erweiterung des Datenmodells (Szenario 2)

#### 5.5.4.1 Szenario 1: Statistische Kennzahlen

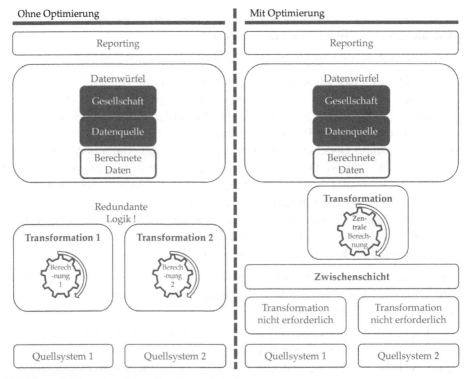

**Abbildung 5-37:** Transformation Szenario 1

## 5.5 Potenziale in der Aufbereitung

Ein Aspekt stellt der Implementierungsaufwand dar. Im ersten Szenario werden entsprechende Optimierungsansätze aufgezeigt. Anstatt das Coding mehrfach redundant in unterschiedlichen Transformationen abzulegen, werden die Daten zu Beginn in einer Zwischenschicht zusammengeführt und anschließend mit Hilfe einer zentralen Transformation weiterverarbeitet.

### 5.5.4.2 Szenario 2: Geschäftspartner-ID

Der Transformationsprozess spielt in der Handhabung von größeren Datenmengen eine zunehmende Bedeutung. Je nach Umfang der durchzuführenden Bereinigungen und Validierungen entstehen entsprechend hohe Laufzeiten. Dieses Thema wird im zweiten Szenario anhand eines Beispiels beleuchtet.

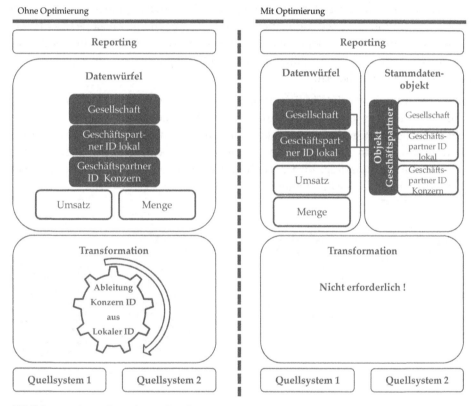

**Abbildung 5-38:** Transformation Szenario 2

Die Geschäftspartner-ID kann in den unterschiedlichen Quellsystemen mehrfach vergeben werden. Die ID 4711 kann in der Folge sowohl in System 1 als auch in System 2 mit unterschiedlicher Bedeutung auftauchen. Um eine Differenzierung auf Stufe des Konzerns herbeiführen zu können, erfolgt eine Überleitung der lokalen Geschäftspartner-ID in eine Konzern-Geschäftspartner-ID. Im ersten Fall wird dies im Zuge der Transformation durchgeführt. Im zweiten Fall wurde das Datenmodell so aufgebaut, dass durch entsprechende Verknüpfungen auch die

Konzern-Geschäftspartner-ID zur Verfügung steht. Eine Transformation ist nicht zusätzlich erforderlich.

### 5.5.5 Blickpunkt Datenablage

Die dritte Phase des ETL-Prozesses ist das Schreiben der Daten in die Reporting-Datenbank. Das Datenmodell spielt an dieser Stelle eine ausschlaggebende Rolle. Die Handhabung von sich rückwirkend ändernden Daten insbesondere Stammdaten ist ein Thema, das anhand eines Beispiels visualisiert wird. Des Weiteren wird die redundante Haltung der Reportingdaten näher betrachtet.

#### 5.5.5.1 Berichtsdatenhistorie

Die Historisierung der Daten ist eine typische Anforderung innerhalb der einzelnen Business-Intelligence-Applikationen. Auswertungen, die im Zuge des Monatsabschlusses für den Beispielmonat Mai 2013 aufbereitet wurden, sollten selbstverständlich auch zu einem späteren Zeitpunkt beispielsweise im September die gleichen Ergebnisse liefern.

Die Abbildung 5-39 zeigt ein Beispiel aus dem Umsatzreporting. Als Quelle dienen die Werte aus den jeweiligen Fakturen. Diese Daten liegen auf der Detaillierungsebene Material, Regulierer und Fakturadatum vor. Aufgrund des umfangreichen Sortiments werden die Materialien zu einzelnen Produktgruppen zusammengefasst. Diese Gruppierung wird periodisch überarbeitet. Zusätzlich sind gelegentlich Korrekturen in der Zuordnung notwendig.

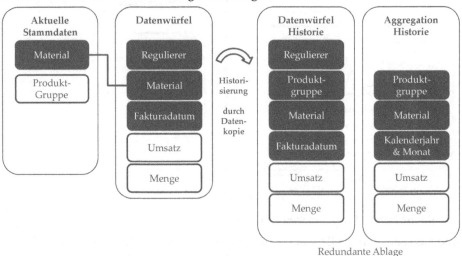

**Abbildung 5-39:** Berichtsdatenhistorie – Variante 1: Datenredundanz

In der Datenmodellierung wird dies berücksichtigt, in dem einerseits die Verknüpfung Material zur Produktgruppe über ein entsprechendes Stammdatenattribut durchgeführt wird. Andererseits ist die historische Abbildung der Zuordnung zu

## 5.5 Potenziale in der Aufbereitung

gewährleisten. Diese Historisierung kann anhand von verschiedenen Modellen erfolgen.

In Variante 1 werden die Daten zu einem bestimmten Zeitpunkt als redundante Kopie mit der entsprechenden Ergänzung der Produktgruppe abgelegt. Die Produktgruppe wird als Bestandteil der Dimensionen direkt mit in den Datenwürfel verbucht.

In der Variante 2 erfolgt die Historisierung der Daten innerhalb des Stammdatenattributs selbst. Anstatt nur die jeweils gültige Ausprägung im Stammdatenattribut abzulegen, werden entsprechende Gültigkeitszeiträume eingefügt. Dies führt dazu, dass anhand des gewünschten Stichtags die zugehörige Ausprägung in den Stammdaten ermittelt werden kann.

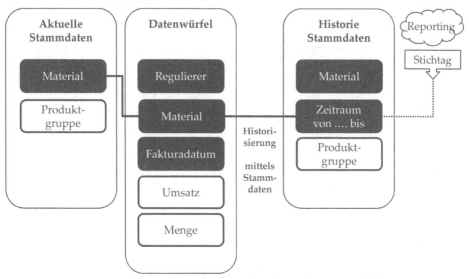

**Abbildung 5-40:** Berichtsdatenhistorie – Variante 2: Zeitabhängige Informationen

Die Wahl der Variante wird im Wesentlichen durch die technischen Möglichkeiten zur Performanceoptimierung bestimmt. Variante 1 ermöglicht eine einfache Aggregation der Daten in zusätzlichen Datenwürfeln. Zum Beispiel kann die Detailinformation Material in einem aggregierten Datenwürfel weggelassen werden. Die Information auf Ebene Produktgruppe ist unabhängig davon verfügbar. Variante 2 führt im Vergleich letztendlich zum Zugriff auf das einzelne Material. Durch den Einsatz der In-Memory-Technik kann ebenfalls eine optimale Performance erreicht werden. Das Thema Performance wird im Kapitel 8.3 ausführlich behandelt.

### 5.5.5.2 Redundante Datenhaltung

Auf dem Weg zur Erzeugung auswertbarer Informationen müssen die Daten im BI-System aber auch teilweise im Quellsystem selbst an verschiedenen Stellen abgelegt werden. Zusätzlich kann die zu implementierende Businesslogik zur Ablage redundanter Daten führen. In Abbildung 5-41 ist diese mehrfache Ablage der Daten visualisiert.

In diesem Zusammenhang lassen sich die folgenden drei Arten von Datenredundanz ableiten.

- Informationsbedingte Redundanz
- Performancebedingte Redundanz
- Sicherheitsbedingte Redundanz

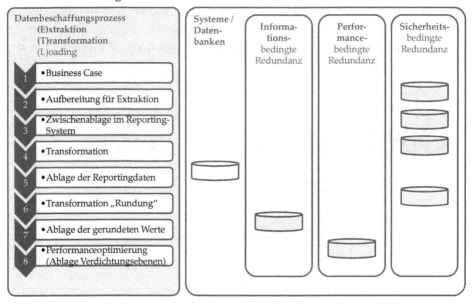

**Abbildung 5-41:** Redundante Datenablage

### 5.5.5.3 Informationsbedingte Redundanz

Das erste Szenario für informationsbedingte Redundanz stammt aus dem Finanzbereich. In der Regel erfolgt die Durchführung der Konsolidierung auf sehr präzisen Daten. Die Daten sind beispielsweise in Euro und Cent im Konsolidierungssystem hinterlegt. Das direkt auf diesen Zahlen aufbauende Reporting beruht in der Folge auf dieser Genauigkeit. Die Darstellung im Bericht selbst erfolgt in einer aggregierten Form. Für die Darstellung erfolgt somit zur Laufzeit eine entsprechende Rundung. In der Folge kann es selbstverständlich zu dem Effekt kommen, dass die Summierung der gerundeten Einzelwerte nicht der ausgewiesenen Summe entspricht. Es treten entsprechende Rundungseffekte auf. Um dies zu vermeiden, werden die Daten in einem weiteren Verarbeitungsschritt entsprechend gerundet und zusätzlich in dieser gerundeten Form in der Datenbank des Reportingsystems abgelegt. Letztendlich sind die Werte redundant vorhanden. Einmal in detaillierter Form und einmal in gerundeter Form.

## 5.5 Potenziale in der Aufbereitung

Informationsbedingte Redundanz kann im nächsten Szenario auf die Vereinfachung der Berechnung von zusätzlichen Kennzahlen zurückgeführt werden. Für eine Vereinfachung der Berechnung ist die Ablage von entsprechenden Basisdaten oftmals sinnvoll. Als Beispiel dient die Ermittlung der Preisabweichung. Die Berechnung der Preisabweichung beruht auf folgender Formel:

$$Preisabweichung = Ist\_Menge * (Ist\_Preis - Vergleichspreis)$$

Die Preise werden für jedes einzelne Material für die jeweilige Periode auf Basis der erzielten Umsätze ermittelt. Die Berechnung erfolgt gemäß der in Abbildung 5-42 dargestellten Verarbeitungsschritten.

Das Optimierungspotenzial beruht in diesem Fall in der Handhabung der Tabelle „Preise". Für das Reporting letztendlich wird diese Tabelle nicht benötigt. Das entsprechende Löschen nicht mehr benötigter Basisdaten ist daher eine Maßnahme zur Vermeidung von redundanten Daten und in diesem Fall zur Vermeidung von Verschwendung insbesondere von Speicherplatz. In dem abgebildeten Szenario ist ein zusätzlicher vierter Schritt, die Bereinigung der Grunddatentabellen, zu implementieren. Die Lean-Methode „5S" ist in diesem Zusammenhang hilfreich.

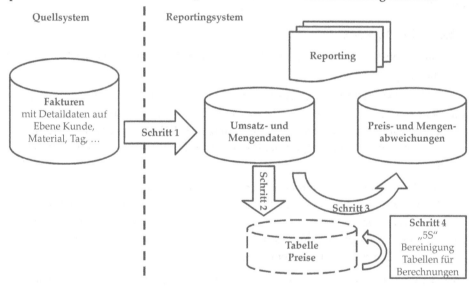

**Abbildung 5-42:** Berechnung der Preisabweichung

### 5.5.5.4 Performancebedingte Redundanz

Die performancebedingte Redundanz dient zur Reduktion der Laufzeit von Analyseabfragen. In zusätzlichen Datenwürfeln werden die Daten in unterschiedlich aggregierter Form abgelegt. Ein einfaches Beispiel aus dem Umsatzreporting besteht im Detail aus den Merkmalen Gesellschaft, Kunde, Material und Tag. Ein zusätzlicher aggregierter Datenwürfel kann beispielsweise durch die Reduktion auf die Merkmale Gesellschaft und Kalendermonat erstellt werden.

Diese redundante Datenhaltung kann durch den Einsatz technologischer Lösungen wie die In-Memory-Technik optimiert werden. In-Memory und Performance werden im Kapitel 8.3.4 ausführlich beleuchtet.

### 5.5.5.5 Sicherheitsbedingte Redundanz

Unter sicherheitsbedingter Redundanz im Datenbeschaffungsprozess wird die zusätzliche Datenablage verstanden, die der Stabilität und Robustheit dient. Aus verschiedensten Gründen kann es zu einem Abbruch während der Durchführung einer Datenbeschaffung kommen. Es ist zu gewährleisten, dass im Falle eines Abbruchs diese Datenbeschaffung wiederholt werden kann. Insbesondere bei Datenbeschaffungen, bei denen es um die Verarbeitung von Deltadatensätze handelt, sind entsprechende Maßnahmen vorzusehen.

Im Quellsystem selbst werden hierzu die Daten entsprechend vorgehalten. Es ist zu beachten, dass auch in den liefernden Systemen eine adäquate Datenhaltung erfolgt. Konkret ist zu klären wieweit zeitlich zurück Informationen vorzuhalten sind, so dass eine wiederholende Datenbeschaffung erfolgreich durchgeführt werden kann.

## 5.5.6 Quintessenz

Der Datentransferprozess bietet in den einzelnen Phasen viele Möglichkeiten zur Optimierung.

Aus technischer Sicht handelt es sich oftmals um Ressourcenverschwendung (Muda), sei es in dem Transformationen erhebliche Laufzeiten besitzen und somit Rechenkapazitäten binden. Oder es gibt letztendlich Fälle der Verschwendung beispielsweise in der Datenablage falls Daten unnötigerweise redundant vorgehalten werden.

Aus Sicht des Anwenders kann das Fazit gezogen werden, dass dieser Prozess erst mal keinen Kundenwert erzeugt. Ein erstes Optimum ist erreicht, wenn der Anwender diesen Datentransferprozess nicht mehr spürt. Das Nonplusultra stellen folglich Lösungen des Realtime-Reportings dar. Unmittelbar nach dem Geschäftsvorfall sind auch die Daten im Reporting abrufbar.

Das Kosten-Nutzen-Verhältnis für die Umsetzung entsprechender Realtime-Reporting-Lösungen ist zu beachten. Gemäß Roland Gleich ist die Forderung nach Realtime im Bereich Management-Reporting nicht relevant aufgrund der folgenden Punkte[77]:

- Zeitaufwand im Management ist für das Reporting relativ gering und zusätzlich periodisch und zeitlich terminiert.
- Zeitraumbezogenheit der Finanzbuchführung und der Erfolgsrechnung. Darstellung ist monatlich korrekt aber beispielsweise nicht täglich.

---

77 Siehe Gleich, Ronald & Horváth, Péter & Michel, Uwe: Management Reporting, S. 99

## 5.5 Potenziale in der Aufbereitung

- Stabilität des Reportings ist erwünscht
- Fokus auf vorausschauende bzw. langfristige Kennzahlen.

Selbstverständlich existieren Szenarien, die die Implementierung entsprechender Realtime-Lösungen rechtfertigen. Aktuelle operative Informationen wie beispielsweise Auftragsbestände oder Daten aus Produktionsprozessen sind mögliche Szenarien.

Aufgrund der nach wie vor sinnvollen Trennung von analytischen BI-Systemen und operativen ERP-Systemen wird das Thema Datentransferprozess in seiner Notwendigkeit weiterbestehen. Nur durch diesen Prozess kann gewährleistet werden, dass sämtliche relevanten Daten für Analysezwecke zur Verfügung stehen. Eine Archivierung älterer Daten und die Optimierung des operativen Systems sind von analytischen Gesichtspunkten entkoppelt. Des Weiteren kann das Reportingsystem gemäß der Lean-Philosophie im Hinblick auf die Erhöhung des Kundenwerts weiter verbessert werden.

# 6 Optimierungen im Bereich Organisation

*Wer alleine arbeitet, addiert.*
*Wer zusammenarbeitet, multipliziert.*
*unbekannt*

## 6.1 Einblick

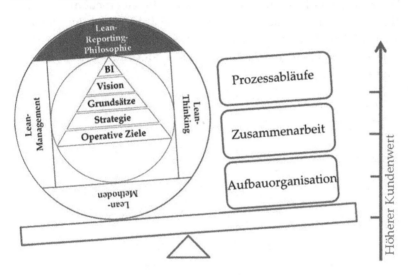

**Abbildung 6-1:** Lean-Reporting im Bereich Organisation

Durch Lean-Reporting können im Bereich Organisation verschiedenste Effizienzsteigerungen erzielt werden. Insbesondere die folgenden Themen sind von Interesse:

- Zusätzliche Komponenten im Organisationsaufbau
    - ✓ Ideenmanagement
    - ✓ Zuständigkeitsregelung
    - ✓ Berechtigungswesen und internes Kontrollsystem
- Zusammenarbeit
    - ✓ Wissensmanagement
    - ✓ Web 2.0 und Social Media
    - ✓ Kooperationen
- Prozessabläufen
    - ✓ Workflow-Management
    - ✓ Status- und Tracking-Systeme

## 6.2 Potenziale in der Aufbauorganisation

### 6.2.1 Business Szenario

Das Unternehmen selbst funktioniert nach bestimmten Regeln. Ein Teil dieser Regeln muss bewusst geschaffen werden. Wenn diese außerdem für einen längeren Zeitraum verbindlich und allgemeingültig sind, spricht man von Organisation.[78] Aus Sicht der Lean-Philosophie ist es besonders wichtig, dass diese Regeln einem steten Wandel unterliegen. Diese Flexibilität wird durch den Begriff „lernende Organisation" zum Ausdruck gebracht.

Eine lernende Organisation ist in der Lage sich beständig zu erneuern, indem sie auf die Bandbreite des Wissens, der Erfahrungen und Fähigkeiten der Organisationsmitglieder zurückgreift, Des Weiteren beruht eine lernende Organisation auf einer Kultur, die auf Basis eines gemeinsamen Zwecks oder einer Vision, gegenseitiges Fragen und Infragestellen fördert.[79]

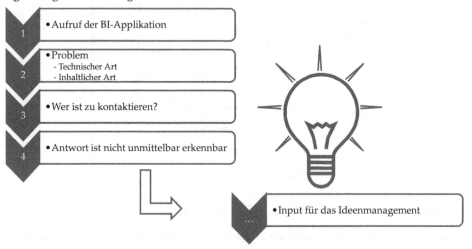

**Abbildung 6-2:** Beispielprozess - Ideenmanagement

Das konkrete Beispiel in Abbildung 6-2 soll die Chancen aufzeigen, die lernende Organisationen im Zusammenhang mit Reportingthemen haben.

In diesem Beispiel wird zu Beginn ein Bericht oder eine BI-Applikation gestartet durch einen Anwender in einer dezentralen bzw. „kleineren" Tochtergesellschaft. In der Folge kommt es zu einem Problem. Dieses auftretende Problem kann technischer Natur sein. Es kann aber auch die Situation entstehen, dass das Zahlenmaterial selbst für Fragen sorgt. Dies können Fragen sein wie: Sind die Daten komplett aufbereitet worden oder wie sieht die zugrundeliegende Berechnungslogik aus.

---

78 Siehe Fiedler, Rudolf: Organisation kompakt, S. 1
79 Siehe Johnson, Gerry & Scholes, Kevan & Whittington, Richard: Strategisches Management - Eine Einführung: Analyse, Entscheidung und Umsetzung, S. 521

Als Defizit ist in diesem Beispiel festzustellen, dass der Anwender selbst keine Informationen hat, wen er in diesem Zusammenhang kontaktieren kann. Die Frage bleibt offen, wen er bei technischen Problemen in der zentralen Informatik kontaktieren kann. Die Frage bleibt ebenfalls ausstehend, an wen sich der Anwender im zentralen Controlling mit der inhaltlichen Frage wenden kann.

### 6.2.2 Einordnung in die Lean-Reporting-Philosophie

Es treten immer wieder Situationen auf, bei denen Möglichkeiten für Optimierungen ersichtlich werden. Aus Sicht der Lean-Philosophie sind diese Situationen besonders wichtig. Die im Beispiel geschilderte Situation und gewonnene Erkenntnis ist ein wichtiger Impuls für einen Verbesserungsprozess. Ein Defizit wurde erkannt und durch adäquate Lean-Prozesse kann in der Folge ein entsprechender Nutzen generiert werden.

#### 6.2.2.1 Lean-Reporting

Hinsichtlich Lean-Reporting gehören der kontinuierliche Verbesserungsprozess und Kaizen ebenfalls zu den elementaren Bestandteilen. Das Lean-Reporting lebt ebenfalls von diesen schrittweisen Optimierungen. Das Streben nach dem Optimum erfolgt schrittweise. Aus Sicht des Lean-Reportings sind angemessene Prozesse zu schaffen und zu etablieren.

#### 6.2.2.2 Ansätze

Das in Abbildung 6-2 dargestellte Beispiel zeigt einen ersten Ansatz auf. Die Themen betriebliches Vorschlagswesen und Ideenmanagement sind zu behandelnde Punkte.

Zusätzlich soll das Optimierungspotenzial gehoben werden, das mit der Frage nach Kontaktpersonen aufkam. Durch die Klärung von Zuständigkeiten und deren Publizierung können Verbesserungen erzielt werden.

Die eingangs erwähnten Regeln werden im Zusammenhang mit dem Gesichtspunkt IKS (internes Kontrollsystem) ferner beleuchtet.

#### 6.2.2.3 Herausforderungen

Die Unternehmenskultur beeinflusst maßgeblich den Erfolg der Lean-Philosophie. In Zusammenhang mit Six Sigma thematisiert Armin Töpfer die Veränderungsnotwendigkeit der Unternehmenskultur.[80] Eine resultierende Fragestellung ist folglich, wie groß die Entwicklungslücke zwischen der bestehenden Kultur und der Zielkultur ist. Je grösser die Lücke sich darstellt, desto grösser ist der initiale Aufwand, diese Lean-Philosophie zum Leben zu erwecken und zu erhalten. An dieser Stelle ist zusätzlich auf das Kapitel 3.6 zu verweisen.

---

80 Siehe Töpfer, Armin: Six Sigma, S. 285

Durch die Ausarbeitung spezifischer Regeln kann für diesen kontinuierlichen Verbesserungsprozess das konzeptionelle Fundament geschaffen werden. Wichtig ist eine Kommunikation an die verschiedenen Interessengruppen, so dass dieser Prozess transparent ist und sich seine Anwendung etabliert.

### 6.2.3 Blickpunkt Ideenmanagement

Elementare Bestandteile des Ideenmanagements sind das betriebliche Vorschlagswesen und der kontinuierliche Verbesserungsprozess. Müller-Prothmann und Dörr fassen dies zu einer einfachen Formel zusammen:

**Abbildung 6-3:** Ideenmanagement und KVP bzw. BVW[81]

#### 6.2.3.1 Ziele

Durch das Ideenmanagement werden gemäß Olaf Winzer zwei prinzipielle Ziele verfolgt[82]:

- **Qualitative Ziele:** Qualitative Ziele stellen eine Verbesserung der Zusammenarbeit oder Steigerung der Mitarbeiterzufriedenheit dar.
- **Quantitative Ziele:** Quantitative Ziele sind Einsparungen insbesondere monetärer Art oder im Sinne der Lean-Philosophie Steigerungen der Produktivität und Elimination von Verschwendung.

#### 6.2.3.2 Quellen

Aus Sicht eines BI-Competence-Center (BICC) oder hinsichtlich Reporting-Themen kommen direkte und indirekte Quellen für die Entstehung von Ideen in Betracht.

Bei direkten Quellen handelt es sich um folgende:

- **Lean-Methoden:** Ideen werden durch die BI-Verantwortlichen im Zuge der Anwendung von Lean-Methoden selbst hervorgebracht. Entsprechende Ideen entstehen aus dem kontinuierlichen Verbesserungsprozess, durch Qualitätszirkel oder Arbeitskreisen mit korrespondierender Ausrichtung.
- **Feedback:** Die verschiedenen Interessengruppen tragen mit ihrem Feedback zur Entwicklung von Ideen bei. Das Feedback beinhaltet oftmals sehr konkrete

---

81 Siehe Müller-Prothmann, Tobias & Dörr, Nora: Innovationsmanagement, S. 77
82 Siehe Deutsches Institut für Betriebswirtschaft (Hrsg.) & Winzer, Olaf (Kapitel 2): Erfolgsfaktor Ideenmanagement, S. 23

## 6.2 Potenziale in der Aufbauorganisation

und ertragreiche Vorschläge. Aktives Zuhören ist in diesem Zusammenhang ebenfalls zur Gewinnung von Ideen anzuführen. So kann beispielsweise. aus einem Gespräch, Verbesserungspotenzial, insbesondere in Bezug auf Poka Yoke, erkannt werden.

- **Externe Quellen:** Veranstaltungen wie beispielsweise die Treffen der Arbeitskreise der deutschsprachigen SAP Anwendergruppe (DSAG) liefern durch den angebotenen Erfahrungsaustausch entsprechende Ideen. Ein weiterer maßgeblicher Wissensaustausch beruht auf der Zusammenarbeit mit Ausbildungsstätten (Schulen, Universitäten).

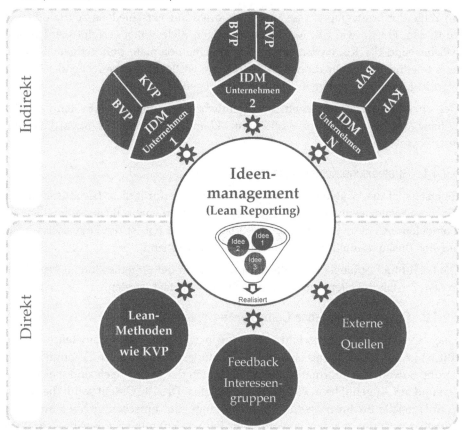

**Abbildung 6-4:** Quellen des Ideenmanagements

Indirekte Quellen sind aus Sicht des Thema BI vorgelagerte Ideenmanagementprozesse:

- **Lokaler Ideenmanagementprozess:** Ein Ideenmanagement ist oftmals für den jeweiligen einzelnen Unternehmensstandort vorhanden. Dies bedeutet, dass selbstverständlich auch über diesen Kanal entsprechende Ideen für das Reporting eingespeist werden können.

- **Koordination:** Die Abwicklung wie beispielsweise Bewertung und Umsetzung einer Idee ist eventuell über verschiedene Verfahren und Systeme zu koordinieren. Die Abstimmung und Definition von Regeln zwischen dem lokalen unternehmensspezifischen Ideenmanagement und dem zentralen Ideenmanagement für Reportingthemen ist vorzunehmen.

### 6.2.4 Blickpunkt Zuständigkeiten

Der Materie „Zuständigkeiten" kann nach strategischen und operativen Gesichtspunkten differenziert werden.

Im Zuge der Strategieprozesse sind Antworten auf verschiedene zentrale Fragen zu finden. Fragen wie z.B. welche langfristigen Ziele sollen verfolgt werden oder welches sind die Kernvoraussetzungen für eine adäquate und zeitgemäße Business-Intelligence-Applikationswelt. Durch die Festlegung entsprechender Verantwortlichkeiten können zugehörige Antworten gefunden werden.

Der operative Prozess spiegelt die eigentliche Nutzung des BI-Systems wieder. Entlang der einzelnen Prozessabschnitte können ebenfalls Verantwortlichkeiten festgelegt werden.

#### 6.2.4.1 Strategische Zuständigkeiten

Einerseits ist die Weiterentwicklung der Strategie erforderlich. Die Zuständigkeit für diese Strategieentwicklung liegt beispielsweise in einem Business-Intelligence-Competence-Center. Wie das Kapitel 2.1 aufgezeigt hat ist die Fokussierung nur auf eine Business-Intelligence-Strategie nicht ausreichend.

Die Lean-Philosophie ist ebenfalls entsprechend in der Organisation zu verankern, in dem Zuständigkeiten und Verantwortliche festgelegt werden.

#### 6.2.4.2 Business-Intelligence-Competence-Center

Eine wesentliche Eigenschaft des Business-Intelligence-Competence-Centers (BICC) ist, dass der Ansatz auf einem abteilungsübergreifender Zusammenarbeit beruht. Sowohl die Informatikabteilung als auch der Fachbereich sind gleichermaßen und auf Augenhöhe in einem BICC vertreten. Das BICC stellt somit die zentrale Anlaufstelle für Business-Intelligence-Belange dar. Entscheidungen können unmittelbar getroffen werden, sowohl unter Berücksichtigung der Business-Strategie als auch der IT-Strategie.

Die Einrichtung eines BICC im Sinne einer Stabsstelle innerhalb der Unternehmensorganisation ist sicherlich nicht zwingend notwendig. Diese Entscheidung hängt vielmehr von der Unternehmensgrösse einerseits und dem bestehenden BI-Portfolio andererseits ab. In Unternehmen mit beispielsweise einem kleineren BI-Team dürfte die Schaffung einer zusätzlichen Stabsstelle zu einem unnötige zusätzlichen Verwaltungsaufwand führen. Wichtiger ist vielmehr die koordinierte Zusammenarbeit über die Abteilungsgrenzen hinaus.

## 6.2 Potenziale in der Aufbauorganisation

Die Verantwortlichkeit eins BICCs erstreckt sich zum Beispiel über folgende Aufgaben:

- Definition und Wartung der BI-Strategie.
- Ausarbeitung von Leitplanken und Richtlinien im Sinne der BI-Strategie.
- Pflege des Business-Intelligence-Portfolios.

Das ergänzende Thema Shared-Service-Center und Reporting-Factory wird in Kapitel 7.5.4 vorgestellt.

### 6.2.4.3 Lean-Ambassadoren

Zur erfolgreichen Etablierung der Lean-Philosophie können Lean-Ambassadoren beitragen. Als Botschafter tragen sie maßgeblich bei, dass Sinn und Zweck des Lean-Reportings transparent allen Mitgliedern der verschiedenen Interessengruppen vermittelt werden kann. Zusätzlich fungieren diese Botschafter als Ansprechpartner für Fragen und Wünsche betreffend der Lean-Philosophie. Die Aufgaben können wie folgt zusammengefasst werden:

- Unterstützung bei der Umsetzung von Lean-Reporting.
- Koordination und Abstimmung der Lean-Themen innerhalb des Gesamtunternehmens.
- Weiterentwicklung der Lean-Standards.
- Unterstützung bei der Einführung der Lean-Kultur.
- Support bei der Anwendung der Lean-Methoden.
- Moderation von internen Workshops.

### 6.2.4.4 Operative Prozessverantwortliche

Der Betrieb und Support der BI-Applikationswelt kann für den Nutzer durch die Festlegung entsprechender Prozessverantwortlicher transparent gestaltet werden. In diesem Sinne gilt es entsprechende Schwerpunkte zu eruieren. Je nach Komplexität, Größe und Umfang der bestehenden BI-Landschaft und der gegebenen Unternehmensstrukturen, kann die Gliederung des Betriebs und Supports in einzelne Verantwortungsbereiche unterschiedlich detailliert ausfallen. Durch den Einsatz von Service Desk-Lösungen wird dem Endanwender ein Single- Point-of-Contact angeboten. Um die eingehenden Calls optimal und zügig abwickeln zu können, ist eine Festlegung entsprechender Rollen für das BI-Umfeld sinnvoll. Nachfolgend werden vier grundlegende Rollen vorgestellt. Die Auswahl der vorgestellten Rollen ist hierbei auf den BI-Anwender fokussiert. Im Zusammenhang mit BICC sind sicherlich weitere Rollen wie beispielsweise im Bereich des BI-Managements oder dem BI-Projektmanagement denkbar.

**Ansprechpartner(in) Technik**

Der Fokus für den Ansprechpartner Technik richtet sich auf den Betrieb des BI-Systems. Durch ein entsprechendes Monitoring kann eine Überwachung insbesondere der Datenbeschaffungsprozesse erfolgen. Bei auftretenden Problemen kann bei Bedarf proaktiv eine Information der entsprechenden Interessengruppen erfolgen bzw. bei Einsatz der BI-Applikation ersichtlich sein. Ein Informationskonsument ist somit über die Aktualität der verfügbaren Daten unterrichtet.

### Ansprechpartner(in) Qualität

Technisch kann der Datenbeschaffungsprozess komplett und ohne Probleme durchgelaufen sein. Ob jedoch aufgrund eines Erfassungsfehlers die Daten als solches plausibel sind, ist nicht unmittelbar aufgrund der technischen Korrektheit ableitbar. Zahlendreher bei der Erfassung zusätzlicher Kennzahlen sind an dieser Stelle ein Beispiel.

Ein weiteres Szenario kann für den Monatsabschluss angeführt werden. Die Vollständigkeit der Daten kann ebenfalls nur durch entsprechende Ansprechpartner gewährleistet werden. Eventuell hängen noch einzelne Fakturen und sind erst noch zu vervollständigen.

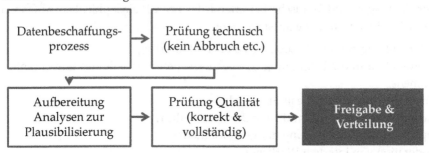

**Abbildung 6-5:**   Freigabeprozess

Darüber hinaus kann für kritische BI-Applikationen ein entsprechender Freigabeprozess (siehe Abbildung 6-5) eingerichtet werden. Die Informationen werden letztendlich erst nach Durchführung der verschiedenen Checks freigegeben.

### Ansprechpartner(in) Support

Die Unterstützung bei der Handhabung der verschiedenen Werkzeuge für das Reporting wird durch den Ansprechpartner Support geboten. Insbesondere für Power-User ist eine Kontaktperson sinnvoll, wenn es um die Umsetzung zum Teil von komplexeren Szenarien geht. Durch entsprechend angebotene Schulungsmaßnahmen und Workshops werden den Datenanalysten und Power-Usern die Funktionen und Eigenschaften der BI-Tools vermittelt.

### Ansprechpartner(in) Applikation

Der Ansprechpartner für die Applikationen besitzt ein fundiertes Wissen im Hinblick auf die aufbereiteten Reportingdaten. Die Klärung fachlicher Fragen im Zusammenhang mit den Geschäftsprozessen und den resultierenden analytischen Ergebnisse sind ebenfalls Bestandteil. Die Fokussierung folgt somit in Richtung Business Expertise.

## 6.2 Potenziale in der Aufbauorganisation

Durch die namentliche Nennung dieses Ansprechpartners direkt in dem Bericht kann ein zusätzlicher Nutzen für den Endanwender generiert werden. Diese Angabe kann einerseits im Bericht fix als Text hinterlegt werden. Es entsteht der Nachteil, dass bei Änderungen eine entsprechende Überarbeitung sämtlicher Berichte erforderlich ist. Alternativ liefern auch Reportingwerkzeuge zusätzliche Informationen wie „aktueller Benutzer" oder „letzte Aktualisierung".

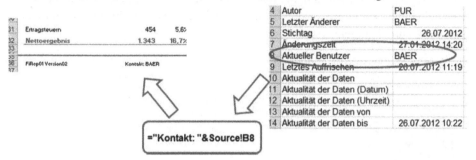

**Abbildung 6-6:** Ansprechpartner(in) Applikation

### 6.2.5 Blickpunkt Internes Kontrollsystem

Gemäß Michael Klinger und Oskar Klinger umfasst ein internes Kontrollsystem alle Methoden und Maßnahmen, ...

- die das Vermögen des Unternehmens sichern
- die betriebliche Effizienz und somit die Wirtschaftlichkeit steigern
- die Zuverlässigkeit des Rechnungs- und Berichtswesens gewährleisten und
- die Einhaltung der vorgeschriebenen Geschäftsrichtlinien und gesetzlichen Vorschriften sicherstellen.[83]

Die Methoden und Maßnahmen können hierbei verschiedenster Natur sein. Schönenberg listet folgende vier wesentliche Prinzipien auf:

- Das Prinzip der Transparenz
- Das 4-Augen-Prinzip
- Das Prinzip der Funktionstrennung (segregation of duties)
- Das Prinzip der Mindestinformation.[84]

Transparenz wird durch Methoden ermöglicht, die einen Abgleich der Ist-Situation mit einer Soll-Situation durchführen. Zusätzlich ist die Überprüfung einer entsprechend konformen Arbeitsweise möglich.

Durch die Funktionstrennung und das 4-Augen-Prinzip soll maßgeblich die Entstehung eventueller Vermögensschäden verhindert werden. Ausführung und Kontrolle sind personell zu trennen.

---

83 Siehe Klinger, Michael A. & Klinger, Oskar: Das Interne Kontrollsystem im Unternehmen, S. 5
84 Siehe Schönenberg, Ulrich: Prozessexzellenz im HR-Management, S. 58

Durch die Mindestinformation soll der Zugriff auf kritische Daten und Fakten geregelt werden. Dem Mitarbeiter sollen insbesondere nur für seine Tätigkeit relevante Informationen zugänglich sein. Berechtigungen und Zugriffskontrollen zählen beispielsweise zu möglichen Maßnahmen.

In Bezug auf das Thema Reporting sollen Optimierungspotenziale in einem SAP BI-System aufgezeigt werden, die das Design eines Berechtigungswesens betreffen. Zusätzlich ist die Identifikation von Inhabern kritischer Berechtigungskombinationen ein weiterer Aspekt.

### 6.2.5.1 Reporting-Berechtigungen

**Abbildung 6-7:** Reporting-Berechtigung

Mit Hilfe von spezifischen Reporting-Berechtigungen kann die Sichtbarkeit der verfügbaren Bewegungsdaten eingeschränkt werden. Je nach Ausprägung der Berechtigung darf der Anwender die Daten anzeigen oder ändern. Die Berechtigungen selbst basieren auf einer Gruppe von Merkmalen. Diese Merkmale sind speziell als berechtigungsrelevant zu kennzeichnen und stellen als Berechtigungsobjekt den Kern einer Reporting-Berechtigung dar.

Als Beispiel kann das Merkmal Gesellschaft angeführt werden. Dieses Merkmal ist in dem Beispielszenario sowohl Bestandteil des Finanz-Reportings, des Umsatz-Reportings und eines Margen-Reportings (siehe Abbildung 6-8).

Des Weiteren gibt es verschiedene Anwender, die wiederum verschiedene Rollen wahrnehmen. Im Szenario sind folgende Berechtigungsrollen vorgesehen:

- Rolle Verkauf mit Zugriff auf das Umsatz-Reporting
- Rolle Finanzen mit Zugriff auf das Finanz-Reporting
- Rolle Pricing mit Zugriff auf Umsatz- und Margen-Reporting
- Rolle Controlling mit Zugriff auf alle Applikationen

## 6.2 Potenziale in der Aufbauorganisation

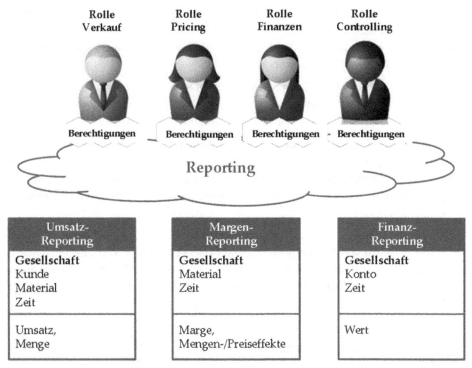

**Abbildung 6-8:** Berechtigungsrollen[85]

Diese Konstellation lässt sich durch die Definition von drei entsprechenden Berechtigungsgruppen einfach abbilden:

- Berechtigungsgruppe „Umsatz"
- Berechtigungsgruppe „Margen"
- Berechtigungsgruppe „Finanzen"

Aufwändiger wird die Definition unter Berücksichtigung des Merkmals Gesellschaft. Das Beispiel wird im Sinne eines Unternehmens mit mehreren Tochtergesellschaften erweitert. Dies führt dazu, dass zum Beispiel die Rolle des Controllers sowohl in der Gruppe als auch in den jeweiligen Tochtergesellschaften existiert. Der Unterschied besteht jedoch darin, dass der Controller der Tochtergesellschaft auch nur die Daten seiner Gesellschaft sehen darf. Im Beispiel:

- Controller Max Mustermann ist zuständig für die Gesellschaft in Deutschland.
- Controllerin Maria Müller ist zuständig für die Gesellschaft in der Schweiz und
- Controllerin Erika Muster für die gesamte Unternehmensgruppe.

Prinzipiell können basierend auf dieser Ausgangssituation viele Berechtigungskombinationen erstellt werden. Um alle Kombinationen für das angeführte Beispiel abdecken zu können, müssten für das Berechtigungsobjekt „Gesellschaft" mit

---

85 Figuren: © istockfoto

den 2 Gesellschaften Deutschland und Schweiz jeweils die drei Berechtigungsgruppen und zusätzlich jeweils eine Berechtigungskombination für das Gesamtunternehmen angelegt werden. Im Beispiel sind somit 9 Berechtigungskombinationen möglich (siehe Abbildung 6-9):

*Anzahl der Berechtigungskombinationen = (n+1) \* m*
*n = Anzahl der Ausprägungen des Berechtigungsobjekts „Gesellschaft"*
*m = Anzahl der Berechtigungsgruppen/Applikationen*

Die Formel zeigt, dass bei einer größeren Anzahl an Tochtergesellschaften und Berechtigungsgruppen die Anzahl erheblich ansteigt. Die Definition und der Unterhalt des Berechtigungswesens werden mit einem erheblichen Aufwand einhergehen. SAP BI bietet mehrere Möglichkeiten, diesen Aufwand zu reduzieren.

- **Variante 1:** Massengenerierung von Berechtigungskombinationen.

  Spezielle Tabellen[86] enthalten Informationen über Berechtigungswerte (beispielsweise für das Berechtigungsobjekt Gesellschaft den Wert „Deutschland"), die für die einzelnen Benutzer vergeben werden sollen. Durch die Generierung werden basierend auf diesen Tabelleneinträgen automatisch Berechtigungskombinationen erstellt und dem Benutzer zugeordnet.

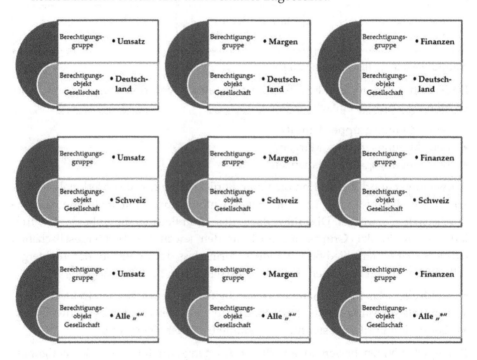

**Abbildung 6-9:** Berechtigungskombinationen komplette Ausprägung

---

86 Technisch analog dem DataStore-Objekt 0TCA_DS01

## 6.2 Potenziale in der Aufbauorganisation

- **Variante 2:** Berechtigungsvariablen
  In der Berechtigungskombination selbst wird statt dem fix ausgeprägten Wert eine Variable verwendet.

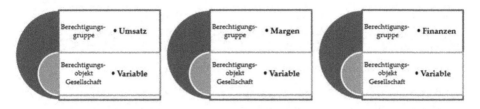

**Abbildung 6-10:** Berechtigungskombinationen Ausprägung mit Variable

Zur Laufzeit wird durch den Customer-Exit der Inhalt für diese Variable ermittelt (Siehe Abbildung 6-11). Statt wie im Beispiel dargestellt ist nur noch eine Variable notwendig für das Berechtigungsobjekt Gesellschaft. Die Anzahl der Berechtigungskombinationen reduziert sich somit auf 3 Stück. Die Anzahl der zu erstellenden Kombinationen ergibt sich für das Beispiel wie folgt:

*Anzahl der Berechtigungskombinationen = n * m*
*n = fix 1 für die Variable des Berechtigungsobjekts „Gesellschaft"*
*m = Anzahl der Berechtigungsgruppen/Applikationen*

=>

*Anzahl der Berechtigungskombinationen = m*

Maria Müller
(Rolle Controlling)

Berechtigungen

| Berechtigungs-objekt | Objekt bspw Tabelle mit Berechtigungen | | |
|---|---|---|---|
| Applikation<br>➢ Finanz-Reporting | Benutzer | Variable | Ausprägung |
| | MusMax | $VAR_GES | DE01 |
| Gesellschaft<br>➢ $VAR_GES | MueMar | $VAR_GES | CH01 |
| Aktivität<br>➢ Anzeige | MusEri | $VAR_GES | * |

**Abbildung 6-11:** Berechtigungsvariablen[87]

- **Variante 3:** Eigene Logik via BAdI
  Die sogenannten virtuellen Berechtigungen beruhen auf BAdIs (Business Add-

---

87 Figuren: © istockfoto

Ins). Mit diesen BAdIs besteht die Möglichkeit durch beliebiges eigenes Coding zur Laufzeit zu bestimmen, für was eine Berechtigung vorliegt.

Die jeweiligen Varianten haben unterschiedliche Vor- und Nachteile:

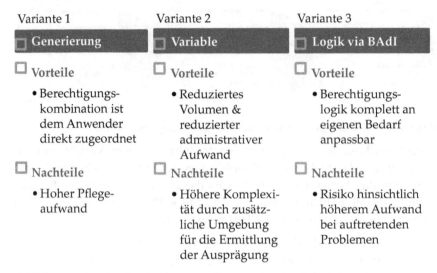

**Abbildung 6-12:** Implementierungsvarianten Reporting-Berechtigungen

### 6.2.5.2 Kritische Berechtigungen

Thomas Zurek, Vice President SAP BW, bringt in seinem Vorwort zum Buch „Berechtigungen in SAP Netweaver BW" den folgenden Gedanken zum Ausdruck: „Man stelle sich nur vor, welchen Einfluss es hätte, wenn Unberechtigte vorzeitig, d.h. vor der vorgeschriebenen Veröffentlichung der Quartalszahlen eines Unternehmens, an diese Informationen kämen."[88]

Gemäß §13 WpHG (Gesetz über den Wertpapierhandel) ist eine Insiderinformation eine konkrete Information über nicht öffentlich bekannte Umstände, die sich auf einen oder mehrere Emittenten von Insiderpapieren oder auf die Insiderpapiere selbst beziehen und die geeignet sind, im Falle ihres öffentlichen Bekanntwerdens den Börsen- oder Marktpreis der Insiderpapiere erheblich zu beeinflussen.[89]

Business-Intelligence-Applikationen wie insbesondere das Financial Reporting oder ein Umsatz- und Auftrags-Reporting ermöglichen den Zugang zu sehr sensiblen Daten. Im Hinblick auf die Thematik Insiderwissen ist daher eine Identifikation von Anwendern interessant, die Zugang zu diesen sensiblen Informationen haben.

---

[88] Siehe Zurek Thomas: Vorwort in „Berechtigungen in SAP Netweaver BW" (John, Peter & Kiener, Peter), S. 15

[89] Siehe http://www.gesetze-im-internet.de/wphg/__13.html

## 6.2 Potenziale in der Aufbauorganisation

Die Ausprägung „*" steht im SAP BI für einen uneingeschränkten Zugriff. Um eine schnelle Identifikation dieses Personenkreises zu ermöglichen, kann ein eigenes Berechtigungsobjekt erstellt werden. Ein Beispiel (siehe Abbildung 6-13) ist die Berechtigung XFR_R1A_ALL. Mit Hilfe von SAP Transaktionen kann einfach eine Ermittlung der Benutzer erfolgen, denen diese Berechtigung zugeordnet ist (siehe Abbildung 6-14).

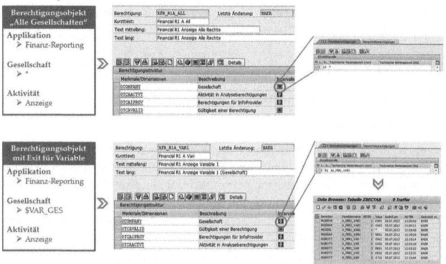

**Abbildung 6-13:** Kritische Berechtigungen

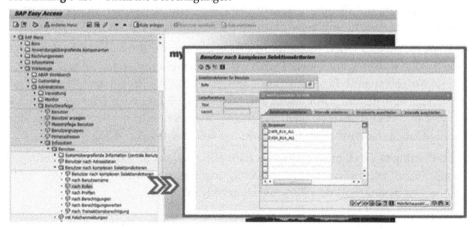

**Abbildung 6-14:** SAP Transaktion – Suche von Benutzern mit spezifischen Rollen

Zusätzlich kann die Vergabe dieser Berechtigungsrolle in einen speziellen Genehmigungsprozess eingebettet werden.

Die Implementierungsvariante mit der Verwendung einer Variablen bietet im Beispiel ebenfalls einfache Möglichkeiten zur Analyse. Durch die Anzeige der Tabellendaten (im Beispiel die Tabelle ZSECTAB) können einfach Benutzer ermittelt werden, bei denen als Wert die Ausprägung „*" vergeben wurde. Im Beispiel trifft dies auf den Benutzer MusEri zu. Darüber hinaus ist es möglich auch Akkumulationen von Berechtigungen zu identifizieren und zu bewerten. Im Beispiel kann beim Benutzer NorOtt eine kritische Anzahl an Einträgen ermittelt werden.

| Benutzer | Variablenname | KEYN | Value | Geänd.am | AETIM | Geändert vo |
|---|---|---|---|---|---|---|
| MUEMAR | A_FRR1_VAR1 | 1 | CH01 | 05.07.2012 | 12:20:00 | BAER |
| MUEMAR | A_FRR1_VAR1 | 2 | CH02 | 05.07.2012 | 12:20:12 | BAER |
| MUSERI | A_FRR1_VAR1 | 1 | * | 05.07.2012 | 12:18:00 | BAER |
| MUSMAX | A_FRR1_VAR1 | 1 | DE01 | 05.07.2012 | 12:19:00 | BAER |
| NOROTT | A_FRR1_VAR | 1 | CH01 | 05.07.2012 | 12:15:14 | BAER |
| NOROTT | A_FRR1_VAR | 2 | CH02 | 05.07.2012 | 12:15:18 | BAER |
| NOROTT | A_FRR1_VAR | 3 | DE01 | 05.07.2012 | 12:15:22 | BAER |
| NOROTT | A_FRR1_VAR | 4 | DE02 | 05.07.2012 | 12:15:33 | BAER |
| NOROTT | A_FRR1_VAR | 5 | AT01 | 05.07.2012 | 12:15:44 | BAER |

≫ Berechtigung *

≫ Kritische Anzahl der Berechtigungen (Kombinationen)

**Abbildung 6-15:** Benutzer mit kritischen Berechtigungen (Berechtigung mit Variable)

### 6.2.6 Quintessenz

Kaizen, die Veränderung zum Besseren, ist ein wesentlicher Punkt des Lean-Reportings und wirkt somit unmittelbar auf die Organisation und deren Aufbau. Die Unternehmenskultur spielt eine maßgebliche Rolle. Jede Aktivität bzw. auch gegenteilig jede Untätigkeit ist durch die Kultur gefärbt und beeinflusst. Entscheidend ist, dass sich „schlank" auf das gesamte System bezieht und die gesamte Organisationskultur durchdringen muss.[90]

Durch ein adäquates Ideenmanagement kann der Verbesserungsprozess ideal ergänzt und das Thema Lean-Reporting vervollständigt werden. Das Ideenpotenzial aller Mitglieder der BI-Interessengruppen kann genutzt werden. Der partizipative Ansatz der Lean-Philosophie wird durch diesen Baustein zum Leben erweckt.

Des Weiteren sind Zeitverluste reduzierbar, die aufgrund fehlender Festlegungen von Zuständigkeiten entstehen. Durch die Ausformulierung passender Rollen und derer Aufgaben und Eigenschaften kann an dieser Stelle ein Fortschritt erzielt werden. Der zunehmende Einsatz von Self-Service-Funktionen (siehe Kapitel 5.4) unterstreicht die Notwendigkeit geeigneter Ansprechpartner. Die Akzeptanz und Zufriedenheit der Anwender kann wirkungsvoll verbessert werden.

Optimierungen ergeben sich zusätzlich im Hinblick auf das Thema IKS. Verbesserungen sind beispielsweise im Berechtigungswesen realisierbar. Weitere Optimierungen bieten Workflow-Lösungen (siehe Kapitel 6.4).

---

90 Siehe Liker, Jeffrey K.: Der Toyota-Weg, S. 31

## 6.3 Potenziale in der Zusammenarbeit

### 6.3.1 Business Szenario

Teamorientierung und eine ideale Zusammenarbeit sind wesentliche Voraussetzungen für funktionierende Organisationen und letztendlich die Basis für die Erreichung der gesetzten geschäftlichen Ziele.

Der Fokus der Optimierungen richtet sich auf diese Zusammenarbeit. Potenziale verbergen sich somit hinter den folgenden beispielhaften Fragen:

- Wo kann die Zusammenarbeit bzgl. Belange des Reportings verbessert werden?
- Wo klemmt es in den Arbeitsprozessen und Abläufe?
- Welche Regeln wirken starr und somit eher hemmend hinsichtlich der Zielerreichung bzw. wo sind ergänzende Richtlinien einzuführen?
- Wie können neue Kollegen schnell integriert werden?
- Welche Chancen bieten neue innovative Lösungen?

Das Beispiel in Abbildung 6-16 gibt klassische Situationen wieder, die in der Zusammenarbeit entstehen können. Anleitungen oder Anweisungen werden an eine Zielgruppe oftmals via E-Mail versandt. Dies führt wiederum zu einer dezentralen Ablage oder eine weitere Verteilung an zusätzliche Empfänger in der lokalen Destination ist ebenfalls denkbar. Letztendlich kann dies zu den unterschiedlichsten Problemen führen.

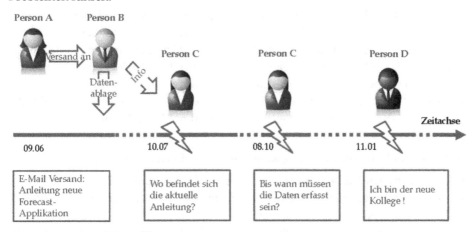

**Abbildung 6-16:** Reibungsverluste in der Zusammenarbeit[91]

### 6.3.2 Einordnung in die Lean-Reporting-Philosophie

Ziel der Lean-Reporting Philosophie ist es, Defizite aufzudecken, deren Ursachen auf ein suboptimales Zusammenspiel aller Prozessbeteiligten zurückzuführen ist. Es gilt, Reibungsverluste zu reduzieren und die Produktivität zu steigern.

---

[91] Figuren: © istockfoto

### 6.3.2.1 Lean-Reporting

Lean-Thinking macht die einzelnen Wertströme sichtbar. Die Identifikation von Wertströmen kann in speziellen Workshops erfolgen. Außerdem kann Feedback bzw. ein Vorschlag aus dem Ideenmanagement Auslöser für die genauere Betrachtung spezifischer Prozessabläufe sein. Durch die Analyse der Tätigkeiten und des Informationsflusses können entsprechende Schwachstellen und Reibungsverluste an den Schnittstellen ermittelt werden. Daraufhin lässt sich die Zusammenarbeit wesentlich verbessern und somit die Steuerungs- und Entscheidungsprozesse effizienter gestalten.

### 6.3.2.2 Ansätze

Ausgangspunkt für Optimierungen ist der jeweilige Arbeitsplatz des einzelnen Reporting-Anwenders.

Durch mehr Ordnung und durch die Einführung von Standards kann eine unzureichende Arbeitsorganisation mit langen Wartezeiten, hohen Suchaufwänden und evtl. sogar scheinbar verschwundenen Unterlagen optimiert werden.

„5S" ist die Lean-Methode schlechthin, wenn es um die Verbesserung der Arbeitsgestaltung geht. 5S setzt sich aus den Elementen Sortieren, Strukturieren, Analysieren, Eliminieren und Automatisieren zusammen. Ziel der 5S Methode ist nicht primär das Aufräumen, sondern die Beseitigung von Defiziten und Muda.

Die in der Abbildung 6-16 beschriebenen Probleme im Informationsfluss können abgestellt werden. Zusätzlich wird ersichtlich, dass die entstandenen Probleme nicht ausschließlich auf den Informationsfluss zurückzuführen sind. Wie im Reporting auch sind die reinen Zahlenwerte nur ein Teil der Wahrheit. Erst durch Kommentare und zusätzliche Angaben kann wertvolles Wissen auf Basis dieser Zahlenwerte greifbar werden. Im Hinblick auf die Zusammenarbeit stellt das Thema Wissensmanagement (englisch: Knowledge-Management) einen ebenfalls wichtigen Aspekt dar.

Aufgaben und Ziele des Wissensmanagements sind gemäß Klaus North[92]:

- **Wissensbeschaffung:** Gewährleistung, dass das benötigte Wissen verfügbar ist.
- **Wissensentwicklung:** Gewährleistung, dass Wissensaustausch und Wissensbildung an optimaler Stelle erfolgt.
- **Wissenstransfer:** Gewährleistung einer optimalen Anwendung des vorhandenen Wissens.
- **Wissensaneignung:** Gewährleistung, dass sowohl die Mitarbeiter als auch die Organisation lernfähig sind.
- **Wissensweiterentwicklung:** Gewährleistung, dass das Wissen auf einem zeitgemäßen und adäquaten Stand gehalten wird.

---

92 Siehe North, Klaus: Wissensorientierte Unternehmensführung, S. 3

6.3 Potenziale in der Zusammenarbeit

Das Wissensmanagement sorgt somit für eine optimale Nutzung, Anwendung und Weiterentwicklung des Wissens.

#### 6.3.2.3 Herausforderungen

Ein wesentlicher Knackpunkt liegt darin, dass gedanklich das Thema Standardisierung mit einer Einschränkung der persönlichen Freiheiten und Gewohnheiten gleichgesetzt wird. Die Herausforderung ist es, jedem Einzelnen zu vermitteln, dass durch die Lean-Methode „5S" eine standardisierte Grundordnung geschafft werden soll. Das Gegenteil wird erreicht: Durch die Standardisierung, durch die einzelnen 5S-Phasen wird gerade mehr Freiraum für die eigentliche Tätigkeit geschaffen.

### 6.3.3 Blickpunkt Wissensmanagement-Software

Wissensmanagement-Softwarelösungen (engl. Knowledge-Management, kurz KM) bieten die Möglichkeit, unstrukturierte Informationen aus den verschiedensten Quellen auf eine einfache Art und Weise zugänglich zu machen. Unstrukturierte Informationen können in beliebigen Formaten vorliegen beispielsweise in Textdokumenten, Präsentationen oder auch HTML-Dateien.

**Abbildung 6-17:** Kombination KM-Dokument und Planungsapplikation

Durch eine Integration der KM-Softwarelösung in das Reporting-Portal können diese Informationen direkt mit Reporting-Applikationen verknüpft werden. Zusätzliche Informationen beispielsweise Anleitungen, Termine oder Kommentare können auf diesem Weg dem Anwender unmittelbar zur Verfügung gestellt werden. Ein Beispiel eines möglichen Aufbaus ist in Abbildung 6-17 ersichtlich. Der

Bildschirmbereich wird im Beispiel zweigeteilt. Zum einen wird die Planungsapplikation selbst gestartet und zum anderen wird aus dem KM-Content die zugehörige Dokumentation angezeigt. Neben einer Dokumentation kann ergänzend auch der Zeitplan für die Planungsrunde eingebunden werden. Zusätzlich ist es möglich über Funktionen, die einzelnen Teilfenster entsprechend zu vergrößern bzw. zu minimieren. Das Thema Portale wird zusätzlich im Kapitel 8.2.3 behandelt.

Neben der direkten kontextbezogenen Integration von Dokumenten, bieten KM-Lösungen weitere nützliche Funktionen:

- Einfache Navigation im Datenbestand. Die Integration der Dokumente kann kontextbezogen sein (wie in Abbildung 6-17). Eine weitere Zugriffsmöglichkeit bietet die Navigation in Ordnerstrukturen.
- Publikation von Dokumenten. Dokumente können durch den Anwender erstellt bzw. überarbeitet werden.
- Suchfunktionen, die durch die Ausformulierung von Taxonomien und Klassifikationsmerkmalen unterstützt werden.
- Self-Service-Dienste wie beispielsweise Benachrichtigungsservice. Durch die Möglichkeit der Subkription kann der Anwender sich über Änderungen an Dokumenten oder Verzeichnisinhalten informieren lassen.
- Rating- und Feedback-Funktionen erlauben eine Beurteilung der Dokumente und deren Nutzen (siehe Abbildung 6-18).

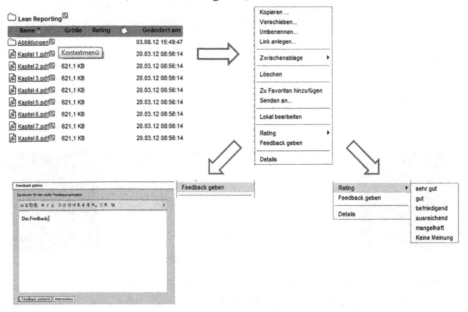

**Abbildung 6-18:** Verzeichnisanzeige des KM-Contents und Funktionen

### 6.3.4 Blickpunkt Web 2.0 und Social Media

Eine allgemeingültige Definition des Begriffs „Web 2.0" ist nicht existent. Erstmals wurde dieser Begriff von Tim O'Reilly im Jahr 2004 verwendet. Die zu diesem Zeitpunkt feststellbaren Veränderungen des Webs wurden im Zuge eines Brainstormings zusammengetragen. 2005 folgte der Artikel „What is Web 2.0", in dem O'Reilly die wesentlichen Eigenschaften von Web 2.0 Anwendungen wie folgt formuliert[93] [94]:

- Web als Plattform
- Nutzung der kollektiven Intelligenz
- Daten-getriebene Anwendungen
- Permanenter Beta-Status (Ende des klassischen Softwarezyklus)
- Beliebige Kombinierbarkeit von Komponenten oder ganzen Anwendungen
- Plattform- und Geräteunabhängigkeit
- Umfassende Anwenderfreundlichkeit und Einfachheit

Eine alternative Definition von „Web 2.0" beruht auf der vereinfachten Gruppierung der Trends[95]:

- Web 1.0 ist das Sinnbild für die Verknüpfung der Computer.
- Web 2.0 spiegelt die Verbindung der Anwender wider.

Gerade im Hinblick auf eine Optimierung der Zusammenarbeit bieten Web-2.0-Anwendungen interessante Nutzungspotenziale. Social Media steht als Begriff für Lösungen, die eine interaktive Zusammenarbeit auf Basis von Web-2.0-Technologien ermöglichen. Es existiert eine Vielzahl an verschiedensten Anwendungen und Funktionen, die sich auf Bereiche wie Kommunikation, Wissensmanagement, Multimedia oder Unterhaltung erstrecken. Im Zusammenhang mit dem Thema Reporting sind sicherlich Anwendungen im Bereich Kommunikation und Wissensmanagement von größerem Interesse.

#### 6.3.4.1 Bereich Kommunikation

Social Media Anwendungen im Bereich Kommunikation sind zum Beispiel Blogs, Netzwerke, Foren und Instant Communication. Die Art der Kommunikation kann zusätzlich unterschieden werden in eine indirekte wie beispielsweise bei Foren und eine direkte wie z.B. bei Instant Communication.

**Foren und Blogs**

Durch Foren oder Blogs erfolgt ein zeitlich getrennter Informationsaustausch zu spezifischen Themen. In Foren können Anwender sich an Diskussionen beteiligen

---

93 Siehe http://oreilly.com/web2/archive/what-is-web-20.html
94 Siehe Back, Andrea & Gronau, Norbert & Tochtermann, Klaus (Hrsg.): Web 2.0 in der Unternehmenspraxis, S. 3
95 Siehe Behrendt, Jens & Zeppenfeld, Klaus: Web 2.0, S. 16

und entsprechende Textbeiträge veröffentlichen. Foren differenzieren sich zu Blogs insofern, dass jeder Anwender entsprechend Diskussionen und Textbeiträge zum Themengebiet einbringen kann. In Blogs wird der initiale Einleitungstext durch den Blogger selbst erstellt.

Zum Thema Lean, Controlling, Reporting und Business-Intelligence gibt es eine Vielzahl an Foren – Ein paar wenige Beispiele:

- Betriebswirtschaftliche Perspektive
  http://www.controllingportal.de/Forum
  http://www.lean.org/
- Technische Perspektive
  https://forums.oracle.com
  http://scn.sap.com/community/business-intelligence

**Instant Communication**

Der Begriff Instant Communication steht für die Zusammenfassung verschiedener Dienste, die es Anwendern ermöglichen, in Echtzeit mit anderen Anwendern zu kommunizieren.[96]

**Abbildung 6-19:** Instant Messaging mit IBM Lotus Sametime

Video- und Telefonkonferenz-Systeme sowie Voice-over-IP und Instant Messaging (siehe Abbildung 6-19) sind Lösungen, die diesem Themengebiet zugeordnet werden können. Anhand des Instant Messagings soll beispielhaft der Nutzen im Hinblick auf den Lean-Reporting-Gedanke aufgezeigt werden.

Instant Messaging erlaubt einen direkten Austausch von Textnachrichten. Der sendende Anwender erfasst in einer speziellen Software den gewünschten Text. Nahezu in Echtzeit öffnet sich im Anschluss beim Empfänger, unabhängig vom Standort, ein Fenster mit dieser Nachricht. Der Empfänger selbst wiederum kann

---

96 Siehe Koch, Michael & Richter, Alexander: Enterprise 2.0, S. 67

## 6.3 Potenziale in der Zusammenarbeit

bei Bedarf unmittelbar eine Antwort erfassen. Neben einer bilateralen Kommunikation unterstützt die Software „Lotus Sametime" von IBM auch Gruppenchats. Neben Textnachrichten ist der Austausch von Dateien möglich.

Ein zusätzlicher Nutzen entsteht durch die Verfügbarkeitsübersicht. Die Erreichbarkeit des Empfängers und eine mögliche Reaktionszeit kann schon im Vorfeld abgeschätzt werden. Der Verfügbarkeitsstatus kann einerseits durch den Anwender selbst gesteuert werden. Andererseits kann auch der Status durch das System selbst angepasst werden (siehe Abbildung 6-20). Beispielsweise kann der Status auf „abwesend" wechseln falls innerhalb eines bestimmten Zeitraums keine Aktivität am Rechner erfolgte.

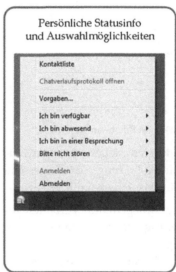

**Abbildung 6-20:** IBM Lotus Sametime mit Status- und Verfügbarkeitsübersicht

### 6.3.4.2 Bereich Wissensmanagement

Im Bereich Wissensmanagement sind Lösungen und Anwendungen wie Wikis, Auskunftsportale oder Bewertungsportale anzuführen. Besonders interessant sind für die unternehmensinterne Zusammenarbeit sogenannte Enterprise Wikis.

**Enterprise Wiki**

Enterprise-Wiki-Applikationen ermöglichen es allen Anwendern entsprechende Texte zu lesen aber auch zu erfassen. Die Restriktion, dass ein Inhalt von nur einer begrenzten Anzahl an Autoren erstellt werden kann, wird durch Wikis aufgebrochen. Spezifisches Wissen und fachliches Know-How einzelner Personen kann einem größeren Personenkreis zugänglich gemacht werden. Implizites Wissen einzelner kann somit zu explizitem Unternehmenswissen werden.

Eine der wichtigsten Eigenschaften von Wiki-Applikationen ist folglich die schnelle und einfache Bearbeitung der Inhalte. Durch Wikis eröffnen sich somit neue

Perspektiven für den Wissensaustausch und die kollaborative Zusammenarbeit.[97] Im Hinblick auf das Thema Lean-Reporting tauchte der Aspekt Wiki beispielsweise als Basis für ein Reporting-Glossar auf (siehe Kapitel 5.3.3). Ein weiteres Beispiel ist im Zusammenhang mit dem Ideenmanagement in Kapitel 6.2.3 zu finden.

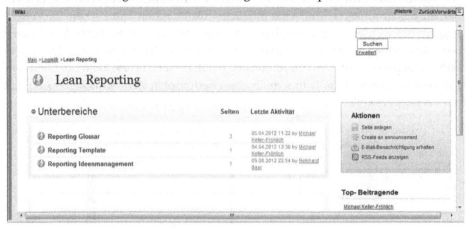

**Abbildung 6-21:** Wiki „Lean-Reporting"

Wiki-Anwendungen stellen dem Anwender verschiedene Funktionen zur Verfügung. Die in Abbildung 6-22 dargestellte Lösung von SAP bietet umfangreiche Funktionen für das Arbeiten mit Wikis an:

- **Editierung:** Anlegen und Bearbeiten von Wiki-Seiten.
- **Versionierung:** Versionierung der Seiten mit der Möglichkeit der Änderungsverfolgung
- **Veröffentlichung:** Die Veröffentlichung kann an einen Genehmigungsprozess gekoppelt werden.
- **Benachrichtigung:** RSS-Feeds zur Verfolgung von Änderungen und Ergänzungen. Des Weiteren besteht die Möglichkeit der Beobachtung von Seiten mit E-Mail Information bei Anpassungen.
- **Collaboration:** Optionen zur Steuerung der Zusammenarbeit an einer Seite.

Zusätzlich lässt sich durch das hinterlegte Rollenkonzept eine Trennung vornehmen in „Wiki Endbenutzer" mit den oben angeführten Funktionen und „Wiki Administration" mit weiteren Funktionen wie beispielsweise der Festlegung des Layouts und Aufbaus oder dem Export und Import von Inhalten.

---

[97] Siehe Mertins, Kai & Seidel, Holger: Wissensmanagement im Mittelstand, S. 75

## 6.3 Potenziale in der Zusammenarbeit

**Abbildung 6-22:** Funktionen der Wiki-Lösung von SAP

### 6.3.5 Blickpunkt Kooperationen

Im Fokus des Lean-Thinkings steht der Wert für den Kunden. Durch die Bestimmung des Wertes erfolgt die Definition, was herzustellen ist. Zusätzlich sind die Bedürfnisse des Kunden zu berücksichtigen. Ein weiterer Aspekt der Lean-Philosophie ist die konsequente Vermeidung und Elimination von Verschwendung. Dies trifft für jede Art von Erzeugnis und somit auch für das Produkt „Reporting" zu.

**Abbildung 6-23:** Netzwerk an Kooperationspartner

Diese Aufgaben sind alles andere als trivial. Knackpunkt ist die Suche nach Antworten auf die folgenden beispielhaften Fragen:

- Wie können Kundenbedürfnisse recherchiert werden?
- Welche Lösungen existieren zur Elimination einer offengelegten Verschwendung?

- Welche Themen werden in naher Zukunft aktuell?
- Wie kann die Wertschöpfung erhöht werden?

Eine Fokussierung auf unternehmensinterne Ressourcen ist zu restriktiv und nicht zielführend. Der Einbezug externer Partner ist daher besonders wichtig und erfolgversprechend. In Abbildung 6-23 ist ein Netzwerk mit externen Partnern visualisiert.

### 6.3.5.1 Berufs- und Hochschulen

Neues Wissen und neue Impulse können durch die Kooperation mit Berufs- und Hochschulen in das Unternehmen getragen werden. Durch die unbeeinflusste Sicht können Auszubildende und Studenten interessante Erkenntnisse zu den bestehenden Arbeitsläufen geben. Die Analyse des Wertstroms sieht die Einnahme einer Vogelperspektive vor, um den Prozess beleuchten zu können. Aufgrund des fehlenden Detailwissens beispielsweise zu Beginn eines Praktikums wird diese Vogelperspektive automatisch eingenommen. Es entsteht der Vorteil, dass eine unvoreingenommene Reflektion des zu untersuchenden Prozesses erfolgt. Die Gefahr betriebsblind zu werden kann somit zusätzlich minimiert werden.

Des Weiteren besteht die Möglichkeit rechercheintensive Analysen gemeinsam durchzuführen. Im Zuge der Ausarbeitung einer Bachelorthesis können zusätzlich Vorteile durch den Einsatz neuer Techniken und Methoden im unternehmenseigenen Umfeld erforscht werden.

Ferner bietet die eigene Ausbildung und die Kooperation mit Hochschulen, die Chance geeignete Kandidaten als zukünftige Fachkräfte zu rekrutieren. Ergänzend ist der Aspekt der positiven Außenwerbung anzuführen, der durch diese Kooperation entsteht.

Zusätzlich kann durch die Kooperation mit Schulen ein Kontakt mit potenziellen Bewerbern aufgebaut werden. Durch Schülerpraktika können Interessierte erste Einblicke in den Ausbildungsberuf erhalten und somit praxisnah ihre Berufsorientierung weiterentwickeln. Die Distanz zwischen Schule und Unternehmen verringert sich überdies.

Die Entstehung dieses Buches beruht auf der Kooperation mit der Hochschule Albstadt-Sigmaringen. An dieser Stelle sei für die interessante Zusammenarbeit mit den Hochschulen in Albstadt, Konstanz und Ravensburg nochmals ein Dankschön ausgesprochen. Ein besonderer Dank gilt Herrn Dr. Walter Hower für sein Engagement zur Schaffung dieses Buches.

### 6.3.5.2 Software-Lieferant

Die Zusammenarbeit mit dem Lieferant der BI-Software bietet verschiedene Vorteile. Informationen zu Entwicklungen, die auf dem aktuellen technologischen Wandel beruhen wie beispielsweise Cloud-Computing, Mobile-Reporting oder die In-Memory-Technik, können beim Hersteller üblicherweise abgerufen werden.

Ein interessanter Aspekt stellt bei der Zusammenarbeit mit dem Hersteller eine mögliche Einflussnahme auf die Produktentwicklung dar. Einerseits kann ein frühzeitiger Eindruck gewonnen werden, in welche Richtung sich spezifische Themen entwickeln. Und andererseits besteht die Chance durch entsprechendes Feedback den Entwicklungsprozess im Sinne des Kundennutzens zu beschleunigen. Die Zurverfügungstellung von Beta-Versionen oder entsprechende Ramp-Up-Programme sind mögliche Ausprägungen einer Zusammenarbeit bei der Produktentwicklung.

Ein weiterer Aspekt ist das Thema Technologietransfer. Durch die Bereitstellung von Wissensplattformen in Form von Communities oder Foren ist ein Zugriff auf zusätzliche Informationen möglich. Ergänzende Anleitungen oder Lösungsansätze für die verschiedensten Problemsituationen sind abrufbar.

### 6.3.5.3 Interessenvertretung

Interessenvertretungen wie die Deutschsprachige SAP-Anwendergruppe oder die deutsche Oracle Anwendergruppe bieten durch ihre Veranstaltungen die Möglichkeit des direkten Informationsaustauschs zwischen den Anwendern. Erfahrungen mit der BI-Software oder Ideen können entsprechend unter den Anwendern ausgetauscht werden.

Wesentliches Merkmal der Interessenvertretungen ist die Unabhängigkeit. Dies ermöglicht eine neutralere Sicht auf die aktuellen Entwicklungen und verfügbaren Lösungen. Neben den oftmals angeführten Vorteilen von Lösungen können somit auch Eindrücke bzgl. der Schattenseite gewonnen werden.

### 6.3.5.4 Wirtschaftsprüfungsgesellschaften

Schwerpunkt bei den angeführten Interessenvertretungen sind in der Regel die Lösungsansätze für technische Fragestellungen. Neben der originären Wirtschaftsprüfung bieten die Wirtschaftsprüfungsgesellschaften wie PWC, KPMG, Deloitte Touche Tohmatsu oder Ernst & Young auch fachliche Beratung an. Als Beispiel kann die zugenommene Änderungsgeschwindigkeit und Komplexität der Vorschriften bzgl. IFRS bzw. HGB angeführt werden. Fachliche Unterstützung bei der Interpretation und Umsetzung dieser Anforderungen kann durch eine entsprechende Zusammenarbeit erreicht werden.

### 6.3.5.5 Beratungshäuser

Beratungshäuser stellen dem Unternehmen zeitweilig Dienstleistungen zur Verfügung. Das Portfolio dieser Dienstleistungen kann sich hierbei von der technischen bis hin zur fachlichen Unterstützung erstrecken. Der Vorteil ist, dass Erkenntnisse aus Projekten anderer Unternehmen bei der Umsetzung konkreter Anforderungen berücksichtigt werden können. Im Reporting-Umfeld existiert eine Vielzahl an verschiedensten Beratungshäusern. Für das jeweilige Thema, technisch oder fachlich, kann somit ein spezialisiertes Haus gefunden werden.

#### 6.3.5.6 Industrie- und Handelskammer

Die Industrie- und Handelskammern bieten verschiedenste Plattformen und Möglichkeiten im Bereich der Aus- und Weiterbildung. Im Finanzbereich können beispielsweise die Lehrgänge zum Bilanzbuchhalter angeführt werden.

Durch die regionale Strukturierung wird zusätzlich der Dialog und Austausch der einzelnen Unternehmen gefördert.

### 6.3.6 Quintessenz

Das vorhandene Wissen in den Köpfen jedes einzelnen Mitarbeiters ist ein sehr wertvolles Kapital für das Unternehmen. Durch ein Wissensmanagement soll relevantes Wissen für andere zugänglich gemacht werden. Der Einstieg für neue Kollegen kann zum Beispiel dadurch verbessert werden. Zusätzlich können Prozesse und Arbeitsabläufe beschleunigt werden, in dem zugehörige Informationen direkt im Kontext zur Verfügung gestellt werden und jederzeit abrufbar sind. Die Lean-Methoden ermöglichen an dieser Stelle die Aufdeckung entsprechender Schwachstellen. Das vorhandene Wissen wird sich sicherlich nicht vollumfänglich erfassen lassen. Besonders wichtig ist das Wissen zu sichern, das zur Steigerung des Kundennutzens und zur Vermeidung von Verschwendung beiträgt.

Durch Kooperationen kann zu diesem Mitarbeiterwissen zusätzlich externes Wissen erschlossen werden. Insbesondere im Reportingumfeld können durch neue technische Lösungen und betriebswirtschaftliche Erkenntnisse Vorteile für den Kunden, den Anwender, erzielt werden. Dies kann beispielsweise eine verbesserte Verfügbarkeit der Daten durch mobile Lösungen sein oder eine wesentlich bessere Performance durch die In-Memory-Technik. Besonders interessant in diesem Zusammenhang ist die Zusammenarbeit mit Auszubildenden und Studierenden. Diese Zusammenarbeit bietet die Chance, entsprechende Forschung und Entwicklung zu betreiben, um erste Erfahrungen mit innovativen Themen und deren Tauglichkeit in den eigenen Unternehmensstrukturen zu sammeln.

Eine maßgebliche Rolle spielt die Unternehmenskultur. Durch ein Klima des Vertrauens, der gegenseitigen Wertschätzung und Transparenz sind erste Faktoren angeführt, die ein Lean-Thinking ermöglichen. Das Lernen aus Fehlern ist ein weiterer Punkt, der im Hinblick auf die Lean-Philosophie von Bedeutung ist. Die Lean-Philosophie ist ein Bestandteil zur Erhaltung der Innovationskraft und Wettbewerbsfähigkeit.

## 6.4 Potenziale in den Prozessabläufen

### 6.4.1 Business Szenario

Die Gestaltung und Optimierung von Prozessabläufen steht im Mittelpunkt des Prozessmanagements.

## 6.4 Potenziale in den Prozessabläufen

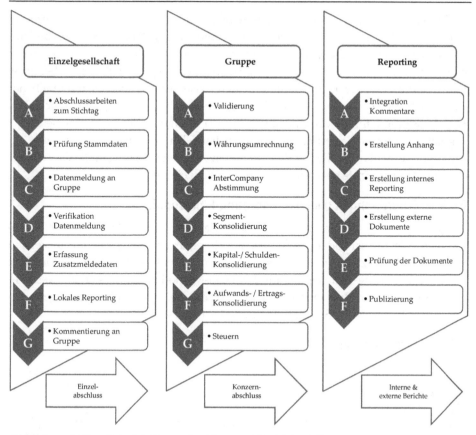

**Abbildung 6-24:** Beispiel: Finanzabschluss und Berichterstattung

Ein Prozessablauf der in einem besonderen Fokus steht ist der Prozess der Konzernberichterstattung. Nur eine zeitnahe Berichterstattung kann der Erwartungshaltung sowohl interner als auch externer Kunden gerecht werden. Zusätzlich ist sicherzustellen, dass eine Reduktion der Bereitstellungszeit sich nicht negativ auf die Qualität der Daten auswirkt. In Abbildung 6-24 sind exemplarisch einzelne Phasen innerhalb des Prozesses eines Monatsabschlusses visualisiert. Insbesondere im Zusammenhang mit dem Jahresabschluss tauchen in der Literatur weitere Begriffe wie beispielsweise „Financial Supply Chain" und „Fast-Close" auf. Unter dem Begriff „Fast Close" werden Prozessabläufe und Methoden verstanden, die eine schnellere Erstellung des Jahresabschlusses ermöglichen. Der Jahresabschluss soll wesentlich früher zur Verfügung stehen als es gesetzliche Rahmenbedingungen erfordern. Entsprechende Erwartungen der einzelnen Stakeholder wie beispielsweise Investoren oder Kreditgeber steigern die Motivation zusätzlich. Daneben spielt als weiterer Punkt die Reputation des Unternehmens im Markt eine gewichtige Rolle.

Außerdem interessant wird im Zusammenhang mit dem Monats- bzw. Jahresabschluss die Aufbereitung einer adäquaten und aussagefähigen Segmentberichterstattung. Insbesondere bei diversifizierten Unternehmen führt eine Segmentberichterstattung zu einer erhöhten Transparenz der einzelnen Geschäftsbereiche. Informationen zu der Ertragskraft und den existierenden Risiken innerhalb der Geschäftsbereiche werden durch die Segmentberichterstattung zugänglich. Die Segmentierung kann in verschiedenen Formen erfolgen. Dies kann eine sektorale Segmentierung sein basierend auf Tätigkeitsbereichen, die sich beispielsweise. am Produktsortiment orientieren. Eine regionale Segmentierung auf Basis entsprechender Absatzmärkte stellt eine weitere Möglichkeit dar.

### 6.4.2 Einordnung in die Lean-Reporting-Philosophie

Der Prozessablauf ist hinsichtlich der jeweiligen einzelnen Phasen näher zu beleuchten. Zeitfresser oder entsprechende Ressourcenengpässe sind im ersten Schritt zu identifizieren und in den Folgeschritten entsprechend zu eliminieren. Die Lean-Reporting-Philosophie mit den Lean-Methoden kann somit als wesentliches Fundament für die Optimierung von Abschlussprozessen herangezogen werden. Ein entscheidender Schritt in Richtung Fast-Close.

#### 6.4.2.1 Lean-Reporting

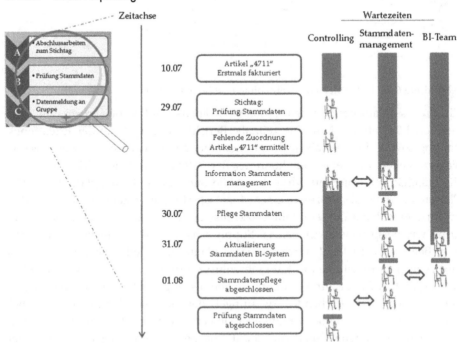

**Abbildung 6-25:** Teilprozess „Prüfung Stammdaten"

## 6.4 Potenziale in den Prozessabläufen

Einzelne Prozessabläufe können mit Hilfe der Lean-Methode „Wertstromanalyse" detaillierter untersucht werden. Durch die Aufgliederung des Prozessablaufs in einzelne Bestandteile können Schwachstellen in Bezug auf Muda, Muri und Mura aufgedeckt werden.

Das erste Beispiel in Abbildung 6-25 beruht auf dem Prozess „Validierung Stammdaten". Für die Segmentberichterstattung ist es erforderlich, dass jede in einer Faktura verwendete Artikelnummer einem entsprechenden Produktsortiment zugeordnet wurde.

Beispiel zwei betrifft Prozesse, bei denen eine Koordination verschiedener Beteiligter erforderlich ist. Der jeweilige Fortschritt des Arbeitsschritts wird zwischen den betroffenen Personen telefonisch ausgetauscht.

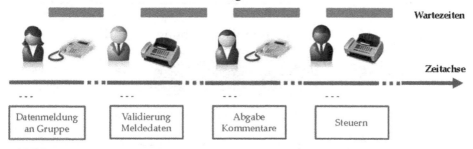

**Abbildung 6-26:** Schnittstellen zwischen den Arbeitsschritten[98]

### 6.4.2.2 Ansätze

Durch die Wertstromanalyse wurden die Schwachstellen in den beiden Beispielen offensichtlich. Die Reduktion der Verschwendung kann durch den Einsatz spezifischer Softwarelösungen erreicht werden. Die Themen „Workflow" und „Status- und Trackingsystem" sind zwei derartige Softwarelösungen, die in den nachfolgenden Kapiteln entsprechend vorgestellt werden.

### 6.4.2.3 Herausforderungen

Die Vorteile der Wertstromanalyse liegen in der einfachen Anwendung und der schnellen Erkennung vorhandener Schwachstellen. Durch den Einsatz dieser Methode wird eine strukturierte Vorgehensweise gewährleistet. Die Herausforderung ist die Abbildung des Wertstroms in Fällen, in denen dieser Prozess weit verzweigt ist oder mehrere parallele Teilprozesse besitzt. Zusätzlich ist zu beachten, dass die Analyse eine Momentaufnahme darstellt und der Prozess in seiner eigentlichen Ausprägung nicht korrekt oder unvollständig wiedergegeben wird.

Die Einführung zusätzlicher Softwarelösungen ist für eine Vielzahl der Anwender kein unmittelbar neues Phänomen. Dennoch sind die Erkenntnisse im Zusammenhang mit dem Change-Management zu beachten. Denn auch dieser untersuchte

---

98 Figuren: © istockfoto

Prozess wird in seiner Bestform und allen positiven Aspekten ab dem Tag gelobt, an dem die Ankündigung erfolgt, dass durch Einführung einer Softwarelösung hier Veränderungen herbeigeführt werden sollen.

### 6.4.3 Blickpunkt Workflow-Management-System

#### 6.4.3.1 Beschreibung

**Abbildung 6-27:** Workflow Referenz Modell[99]

Bei Workflow-Management-Systeme handelt es sich um Softwarelösungen, mit deren Hilfe Vorgänge modelliert, verwaltet und ausgeführt werden können. Die Workflow Management Coalition (WfMC) spezifizierte das Workflow Referenzmodell, das die Komponenten und Schnittstellen wiedergibt (siehe Abbildung 6-27).

Der Einsatz von Workflow-Management-Systeme bietet die Möglichkeit, das Beispiel 2 „Prüfung Stammdaten" zu optimieren. Mit Hilfe der Komponente „Prozessmodellierung" kann eine Definition der einzelnen Schritte und Ereignisse vorgenommen werden. Es sind auslösende Ereignisse zu bestimmen, bei deren Eintreten der Workflow gestartet wird. Ein Szenario für das Beispiel „Prüfung Stammdaten" ist in Abbildung 6-28 visualisiert.

---

99 Siehe http://www.wfmc.org/reference-model.html#workflow_reference_model_diagram. Figuren: © istockfoto

## 6.4 Potenziale in den Prozessabläufen

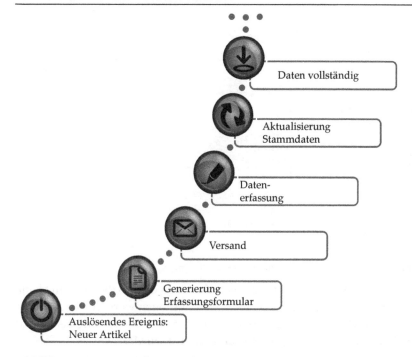

**Abbildung 6-28:** Workflow „Prüfung Stammdaten"

### 6.4.3.2 Vorteile

Der Nutzen für das Unternehmen kann durch die Unterstützung der Geschäftsprozesse durch Workflow-Management-Systeme erhöht werden. Durch die Workflow Unterstützung ergeben sich viele Vorteile:

- Ideale Durchlaufzeiten
- Präzise Prozesssteuerung
- Zeitnahe Weiterleitung der Aufgaben
- Erhöhte Prozesstransparenz
- Einhaltung, Kontrolle vorgegebener Fristen
- Klare Regelung der Zuständigkeiten incl. der Stellvertretung
- Mehr Nachvollziehbarkeit

### 6.4.4 Blickpunkt Status- und Trackingsystem

Um bei komplexen Reportingprozesse, bei denen zusätzlich verschiedene Personen des Unternehmens eingebunden sind, den Überblick zu wahren, ist der Einsatz von Status- und Trackingsystemen nützlich. Status- und Trackingsysteme ermöglichen eine Zustandsbestimmung der einzelnen Teilaufgaben zu einem definierten Zeitpunkt. Die Entwicklung des Fortschritts von Teilaufgaben wird somit für alle Prozessbeteiligte transparent.

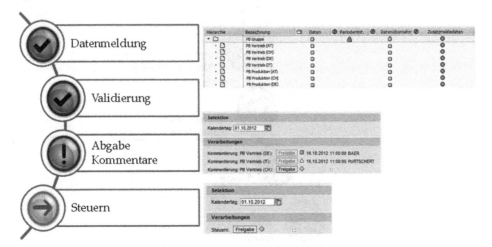

**Abbildung 6-29:** Statusübersicht einzelner Arbeitsschritte

Für eine einfache Visualisierung des aktuellen Zustands eines Arbeitsschritts kann der Klassiker, die Ampel mit ihren 3 Phasen, herangezogen werden. Die farbliche Bedeutung ist offensichtlich: Mit der grünen Farbe für alles in Ordnung bis hin zur Farbe Rot im Sinne, dass ein kritischer Zustand erreicht wurde.

Neben diesem Klassiker gibt es eine Vielzahl weiterer Symbole, die eine schnelle Interpretation der Situation zu lassen. In Abbildung 6-30 ist eine Auswahl an verschiedenen Symbolen aus der Programmierumgebung „Web Dynpro" von SAP gelistet.

| Symbol | Beschreibung | Symbol | Beschreibung |
|---|---|---|---|
| ▣ | Grüne LED-Anzeige | 🔒 | Gesperrt |
| △ | Gelbe LED-Anzeige | 🔓 | Entsperrt |
| ☒ | Rote LED-Anzeige | 🔒 | Selbst gesperrt |
| ◇ | Inaktive LED-Anzeige | ✏ | Ausgecheckt |
| ⚒ | Fehlfunktion | ✏ | Selbst ausgecheckt |

**Abbildung 6-30:** Auszug an Symbolen aus SAP WEB-Dynpro für ABAP[100]

Zusätzlich kann eine weitere Automatisierung erfolgen. Sobald ein Arbeitsschritt einen finalen Zustand erreicht hat, kann ein Folgearbeitsschritt ausgelöst werden. Der finale Status kann somit als auslösendes Ereignis für einen Workflow verwendet werden. Auf der anderen Seite kann das Eintreten eines sehr kritischen Zustands der Auslöser für eine Alarmierung sein.

---

100 Icons © SAP

6.4 Potenziale in den Prozessabläufen    175

Ergänzend kann ein Abgleich zu Vorgaben beispielsweise zeitlicher Art erfolgen. Ein zusätzlich hinterlegtes Eskalationsmanagement kann die Einhaltung kritischer Meilensteine als Kernauftrag beinhalten.

### 6.4.5 Quintessenz

Prozessabläufe lassen sich durch verschiedene Maßnahmen optimieren. Durch die Lean-Methoden wie beispielsweise die Wertstromanalyse kann im Vorfeld die Analyse der Schwachstellen sehr strukturiert angegangen werden. Die Ermittlung der Zeitfresser beruht nicht mehr auf zufällige Entdeckungen oder Vermutungen. Vielmehr bietet das Lean-Reporting mit den zugehörigen Lean-Methoden einen Werkzeugkasten, um für die jeweilige Situation eine nachhaltige Untersuchung durchführen zu können.

Im Hinblick auf Optimierungen im Umfeld der Prozessabläufe kann die Erreichung der folgenden Ziele erfolgreich angegangen werden:

- Höhere Wirtschaftlichkeit
- Reduktion von Durchlaufzeiten
- Qualitätssteigerung
- Effizienzsteigerung
- Verbesserung Ressourceneinsatz

# 7 Optimierungen im Bereich Wirtschaftlichkeit

*Für die, die sie suchen,
werden sich immer neue Chancen ergeben.*
*Ben Bernanke*

## 7.1 Einblick

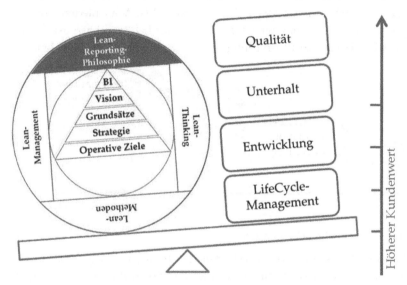

**Abbildung 7-1:** Lean-Reporting im Bereich Wirtschaftlichkeit

Durch Lean-Reporting können im Bereich Wirtschaftlichkeit unterschiedliche Verbesserungen umgesetzt werden. Insbesondere die folgenden Themenfelder sind von Interesse:

- LifeCycle-Management
  - ✓ Stammdaten
  - ✓ Bewegungsdaten
  - ✓ LifeCycle-Prozess
  - ✓ Infrastruktur
- Entwicklung
  - ✓ Lean-Development
  - ✓ Economies of Scale
  - ✓ Economies of Scope
- Unterhalt
  - ✓ Cloud

- ✓ Applikationsüberwachung
- ✓ Kostentransparenz
• Qualität
  - ✓ Fehlervermeidung
  - ✓ Reporting-Factory

## 7.2 Potenziale im LifeCycle-Management

### 7.2.1 Business Szenario

Wie jedes fabrizierte Endprodukt verursacht das Produkt „Information" ebenfalls Kosten entlang der einzelnen Phasen des Lebenszyklus. Verschiedene Berechnungsmodelle wie Total Cost of Ownership (TCO) oder Lebenszykluskosten (Lifecycle-Costing, LCC) können zur Ermittlung der Kosten herangezogen werden.

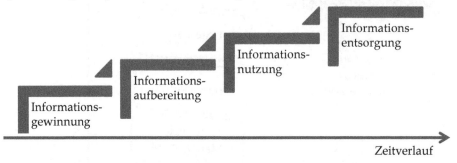

**Abbildung 7-2:** Phasen des Lebenszyklus

Durch die Lebenszykluskosten sollen nicht nur die unmittelbaren Kosten für den Erwerb berücksichtigt werden. Vielmehr erfolgt zusätzlich die Berücksichtigung der Kosten für den Betrieb, die Wartung und die Instandhaltung.[101] Letztendlich wird das Ziel verfolgt, für einen definierten Zeitraum eine Lösung mit den geringsten Kosten zu finden.

Der Begriff Total Cost of Ownership mit seinem Ursprung in der Informationstechnologie spiegelt den gleichen Ansatz wieder. In dieser Methode werden neben den Anschaffungskosten sämtliche Kosten ermittelt, die während der Nutzungsdauer anfallen.[102]

### 7.2.2 Einordnung in die Lean-Reporting-Philosophie

Durch die Methoden der Lean-Philosophie soll Verschwendung aufgedeckt werden mit der Bestrebung diese Verschwendung letztendlich zu vermeiden.

---

101 Siehe Schweiger, Stefan (Hrsg.): Lebenszykluskosten optimieren, S. 36
102 ebenda, S. 38

### 7.2.2.1 Lean-Reporting

In Kapitel 2.4 wurde das Thema Verschwendung mit den zugehörigen Begriffen Mura, Muri und Muda vorgestellt. Durch die Vermeidung jeglicher Art von Verschwendung soll der optimale Nutzen und Sinn für den Reportingkunden erreicht werden. Insbesondere im LifeCycle-Management können entsprechende Faktoren, die Verschwendung begünstigen, identifiziert werden. Durch die Identifikation dieser Faktoren kann letztendlich ein LifeCycle-Management aufgebaut werden, das unter Einbezug der Erwartungen der einzelnen Interessengruppen einen optimalen Kundenwert ermöglicht.

Das Zitat von Antoine de Saint-Exupéry kann wiederum als Basis angewendet werden: „Perfektion ist nicht dann erreicht, wenn man nichts mehr hinzufügen, sondern wenn man nichts mehr weglassen kann".

### 7.2.2.2 Ansätze

Das LifeCycle-Management im Lean-Reporting baut auf zwei wesentliche Fundamente auf. Aus der betriebswirtschaftlichen Perspektive ist das LifeCycle-Management der Informationen oder der Anwendung selbst zu nennen. Selbstverständlich ist als zweiter Ausgangspunkt die technische Perspektive anzuführen.

Das LifeCycle-Management der Informationen bzw. BI-Anwendungen beschäftigt sich mit Themen wie

- Bewegungs- und Stammdaten
- Berichtswesen
- Prozesse

Die technische Perspektive setzt sich mit den Themen auseinander wie

- Hardware
- Software-Produkte

### 7.2.2.3 Herausforderungen

Die ersten drei Phasen des LifeCycle-Managements sind die Phasen, die generell im Fokus stehen. Möglichkeiten der Effizienzsteigerung in diesen Phasen werden in den verschiedensten Kapiteln aufgezeigt. Eine Herausforderung im LifeCycle-Management liegt jedoch oftmals in der weniger beachteten letzten Phase, der Informationsentsorgung oder schlicht dem End-of-life Management. Aus dem Produktlebenszyklus stammend sind Gegenstand der End-of-Life Phase Produkte, die das Ende des Nutzungszeitraums erreicht haben.[103]

Im Hinblick auf das Reporting sind dies nicht mehr benötigte Daten oder Detaildaten aus der Vergangenheit. Eine einzelne Belegnummer wird im Laufe der Zeit

---

103 Siehe Herrmann, Christoph: Ganzheitliches Life Cycle Management, S. 376

an Informationswert verlieren. Die Frage wird demzufolge sein, ab welchem Zeitpunkt kann auf diese Detailinformation verzichtet werden?

Auch das Berichtswesen selbst unterliegt einem steten Wandel. Berichte und Abfragen, die bedeutend für das Business sind, können im Laufe der Zeit an Wert einbüßen, durch abgewandelte neue Berichte ersetzt werden oder in der Form uninteressant werden.

Die Herausforderung stellt in der Regel die Identifikation der End-of-life Phase für ein einzelnes Reporting-Produkt dar. Der Nutzen des Recyclings mit der Gewinnung wertvoller Ausgangsstoffe ist in der Regel nicht gegeben. Folglich ist das Interesse an der End-of-life Phase eher verhalten. Dieser oftmals leider vorherrschenden Gleichgültigkeit gilt es entgegenzuwirken.

### 7.2.3 Blickpunkt LifeCycle-Management der BI-Informationen

Mit Hilfe des LifeCycle-Managements der BI-Informationen soll die Betrachtung aus dem Blickwinkel des Business erfolgen. Aspekte wie Stammdaten, Bewegungsdaten, Berichtswesen und Prozesse sind von Interesse.

#### 7.2.3.1 Stammdaten

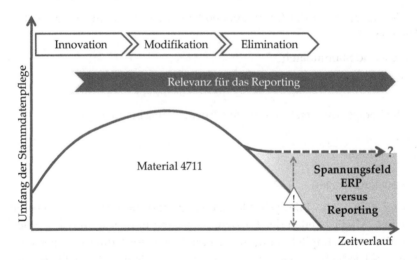

**Abbildung 7-3:** Stammdatenpflege

Welchen Effekt das Reporting auf den operativen Prozess „Stammdatenpflege" hat, soll anhand der Grafik in Abbildung 7-3 verdeutlicht werden. Als Beispiel dient die Materialnummer 4711. Die Materialnummer 4711 selbst durchläuft einen Lebenszyklus. Lohnend in diesem Zusammenhang ist die von Jan Werner Schemm vorgenommene Unterteilung des Produktmanagements in die drei Teilprozesse[104]:

---

104 Siehe Schemm, Jan Werner: Zwischenbetriebliches Stammdatenmanagement, S. 121

## 7.2 Potenziale im LifeCycle-Management

- **Produktinnovation:** Entwicklung und Einführung des neuen Produkts.
- **Produktmodifikation:** Veränderung des Produkts. Je nach Umfang und Konstellation kann die Notwendigkeit der Anlage einer neuen Materialnummer entstehen.
- **Produkteliminierung:** Das Produkt wird aus dem Programm des Unternehmens entfernt.

In einer allerersten Phase der Produktentstehung spielen die einzelnen Stammdaten des Materials für das Reporting keine Rolle. Ab dem Zeitpunkt, ab dem erste BI-Applikationen Informationen bereitstellen, ändert sich dies. Die Pflege der Stammdaten ist folglich nicht nur für die operativen Prozesse sondern auch für die analytischen Prozesse relevant. Der Knackpunkt taucht in der End-of-life Phase auf. Durch die Elimination des Produkts ist eine Stammdatenpflege für den operativen Prozess nicht weiter relevant.

Aus Sicht des Reportings stellt sich die Situation anders dar. Beispielsweise ein Umsatzreporting, das Informationen über einen Vergangenheitszeitraum von mehreren Jahren vorhält, benötigt die korrekte Zuordnung aller reportingrelevanter Stammdaten des Materials. Das Material ist beispielsweise entsprechenden Produktgruppen zuzuordnen (siehe Abbildung 7-4).

Es entsteht ein Spannungsfeld:

- Für operative Prozesse werden die Stammdaten nicht weiter benötigt.
- Für das Reporting sind die Stammdaten jedoch weiterhin von Bedeutung.

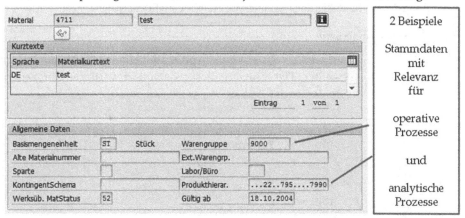

**Abbildung 7-4:** Materialstamm - Beispiel

Basierend auf diesem Hintergrund sind verschiedene Lösungsansätze denkbar:

- **Stammdatenpflege:** Die Stammdatenpflege wird, um ein aussagekräftiges Reporting zu erhalten, weiter geführt.
- **Verzicht:** Die Stammdatenpflege wird eingefroren. Der letzte Stand bleibt unverändert. Auf eine Aktualisierung wird verzichtet.

- **Datenmodell:** Spielt im Laufe der Zeit die Detailinformation Material keine entscheidende Rolle mehr, kann ein entsprechendes Datenmodell aufgebaut werden. Ziel des Datenmodells ist der Verzicht auf die Fortführung der Stammdatenpflege für dieses ausgelaufene Material. In Abbildung 7-5 werden drei mögliche Varianten dargestellt.

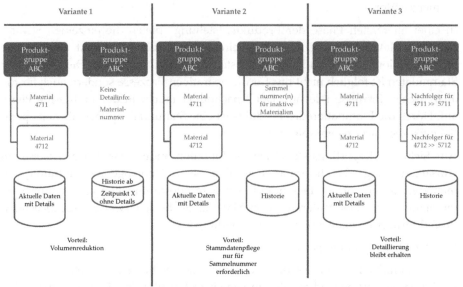

**Abbildung 7-5:** Modellierungsvarianten im Hinblick auf Stammdaten

### 7.2.3.2 Bewegungsdaten

Im Laufe der Zeit wird für die einzelnen BI-Applikationen eine stattliche Anzahl an Datensätzen aufbereitet. Der Nutzen dieser detailliert vorliegenden Datenmenge nimmt jedoch im Laufe der Zeit ab.

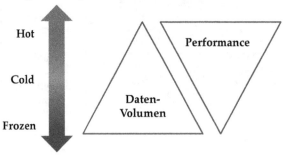

**Abbildung 7-6:** Nutzen der Bewegungsdaten

Kosten für den Unterhalt, Gewährleistung der Verfügbarkeit und Konformität entstehen auch für letztendlich ungenutzte Daten. Zusätzlich ist mit negativen Effekten auf die Performance zu rechnen. Einerseits kann die Datenbeladung durch eine erhöhte Verarbeitungszeit betroffen sein. Andererseits können sich

## 7.2 Potenziale im LifeCycle-Management

zusätzlich die Antwortzeiten für Datenabfragen verschlechtern. Neue Technologien wie die In-Memory-Technik (siehe Kapitel 8.3.4) liefern Lösungsansätze für eine Performanceoptimierung. Gerade aber im Umfeld von SAP-BI existieren für die In-Memory-Lösung SAP-Hana Lizenzmodelle, die abhängig sind vom Datenvolumen. Die Frage der Lizenzkosten steht somit unmittelbar im Raum.

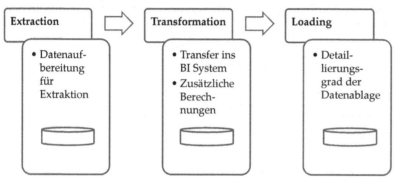

**Abbildung 7-7:** ETL-Prozess & Bewegungsdaten

Das entstehende Datenvolumen ist entlang des Datenbeschaffungsprozesses zu untersuchen. Durch das LifeCycle-Management der Bewegungsdaten kann eine zugehörige Festlegung der Rahmenbedingungen ermöglicht werden. Die Klärung entsprechender Fragestellungen im Zuge des LifeCylce-Managements ist hilfreich. Einige Beispielaspekte:

- **Sicherheit:** Um im Fall eines Abbruchs in der Datenverarbeitung, zügig eine Behebung durchführen zu können, sind Daten entsprechend abzulegen (Siehe Kapitel 5.5.5.2 Datenredundanz).
- **Performance:** Performancethemen sind insbesondere beim Lesen und Schreiben der Daten interessant. Für das Lesen der Daten sind technische Gegebenheiten zu beachten (siehe beispielsweise Thema In-Memory in Kapitel 8.3.4). Beim Schreiben der Daten und der eventuellen Durchführung zusätzlicher Berechnungen ist das vorhandene Datenvolumen im Hinblick auf Laufzeiten entscheidend.
- **Datenmodell:** Durch ein adäquates Datenmodell kann der abnehmenden Bedeutung detaillierter Informationen Rechnung getragen werden. Durch den Verzicht auf uninteressante Details kann eine schlanke Datenhaltung erreicht werden (siehe Abbildung 7-8)

### Modell 1: „3-Jahres-Rhythmus"

Das Beispiel verfolgt den Ansatz, dass nach einer gewissen Anzahl Jahre, die detaillierten Informationen uninteressant sind.

In der Darstellung ist dies nach 3 Jahren der Fall. Das Datenziel „Jahr D" wird aktuell befüllt. In den 3 Jahren zuvor erfolgte dies jeweils für die Datenziele „Jahr A", „Jahr B" bzw. „Jahr C". Aktuell sind somit alle Datenziele befüllt. Damit für das

Folgejahr wiederum ein leeres Datenziel verfügbar ist, erfolgt eine Historisierung der Daten. Hierzu werden die Daten aus dem Datenziel „Jahr A" in das Datenziel „Historie ohne Details" übertragen. Im Zuge dieser Historisierung werden unnötige Detaildaten eliminiert. Nach erfolgreicher Übertragung kann das Datenziel „Jahr A" geleert werden. Für das anstehende neue Jahr steht nun wiederum ein leeres Datenziel zur Verfügung. Der Zyklus kann somit wieder von vorne bei Datenziel „Jahr A" starten.

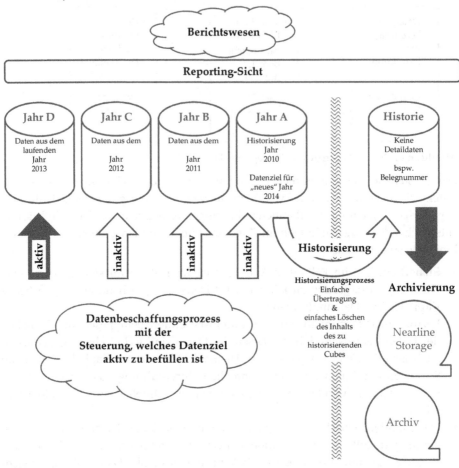

**Abbildung 7-8:** Datenablage

**Fazit:** Es sind 3 Jahre jeweils detailliert verfügbar. Das vierte Jahr befindet sich im Historisierungsprozess. Weitere Prozesse im Sinne einer Archivierung sind für noch ältere Daten denkbar. Ausserdem kann alternativ eine Ablage der älteren Daten im Nearlinestorage erfolgen.

**Modell 2: „Schalter"**

Das Datenablage-Modell kann auch vereinfacht wie ein Schalter interpretiert werden.

## 7.2 Potenziale im LifeCycle-Management

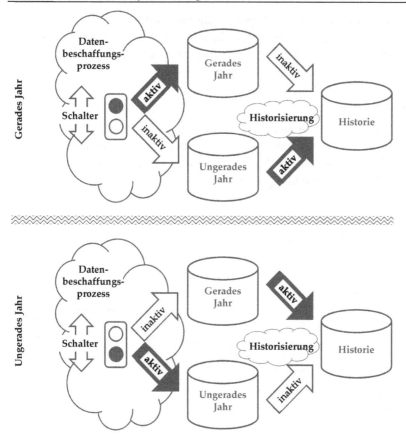

**Abbildung 7-9:** Modell „Gerades / ungerades Jahr"

Durch einen Jahreswechsel wird von einem Datenziel zu einem anderen Datenziel umgeschaltet. Bei geraden Jahren erfolgt somit der Datentransfer in das Datenziel „Gerades Jahr" und analog für die ungeraden Jahre in das Datenziel „ungerades Jahr":

- **Phase 1:** Aktuelles Jahr ist ein gerades Jahr.
  Es werden die Daten in das Datenziel „Gerades Jahr" übertragen. Das Datenziel „Ungerades Jahr" wird historisiert.
- **Phase 2:** Aktuelles Jahr ist ein ungerades Jahr.
  Es werden die Daten in das Datenziel „Ungerades Jahr" übertragen. Die Historisierung erfolgt für das Datenziel „Gerades Jahr".

### 7.2.3.3 Prozesse und Berichtswesen

Neben den Stamm- und Bewegungsdaten, gibt es eine Vielzahl weiterer Komponenten im BI-Umfeld. Es kann sich um das Berichtswesen selbst handeln oder um entsprechende Datenbeschaffungsprozesse.

Durch das LifeCylce-Management sind Fragen zu klären wie:

- Wird diese Abfrage bzw. dieser Report weiterhin benötigt?
- Haben sich Änderungen in den Zuständigkeiten ergeben bzw. hat sich der Ansprechpartner für einen Bericht geändert (siehe Kapitel 6.2.4)?
- Werden diese Informationsdaten weiterhin benötigt?
- Ist dieser Datenbeschaffungsprozess relevant?
- Ist diese Datenquelle aktiv?

In Anlehnung an die Lean-Methode „5S" (siehe Kapitel 3.4.2) ist die Methode „5R" aufgebaut und kann als entsprechender Prozess im BI-System implementiert werden. Bei der Betrachtung der "5R-Methode" können entsprechende Einzelschritte abgeleitet werden (siehe Abbildung 7-10).

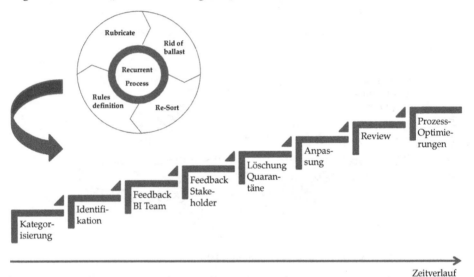

**Abbildung 7-10:** 5S- bzw. 5R-Methode und LifeCycle-Prozess

Der LifeCycle-Prozess durchläuft periodisch die folgenden Einzelschritte:

- **Kategorisierung:** Die Datenbasis für den nachfolgenden Schritt wird aufbereitet beispielsweise Nutzungsverhalten von BI-Abfragen. Fehlende Informationen wie beispielsweise der Ansprechpartner sind zu ergänzen.
- **Identifikation:** Berichte, Applikationen oder Prozesse, die gemäß den hinterlegten Parametern als ungenutzt eingestuft werden, sind zu identifizieren und zu benennen.
- **Feedback BI-Team:** Ein erstes Feedback, ob eine Löschung durchgeführt werden darf, ist vom BI-Applikationsverantwortlichen einzuholen.
- **Feedback Stakeholder:** Die letztendlich entscheidende Zustimmung für den nächsten Schritt erfolgt durch den Verantwortlichen im Fachbereich für dieses Reporting.
- **Löschung/Quarantäne:** Je nach Konstellation können die Objekte direkt gelöscht werden oder bei unsicheren Fällen vorgängig in eine Art Isolierung über-

führt werden. Eine einfache Form der Isolierung ist beispielsweise der Entzug entsprechender Zugriffsrechte.
- **Anpassung:** In der Folge kann eine Überarbeitung beispielsweise von Menüstrukturen sinnvoll sein.
- **Review:** Erkenntnisse aus dem durchgeführten LifeCycle-Prozess sind im Zuge eines Reviews zu ermitteln.
- **Prozessoptimierung:** Erkenntnisse aus dem Review sind entsprechend im Prozess für den nächsten Durchlauf zu berücksichtigen.

### 7.2.4 Blickpunkt LifeCycle-Management der Infrastruktur

Der Behandlung der technologischen Aspekte erfolgt mit Hilfe des LifeCycle-Managements der Infrastruktur. Themen wie Hardware und Software sind von Interesse.

#### 7.2.4.1 Hardware

Hardware-Komponenten wie beispielsweise Server, Storage-Systeme oder der Rechner des einzelnen Mitarbeiters unterliegen ebenfalls einem entsprechenden Lebenszyklus. Aus der finanztechnischen Sicht wird dieser Lebenszyklus durch zugehörige Abschreibungen begleitet.

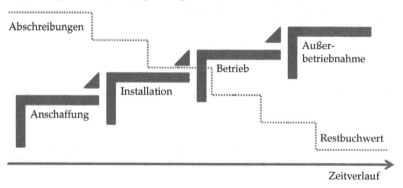

**Abbildung 7-11:** Phasen des Lebenszyklus für Hardware

Entlang der einzelnen Phasen des Lebenszyklus können verschiedene Aspekte behandelt werden. Dies können die beispielhaften Themen sein wie:

- Phase Anschaffung:
  - ✓ Betrachtung der Investitionskosten
  - ✓ Modell-Planung (Nutzung neuer effizienterer Technologien)
- Phase Installation:
  - ✓ Analyse der Betriebsform (eigener Inhouse-Betrieb, Cloud)
  - ✓ Festlegung der Verfügbarkeitsanforderungen
- Phase Betrieb:
  - ✓ Formulierung der Wartungsverträge
  - ✓ Prüfung der Energiekosten (Green IT)

- Phase Außerbetriebnahme:
  - ✓ Recherche Weitervermarktungsmöglichkeit
  - ✓ Entsorgungskosten

Im Zusammenspiel mit dem Thema Lean-Management ergeben sich für die verschiedenen Phasen mögliche Chancen zur Effizienzsteigerung. Lean-Maintenance beinhaltet das Ziel, dass die produktive verfügbare Systemzeit letztendlich nicht unter Zeiten für Instandhaltungsmaßnahmen leidet oder dadurch im schlimmsten Fall verschwendet wird. Begriffe in diesem Zusammenhang sind beispielsweise „Zero-Downtime" oder (Hoch-)Verfügbarkeit.

### 7.2.4.2 Software

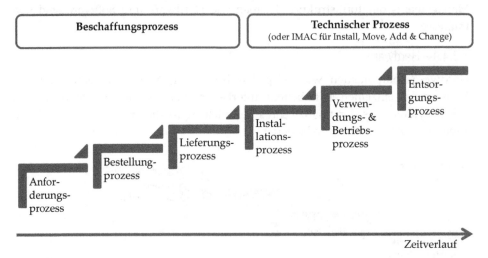

**Abbildung 7-12:**   Phasen des Lebenszyklus für Software[105]

Den LifeCycle-Prozess für Software gruppiert Torsten Groll in zwei Hauptbestandteile:[106]

- Beschaffungsprozess bestehend aus
  - ✓ Anforderungsprozess
  - ✓ Bestellprozess
  - ✓ Lieferungsprozess
- Technischer Prozess bestehend aus
  - ✓ Installationsprozess
  - ✓ Betriebs- und Verwendungsprozess
  - ✓ Entsorgungsprozess

---

105   Siehe Groll, Torsten: 1x1 des Lizenzmanagements, S. 115
106   ebenda, S. 115

## 7.2 Potenziale im LifeCycle-Management

Aus wirtschaftlichen Überlegungen sind ebenfalls entlang der einzelnen Phase verschiedenste Punkte anzuführen. Nachfolgend sind entsprechende Beispiele gelistet:

- Beschaffungsprozess:
  - ✓ Analyse der Anschaffungskosten
  - ✓ Planung und Prüfung der eingesetzten Softwarelösungen und Versionsstände
- Technischer Prozess:
  - ✓ Gewährleistung der korrekten Lizenzierung
  - ✓ Ausarbeitung von Service-Level-Agreements

Die „5S"-Methode zur Arbeitsplatzorganisation ist beispielsweise im Zusammenhang mit dem Thema „Lean" und dem angeführten technischen Prozess (Betriebs- und Verwendungsprozess) zu erwähnen. Die Standardisierung und Harmonisierung innerhalb der Informatik trägt folglich ebenfalls zu mehr Ordnung und Sauberkeit bei. Die IT-Standardisierung bietet im Allgemeinen sehr viele Vorteile; konkretisiert auf den Aspekt Reporting sind folgende Punkte zu nennen:

- Konsistenter Releasestand der Reportingsoftware und abhängiger Komponenten
- Verbesserte und transparente Servicequalität
- Verringerte Inanspruchnahme des IT-Supports
  (keine Sondereffekte aufgrund unterschiedlicher Installationen)
- Reduktion der Total-Cost-of-Ownership (TCO)

### 7.2.5 Quintessenz

Ein gelebtes LifeCycle-Management im Reporting-Umfeld kann erheblich zur Kostenreduktion beitragen. Einerseits sind Potenziale im Unterhalt der einzelnen BI-Applikationen hebbar. Als beispielhafter Punkt kann die konsequente Löschung und Bereinigung des Berichtswesens angeführt werden. Andererseits sind insbesondere in der Datenhaltung Kosteneinsparungen erzielbar. Durch die Fokussierung auf sinnvolle Daten und Informationen kann ein schlankes und letztendlich auch leistungsfähigeres Reporting erzielt werden.

Der Weg zu Erreichung dieses gelebten LifeCycle-Managements ist nicht einfach. Insbesondere die Entsorgung unnötiger Informationen im Rahmen der End-of-life Phase wird bedauerlicherweise nicht direkt finanziell entlohnt. Vergleichend zu einem Recyclingprozess kann kein wiederverwertbares Ausgangsprodukt gewonnen werden. Der Nutzen für die jeweiligen Anwender ist nicht direkt offensichtlich. Zusätzlich ist ein Verzicht auf diese veralteten Informationen erforderlich. Ein wirksames Instrument ist „Kommunikation" (Siehe Kapitel 4.3.2). Durch eine offene Kommunikation kann der erzielbare Mehrwert für das gesamte Unternehmen aufgezeigt werden.

## 7.3 Potenziale in der Entwicklung

### 7.3.1 Business Szenario

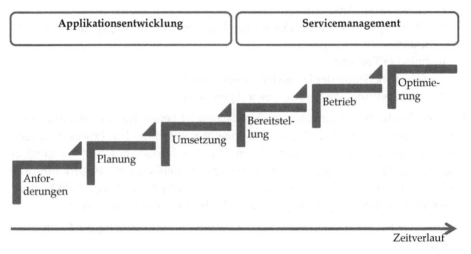

**Abbildung 7-13:** Applikationsmangement[107]

Die Entwicklung kompletter BI-Applikationen oder Bestandteile wie ein einzelner Bericht durchlaufen verschiedene Phasen. Das in ITIL (IT Infrastructure Library)[108] Version 2 beschriebene Application Management baut auf den zwei Hauptphasen Applikationsentwicklung und Servicemanagement auf:

- Applikationsentwicklung bestehend aus:
  ✓ Definition der Anforderungen
  ✓ Planung
  ✓ Umsetzung
- Servicemanagement mit den Bestandteilen:
  ✓ Bereitstellung
  ✓ Betrieb
  ✓ Optimierung

Eine weitere Darstellung der Anwendungsentwicklung erfolgte in Kapitel 3.5.1 mit der Vorstellung des Entwicklungsprozesses in Anlehnung an ein klassisches Wasserfallmodell.

---

107 Siehe Abts, Dietmar & Mülder, Wilhelm: Masterkurs Wirtschaftsinformatik, S. 333
108 ITIL stellt ein Standard in der Informatik dar, der ein Regel- und Definitionswerk beinhaltet für den zeitgemässen Betrieb einer IT-Landschaft.

## 7.3 Potenziale in der Entwicklung

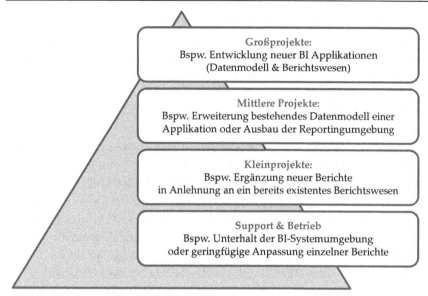

**Abbildung 7-14:** BI-Projekte

Es gibt für die Applikationsentwicklung weitere populäre Techniken und Methoden. Eine Methode im Zusammenhang mit dem Thema „Agiles Projektmanagement" stellt Scrum dar. Vergleichend zu den klassischen Methoden wird in der Projektanfangsphase bewusst auf die detaillierte Spezifikation der Anforderungen verzichtet. Ausgehend von einer Produktvision werden die wesentlichen Merkmale und Eigenschaften der Applikation definiert.

Die Entwicklung beruht bei Scrum vielmehr auf Iterationen, den sogenannten Sprints.[109] Die Dauer eines Sprints ist jeweils zeitlich limitiert und liegt zwischen einer und maximal vier Wochen. Zu Beginn eines Sprints werden die zu erledigenden Aufgaben gemäß Priorisierung ausgewählt und am Ende einem entsprechenden Review unterzogen. Das Sprint-Review dient der Prüfung der erreichten Entwicklungsschritte und bietet die Chance, den Anforderungskatalog zu aktualisieren und weiter zu präzisieren.

Ausgefeilte Prinzipien und Methoden des Projektmanagements finden üblicherweise Anwendung bei großen und mittleren Projekte. Gerade im Reportingumfeld existiert jedoch eine Vielzahl an kleineren Projekten. Kleine Projekte oder Supportaufgaben, bei denen es sich in der Regel um den Aufbau eines zusätzlichen Berichts oder einer geringfügigen Anpassung handelt (Abbildung 7-14).

---

[109] Siehe Bächle, Michael & Kolb, Arthur: Einführung in die Wirtschaftsinformatik ,S. 50

## 7.3.2 Einordnung in die Lean-Reporting-Philosophie

Zentraler Aspekt der Lean-Philosophie ist der Kundenwert. Durch einen bestmöglichen Einbezug des Reporting-Kunden entlang des gesamten Entwicklungsprozesses kann die Erreichung eines adäquaten Kundenwerts erzielt werden.

### 7.3.2.1 Lean-Reporting

Kundenwert im Sinne des Lean-Reportings bedeutet, dass die Entwicklung von BI-Applikationen bzw. die Bereitstellung geeigneter Informationen auf den Kunden und dessen Bedürfnisse auszurichten ist. Die Entwicklung erfolgt unter Beachtung der Belange und Rahmenbedingungen der einzelnen Interessengruppen.

Zusätzlich sorgt die dem Lean-Reporting zugrundeliegende Harmonisierung und Standarisierung für eine Vermeidung von unnötigen Schnörkeln und Ballast innerhalb der Applikation selbst. Im Fokus steht die Entwicklung nutzbringender Funktionen und Features für den Reporting-Kunden. Zusätzlich ist auf das Pareto-Prinzip mit der zugehörigen 80/20-Regel zu verweisen (siehe Kapitel 4.5.2).

Die letztendlich verfolgten Ziele eines Entwicklungsprozesses in Bezug auf ein Lean-Reporting sind zusammenfassbar in:

- Steigerung des Werts für den Kunden
- Bessere und hochwertigere Lösungen
- Agileres Handeln und Reagieren auf Anforderungen
- Schnellere Entwicklung

### 7.3.2.2 Ansätze

Die Ausrichtung der Entwicklung auf Basis von Lean-Prinzipien und agilen Methoden stellt ein wesentlicher Ansatz dar. Schlanke Strukturen und Prozesse können durch ein adäquates Lean-Development im Reporting-Umfeld etabliert werden.

Ein weiterer Ansatz setzt sich mit dem Potenzial in der Abwicklung der Vielzahl an Kleinprojekten im Reporting-Umfeld auseinander. Der Produktionstheorie entliehen ist der Begriff „Economy of Scale", „Skaleneffekte". Die Abhängigkeit der Produktionsmenge in Bezug auf die verwendeten Produktionsmittel stellt den Skaleneffekt dar.

### 7.3.2.3 Herausforderungen

Die Einführung von agilen Methoden wie Scrum kann durchaus die eine oder andere Hürde beinhalten. Durch den intensiveren Austausch beider Parteien, Kunde und Entwicklungsteam, entlang des gesamten Entwicklungsprozesses wird ein wesentlich höheres Maß an Transparenz erreicht. Probleme können schlichtweg nicht mehr ausgeblendet werden.

## 7.3 Potenziale in der Entwicklung

Risiken bestehen in der Tatsache, dass relevante Entscheidungen zu einem zu späten Zeitpunkt gefällt werden oder dass aufgrund von Missverständnissen es zu zusätzlichen Aufwänden kommt, die bei einer klassischen Herangehensweise bereits im Vorfeld erörtert worden wären. Den Endzustand zu Beginn eines Projektes vorhersehen zu können ist schwieriger.

Eine entsprechende Unternehmenskultur, die es dem Scrum-Team eine eigenständige Arbeitsweise ermöglicht, ist ebenfalls zu etablieren. Die notwendige Unterstützung dieser agilen Methode ist zu gewährleisten.

Der Einbezug und die Festlegung des Umfangs externer Unterstützungsleistungen sind sicherlich im Vorfeld schwer abschätzbar. Im Laufe der einzelnen Entwicklungsphasen werden die Erfordernisse offensichtlich und es Bedarf eines flexiblen Kooperationspartners, um dies lösen zu können.

Trotz dieser Hürden und Herausforderungen bietet die Anlehnung an Scrum und agile Projektmethoden viele Chancen zur Effizienzsteigerung:

- **Fokussierung:** Lange Wunschlisten werden gemeinsam priorisiert und folglich Funktionen mit dem höchsten Nutzen vorrangig umgesetzt.
- **Quick-Wins:** Erste Lösungen und Ansätze können relativ schnell präsentiert werden. Quick-Wins lassen sich zügiger realisieren.
- **Änderungen:** Erkenntnisse während des Projektverlaufs fließen unmittelbar ein.

### 7.3.3 Blickpunkt Lean-Development

Die Übertragung der Lean-Prinzipien in die Entwicklung resultiert im Lean-Development und schafft die Basis für mehr Effizienz. Aus dem Blickwinkel des Lean-Developments ergeben sich die zwei Themenfelder:

- Schlanker Entwickeln
- Schneller zum Kunden

#### 7.3.3.1 Schlanker Entwickeln

Unnötigen Ballast zu vermeiden, ist ein Ziel im Hinblick auf die Verschlankung der Entwicklungsprozesse. Zusätzlich verschafft ein schlanker Prozess mehr Flexibilität und ermöglicht ein agileres Handeln.

Wesentliche Aspekte sind in diesem Zusammenhang:

- Vermeidung von Verschwendung
- Fehlerkultur
- Standardisierung in der Entwicklung
- Teamqualifikation

**Vermeidung von Verschwendung**

Letztendlich sollte nur das entwickelt werden, wofür ein tatsächlicher Kundenbedarf vorhanden ist. Eine sorgfältige konzeptionelle Arbeit im Vorfeld schafft eine entsprechende Grundlage. Zusätzlich kann durch den Einbezug des Kunden und einen regen Austausch während der Entwicklung das Ziel, Fertigstellung der neuen BI-Applikation im Auge behalten werden.

**Fehlerkultur**

Insbesondere zum Thema Fehler lassen sich sehr viele Zitate und Weisheiten finden:

- **Fehler gehören dazu:** Wo gehobelt wird, fallen Späne oder wo entwickelt wird können sich auch Fehler einschleichen. Wichtig ist aus den Fehlern zu lernen und den gleichen Fehler nicht wiederholt zu begehen.
- **Fehler sind zu beheben:** Wer einen Fehler gemacht hat und ihn nicht korrigiert, begeht einen zweiten (Konfuzius). Durch die Verwaltung von gefundenen Fehlern in der zu erstellenden BI-Applikation kann das Entwicklungsteam diese Fehler nachverfolgen und deren Korrektur priorisieren.
- **Tests:** Es ist ein großer Vorteil im Leben, die Fehler, aus denen man lernen kann, möglichst früh zu begehen (Winston Churchill). Diese Aussage kann in die Entwicklung analog übernommen werden. Durch funktionale Tests beispielsweise nach dem Einspielen von Patchs oder größeren Änderungen kann das Fehlerrisiko minimiert werden. Durch automatische Tests kann darüber hinaus eine Reduktion des manuellen Aufwands erreicht werden.
- **Fehleranalyse:** Suche nicht nach Fehlern, suche nach Lösungen (Henry Ford). Nicht die Frage der Schuld steht im Vordergrund, sondern das Ziel einen höheren Kundenwert zu erreichen ist der entscheidende Punkt.

**Standardisierung in der Entwicklung**

Durch die Standardisierung der Entwicklung wird erreicht, dass eine BI-Applikation und deren Umfeld mit Datenbeschaffungsprozessen oder eventuell notwendigen Erfassungsmasken für zusätzliche Informationen nicht von Grund auf komplett neu aufgebaut werden müssen.

Frameworks stellen eine Möglichkeit der Standardisierung dar. Der Begriff „Framework" kann wie folgt interpretiert werden:[110]

- **Applikationsskelett:** Framework stellt ein Applikationsskelett dar, welches an die Kundenanforderungen entsprechend ausgerichtet werden kann.
- **Wiederverwendbarer Entwurf:** Framework stellt ein wiederverwendbarer Entwurf dar, der durch Programm-Klassen und Instanzen skizzierbar ist.
- **Wiederverwendung:** Frameworks sind eine effiziente Art der Wiederverwendung von Softwarekomponenten.

---

110 Siehe Greching, Thomas & Bernhart, Mario & Breiteneder, Roland & Kappel, Karin: Softwaretechnik, S. 248

## 7.3 Potenziale in der Entwicklung

**Teamqualifikation**

Die Qualifikation der am Prozessbeteiligten Team-Mitglieder ist sicherzustellen. Die reine Fokussierung auf das Entwicklungsteam ist jedoch zu einseitig. Die Spielregeln im Hinblick auf agiles Projektmanagement und Lean-Development sind für alle Beteiligte im Entwicklungsprozess von Bedeutung. Insbesondere auch der Kunde als Auftraggeber für die Entwicklung einer BI-Applikation muss sich über seine Rolle im Entwicklungsprozess bewusst sein. Auf der anderen Seite bedarf es der Gewährung von Entscheidungsspielräumen für das Entwicklungsteam. Diese Mitverantwortung bildet zusätzlich die Basis für mehr Engagement und letztendlich mehr Leistung.

Des Weiteren sorgt eine positive Kultur der gegenseitigen Anerkennung für ein adäquates Selbstbewusstsein und eine gewinnbringende Motivation.

### 7.3.3.2 Schneller zum Kunden

Die Minimierung von Durchlaufzeiten ist ein bedeutender Punkt in der Lean-Philosophie. Diese Optimierung stellt ein Kernbestandteil der Methoden wie beispielsweise Six Sigma oder Wertstromanalyse dar. Das Ziel einer reduzierten Durchlaufzeit kann durch diese Methoden erreicht werden.

Weitere Punkte, um schneller den Kunden mit einer neuen oder überarbeiteten BI-Applikation versorgen zu können sind:

- Prototyping
- Kommunikation
- Transparenz
- Schlankes Entwickeln

**Prototyping**

Um für mehr Klarheit bei Anforderungen zu sorgen, kann die Entwicklung eines Prototyps hilfreich sein. Mit Hilfe von frühzeitig geschaffenen lauffähigen Versionen kann die Bestimmung von Sonderfällen und Sonderkonstellationen in der Ermittlung relevanter Informationen ermöglicht werden. Der Umfang der Funktionen und Eigenschaften reift von Version zu Version.

Durch die schlanke Entwicklungsweise kann die Voraussetzung für ein Rapid Prototyping geschaffen werden. Gemäß Amberg ist das Rapid Prototyping aus der Nachfrage der Unternehmen nach kostengünstigen und zügig verfügbaren Prototypen entstanden.[111] Das Rapid Prototyping führt zu einer schnellen Entwicklung von lauffähigen Anwendungen. Diese können zeitnah eingesetzt werden und schnell an Anforderungen angepasst werden.

---

[111] Siehe Amberg, Michael: Wertschöpfungsorientierte Wirtschaftsinformatik, S. 56

**Transparenz**

Die Methode Scrum weist ein Product Backlog auf, das eine Liste zu liefernden Funktionalitäten beinhaltet, die nach ihrer Bedeutung für den Projekterfolg priorisiert werden.[112] Transparenz im Entwicklungsprozess wird für alle Beteiligte geschaffen. Zeitpunkt, Fortschritt und eventuell auftretende Herausforderungen sind aufgrund der regelmäßigen und zeitnahen Aktualisierung der Product Backlog Liste ersichtlich. Der agile Ansatz ermöglicht in der Folge eine Überprüfung und Anpassung der Anforderungen an die jeweiligen Gegebenheiten.

**Kommunikation**

Wichtiger Baustein der Lean-Reporting-Philosophie ist die Kommunikation (siehe Kapitel 4.3.2). Die Etablierung einer offenen und systematischen Kommunikation ist zu fördern. Durch die Fokussierung und Verschlankung der verwendeten Instrumente und Tools, beispielsweise in den am Ende eines Scrum-Sprints stattfindenden Meetings, kann eine Systematisierung der Kommunikation realisiert werden. Die Strukturierung der Inhalte sorgt für eine Kommunikation relevanter Informationen.

### 7.3.4 Blickpunkt Economies of Scale und Economies of Scope

Bei der Betrachtung von Produktionskosten einzelner Verkaufsprodukte sind Begriffe wie Economies of Scope bzw. Economies of Scale geläufig. Economies of Scale steht für Skaleneffekte im Sinne von einer Reduktion der durchschnittlichen Kosten bei einer höheren Produktionsmenge. Economies of Scope spiegelt Synergieeffekte wieder im Sinne von der Verteilung fixer Kosten auf mehrere Produkte.

Bei einer abstrahierten Betrachtung des Themas Reporting kann die Aufbereitung des Berichtswesens ebenfalls als Produktionsprozess mit dem zu erstellenden Produkt „Bericht" interpretiert werden.

Wie im Falle der Verkaufsartikel können auch bei dem Produkt „Bericht" entsprechende Effekte erzielt werden. Die beiden nachfolgenden Szenarien zeigen die Ausgangslage für die Nutzung entsprechender Skalen- bzw. Synergieeffekte auf.

#### 7.3.4.1 Szenario 1: Gleicher Report

Das Szenario beruht auf der Tatsache, dass innerhalb einer Unternehmensgruppe für das Management der einzelnen Einheiten ein entsprechendes Reporting aufzubauen ist. Oftmals sind die Berichte der einzelnen Gesellschaften sehr ähnlich, werden jedoch von jedem einzelnen Gesellschaftscontroller in Eigenleistung erstellt.

Eine Optimierung lässt sich in diesem Szenario erreichen, in dem die jeweils zusätzlich erstellten Berichte der Gesamtheit der Controller zur Verfügung gestellt

---

112 Siehe Gloger, Boris: Scrum, S.14

werden. Durch die Bereitstellung passender Plattformen kann der gegenseitige Austausch von Berichtsvorlagen oder Templates erreicht werden.

Fazit: Statt Schaffung einer Vielzahl ähnlicher Berichte durch eine Vielzahl an lokalen Controllern, werden eine geringe Anzahl identischer strukturierter Templates durch lokale Controller geschaffen.

#### 7.3.4.2 Szenario 2: Berichtsaufruf

Der Start in den Arbeitsalltag wird durch den Abruf verschiedenster Informationen begleitet. Oftmals werden identische Berichte von verschiedensten Anwendern abgerufen mit den jeweils lästigen Berichtslaufzeiten.

Eine Optimierung lässt sich in diesem Szenario erreichen, in dem Broadcasting-Tools zum Einsatz kommen. Mit Hilfe von Broadcasting-Tools oder Publisher-Werkzeugen können Berichte aufbereitet und einem Empfängerkreis zur Verfügung gestellt werden (siehe Kapitel 5.4.6).

Fazit: Der Anwender hat zu Beginn seiner Tätigkeit alle relevanten Informationen vorliegend. Diese wurden ressourcenschonend einmal aufbereitet und im Anschluss verteilt bzw. zentral beispielsweise im Reporting-Portal zur Verfügung gestellt.

### 7.3.5 Quintessenz

Durch eine intensivere Einbindung des Reportingkunden in den gesamten Entwicklungsprozess kann ein wesentlich höherer Nutzen für das Unternehmen erzielt werden. Die geschaffene Transparenz sorgt für einen zielgenauen Entwicklungsprozess. Nachjustierungen und Verfeinerungen der Anforderungen erfolgen im Rahmen definierter Abläufe wie sie beispielsweise Scrum vorgibt. Dies vor allem in zeitlich kürzeren Zyklen. Der Entwickler wird nicht mit einem Konzept in den Keller geschickt aus dem er nach mehreren Wochen oder Monaten mit einem fertigen Produkt wieder auftaucht. Bedauerlicherweise muss der Entwickler oftmals zur Kenntnis nehmen, dass sich in dieser Zeit das Anforderungskarussell weitergedreht hat.

Lean-Development mit den Aspekten „schlanker Entwickeln" und „schneller zum Kunden" sorgt für eine entsprechende Optimierung. Darüber hinaus kann der oftmals auftauchende Knackpunkt „Ressourcensituation" unter Einbezug des Themas Economies of Scale ein interessanter Diskussionsansatz sein.

## 7.4 Potenziale im Unterhalt

### 7.4.1 Business Szenario

Der Unterhalt der BI-Applikationen und des Reportingsystems ist anspruchsvoll und zeitintensiv. Der Bereich erstreckt sich über eine Vielzahl verschiedenster

Aufgaben. Zur Bündelung dieser Aufgaben wurden die folgenden Arten des Betriebs von Reportingsystemen gewählt:

- **Technologischer Betrieb:** Im Fokus stehen die Themen, die sich mit der Technologie des Reportingsystems auseinander setzen.
- **Anwendungsbetrieb:** Aspekte für den Betrieb, die aus betriebswirtschaftlichen Themenstellungen resultieren.

Zusätzlich ist im Zusammenhang mit dem Thema Unterhalt der rein monetäre Aspekt zu betrachten.

### 7.4.2 Einordnung in die Lean-Reporting-Philosophie

Die Identifikation von Schwachstellen und deren Behebung ist ein Grundgedanke der Lean-Philosophie. Insbesondere im Unterhalt von BI-Applikationen ist eine stete Optimierung der Betriebsprozesse vorzunehmen.

#### 7.4.2.1 Lean-Reporting

Service-Prozesse (siehe Kapitel 3.5.6) wie Prozessüberwachung oder Broadcasting ermöglichen Optimierungen im Reportingumfeld. Erkenntnisse insbesondere aus der Prozessüberwachung können in der Wertstromanalyse einzelner Reportingprozesse herangezogen werden. Schwachstellen beispielsweise in Datenbeschaffungsprozessen können aufgedeckt werden.

#### 7.4.2.2 Ansätze

In Bezug auf den technologischen Aspekt bietet gerade der Betrieb von Reportingsystemen viele Ausgangspunkte für einen kontinuierlichen Verbesserungsprozess. In entsprechenden Log-Dateien werden in der Regel auftretende Systemfehler und Warnungen mitprotokolliert. Durch eine strukturierte und regelmäßige Analyse dieser Log-Dateien können Problemfelder identifiziert werden und Lösungsansätze erarbeitet werden.

Begleitend entstehen neue Möglichkeiten des technologischen Betriebs von Reportingsystemen beispielsweise BI-as-a-Service. Im Zusammenhang mit dem Betrieb der einzelnen BI-Applikation sind ferner Optimierungspotenziale in deren Überwachung aufdeckbar.

Im Hinblick auf den im BI-Verständnis formulierten Aspekt, „unter Beachtung des optimalen Kosten-Nutzen-Verhältnisses", ist für eine adäquate Transparenz der finanziellen Seite zu sorgen.

#### 7.4.2.3 Herausforderungen

Der Nutzen von Optimierungen in Überwachungsprozesse ist in der Regel schwer zu messen:

- Was für Folgen können entstehen, wenn das Reporting nicht zeitnah verfügbar ist?

## 7.4 Potenziale im Unterhalt

- Was bedeutet es für unternehmerische Entscheidungen, wenn Daten unvollständig vorliegen?

Ansätze wie „BI-as-a-Service" sind noch recht jung. In diesem Zusammenhang entstehen Fragen wie:

- Sind die Lösungen noch mit Kinderkrankheiten behaftet?
- Kann dem Anbieter sensibles Unternehmenswissen dauerhaft anvertraut werden?

Durch einen intensiven Austausch und Dialog kann diesen Fragen entgegengewirkt werden. Zusätzlich gilt es die Augen insbesondere bei den neuen Themen wie „BI-as-a-Service" offen zu halten.

### 7.4.3 Blickpunkt Business-Intelligence aus der Cloud

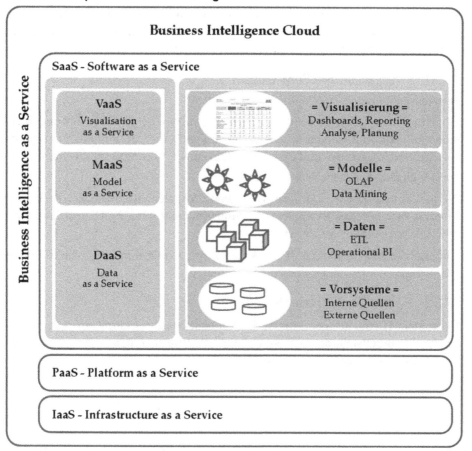

**Abbildung 7-15:** Cloud-Framework[113]

---

113 Siehe Fröschle, Hans-Peter & Reinheimer, Stefan (Hrsg.): HMD 275, Seite 37

Neue Ansätze wie das Cloud-Computing bieten die Chance durch Ausschöpfung dieser neuen Möglichkeiten, Prozesse zu optimieren und Verschwendung zu reduzieren.

Die Unterteilung des Cloud-Computings erfolgt in die drei Komponenten, Infrastructure as a Service (IaaS), Platform as a Service (PaaS) und Software as a Service (SaaS).[114]

Cloud-Anbieter offerieren Lösungen als Dienstleistung über das Internet. Der Betrieb und die Wartung dieser Umgebungen erfolgt durch den Anbieter selbst. Die Verrechnung erfolgt nicht wie im klassischen Fall über entsprechende Lizenzen (On-Premise-Lizenz), sondern es wird die gemietete Software und die in Anspruch genommenen Dienstleistungen über eine Gebühr periodisch verrechnet (On-Demand-Lizenz).

Seufert Andreas und Norman Bernhardt ergänzten das klassische BI-Datenmodell mit den Komponenten des Cloud-Computings. Die Komponente Software as a Service wurde zusätzlich präzisiert.

### 7.4.3.1 Infrastructure as a Service (IaaS)

**Beschreibung**

Infrastructure as a Service beinhaltet Dienstleistungen, bei denen dem Kunden alle Infrastruktur-Komponenten wie Rechenleistung, Server, Kommunikationsgeräte, Speicher, Archivierungs- und Backup-System zur Verfügung gestellt werden.

**Szenario für IaaS: Speichertechnik SAP Hana**

Die In-Memory basierte Plattform Hana von SAP (siehe Kapitel 8.3.4.2) wird von Amazon Web-Services angeboten. Nutzungsabhängig wird die Dienstleistung mit 0,99 USD pro Stunde verrechnet.[115]

Ein zusätzliches Angebot ist die BI-Applikation „Expense Insight", die es ermöglicht Ausgaben anzuzeigen und zu analysieren.[116]

### 7.4.3.2 Platform as a Service (PaaS)

Neben dem Thema Infrastruktur ist die Applikationsentwicklung eine Materie, die durch die Bereitstellung von kompletten Plattformen inklusiver zugehöriger Dienste interessant ist für die Cloud.[117]

---

114 Siehe Buxmann, Peter & Diefenbach, Heiner & Hess, Thomas: Die Softwareindustrie, S. 205
115 Siehe http://aws.amazon.com/de/sap/
116 Siehe http://aws.amazon.com/de/sap/
117 Siehe Benlian, A.: Software as a Service, S. 113

### 7.4.3.3 Software as a Service (SaaS)

**Beschreibung**

Im Kontext von Business-Intelligence kann der Aspekt Software as a Service unterteilt werden in Data as a Service, Model as a Service und Visualisation as a Service:[118]

- **Data as a Service (DaaS):** Der Datenaufbereitungsprozess ist Bestandteil dieses Dienstes. Insbesondere der Zugang zu validen externen Daten ist eine Dienstleistung.
- **Model as a Service (MaaS):** Mit Hilfe von Entscheidungsmodellen und -methoden erfolgt die Aufbereitung der Daten für Entscheidungszwecke. Model as a Service bietet die Möglichkeit, diese Entscheidungsmodelle entsprechend durch umfangreiche betriebswirtschaftliche Verfahren zu erweitern.
- **Visualisation as a Service (VaaS):** Dienste im Umfeld der Visualisierung bieten webbasierte Lösungen, die dem End-Anwender ein Zugriff auf den Informationsbestand mit Berichten, Analysen usw. ermöglichen.

**Szenario für DaaS: Externe Unternehmensinformationen**

Datenbanken zu Unternehmensinformationen wie beispielsweise von Dun & Bradstreet (D&B) liefern zusätzlich externe Informationen zu einer Vielzahl an Firmen. Informationen zur Einschätzung von Risiken bzw. zum Zahlungsverhalten können in die unternehmenseigenen BI-Applikationen integriert werden. D&B bietet für diesen Zweck die Online-Schnittstelle „D&B Data Integration Toolkit" für den Zugriff auf die aktuellen Daten an.[119]

**Szenario für VaaS: Geoinformationssystem**

Geoinformationssysteme (GIS) ermöglichen die Visualisierung von Fakten in Form einer räumlichen Darstellung. Die Aufbereitung erfolgt im Wesentlichen auf Basis von digitalen Karten, die auf verschiedenste Gestaltungsmodi basieren wie beispielsweise topografische Elemente, Koordinaten oder Gebietsstrukturen.

Lösungen wie Google-Maps[120] oder ArcGIS von ESRI[121] beinhalten umfangreiche Funktionen, Werkzeuge und Schnittstellen zur Implementierung adäquater GIS-Applikationen.

### 7.4.3.4 Status

Einzeln betrachtet handelt es sich bei Business-Intelligence und Cloud-Computing nach wie vor um wichtige Themen in der Informatik. Die Kombination BI und Cloud als Komplettlösung fristet jedoch aktuell noch ein Nischendasein. Vorbehal-

---

118 Siehe Fröschle, Hans-Peter & Reinheimer, Stefan (Hrsg.): HMD 275, S. 37
119 Siehe http://www.dnbgermany.de/db-datenbank/liefersysteme/
120 Siehe http://www.google.de/enterprise/maps/
121 Siehe http://www.esri.de/index.html

te und Bedenken gegenüber Cloud-Lösungen wie beispielsweise der Aspekt „Datenschutz" sind sicherlich Gründe dafür. Gleichwohl stellt die Cloud für kleinere Unternehmen die Chance dar, zeitgemäße BI-Lösungen nutzen zu können. Statt BI-Lösungen zu lizenzieren und zu betreiben kann durch den Gebrauch von On-Demand-Services eine nutzungsabhängige Kostensituation geschaffen werden. Ein Beispiel stellt Business Intelligence auf Basis von Windows Azure[122] dar.

Neben kompletten BI-Lösungen bieten spezifische Funktionen und Erweiterungen wie die Integration externer Informationsquellen oder Geoinformationssysteme die Chance, den Kundenwert zu steigern und Effizienzverbesserungen zu erzielen.

### 7.4.4 Blickpunkt Applikationsüberwachung

Der administrative Unterhalt von BI-Applikationen kann durch Monitoringumgebungen mit einer zentralen Überwachung der Systeme und Schnittstellen ermöglicht werden. Es werden zeitnah Informationen zu technischen Belangen aufbereitet wie beispielsweise:

- Systemverfügbarkeit
- Systemperformance
- Systemprobleme

Der Betrieb von Reportingsystemen beschränkt sich nicht nur auf Tätigkeiten, die eine lauffähige Hardware- bzw. Systemumgebung aufrechterhalten. Im Hinblick auf die Überwachung von BI-Applikationen sind weitere Aufgaben zu beachten wie beispielsweise:

- **Status- und Tracking:** Status- und Trackingsysteme erlauben eine Zustandsbestimmung der einzelnen Teilaufgaben zu einem definierten Zeitpunkt (siehe Kapitel 6.4.4).
- **Prozessautomatisierung:** Die Koordination von Abhängigkeiten in den Datenbeschaffungsprozessen kann optimiert werden. Nachfolgende Verarbeitungen wie beispielsweise die Aufbereitung eines Berichtswesens mit KPI-Daten kann nach erfolgreicher Beschaffung sämtlicher relevanter Basisdaten direkt automatisch angestoßen werden. Weitere Automatisierungen können durch Workflow-Management-Systeme erzielt werden (siehe Kapitel 6.4.3).
- **Sperrverwaltung:** Das Sperrkonzept und die Sperrverwaltung sind beispielsweise in Planungsumgebungen relevant.
- **Protokollierung:** Eine automatisierte Überwachung der BI-Applikationen liefert durch zugehörige Protokoll- und Log-Dateien relevante Informationen zum Prozessablauf. Diese fließen als Grundlage für Optimierungsansätze ein.
- **Alarmierung:** Im Fehlerfall können durch eine geeignete Alarmierung unmittelbar nach Eintreten des Fehlers Maßnahmen zur Behebung initiiert werden.

---

122 Siehe http://www.windowsazure.com/de-de/

## 7.4 Potenziale im Unterhalt

Kaizen oder der kontinuierliche Verbesserungsprozess sind Lean-Methoden, die im direkten Bezug zur Optimierung des administrativen Unterhalts stehen. Neben der Gewährleistung einer angemessenen Systemverfügbarkeit liegt das Bestreben in der Senkung der Fehlerquoten, Minimierung der Nacharbeitszeiten und Reduktion der Reklamationsfälle.

Eine stimmige Applikationsüberwachung schafft folglich die Basis für ein proaktives Handeln. Probleme sind durch die Applikationsüberwachung so aufzudecken, dass bereits im Vorfeld eine Behebung durchgeführt werden kann bevor es letztendlich zu einer Beschwerde durch den Reportinganwender kommt. Zwingend sind entsprechende Maßnahmen einzuleiten wenn in der Folge Fehler im Berichtswesen entstehen oder Falschaussagen ergeben.

Aus der Problemanalyse ergeben sich Potenziale, die beispielsweise mit der Poka Yoke Methode gehoben werden können und zukünftig zur Fehlervermeidung (siehe Kapitel 7.5.3) beitragen. Reporting-Prozesse können somit robuster gestaltet, die Systemverfügbarkeit erhöht und die Verschwendung von Ressourcen vermieden werden.

### 7.4.5 Blickpunkt Kostentransparenz

Die Bedeutung der IT für operative Prozesse und analytische Prozesse wird sich weiter erhöhen. Einerseits steigen hierdurch die Anforderungen an die IT im Hinblick auf die zu erbringenden Dienstleistungen und Produkte. Andererseits steht die Wirtschaftlichkeit der IT ebenfalls im Fokus. Service-Level-Agreements und zugehörige Kennzahlen sorgen für einen entsprechenden Nachweis.

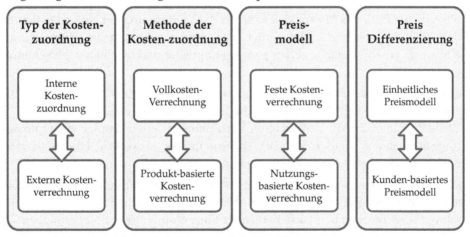

**Abbildung 7-16:** Parameter[123]

---

123 Siehe Blomer, Roland & Mann, Hartmut & Bernhard, Martin: Praktisches IT-Management, S. 92f

Durch die Etablierung einer adäquaten Kostenverrechnung für die erbrachten und bereitgestellten Service-Leistungen wird für mehr Transparenz der Informatikkosten gesorgt. Gemäß Gora und Schulz-Wolfgramm hat sich das folgende Parametermodell bewährt[124]:

Je nach erbrachter Dienstleistung kann basierend auf diesen Parametern eine Verrechnung erfolgen. Bernhard führt als Voraussetzungen für eine transparente IT-Leistungsverrechnung die folgenden Punkte an[125]:

- **Kundenorientierung:** Die beziehbare IT-Leistungsmenge muss durch den Kunden beeinflussbar sein und einen Nutzen aufzeigen. Der Umfang des Leistungskatalogs muss einen handhabbaren Rahmen aufweisen.
- **Kostenorientierung:** Die Verrechnung der Kosten muss verursachungsgerecht sein. Idealerweise sollten aus Sicht der IT alle Leistungen verrechnet werden können und im Vorfeld eine zugehörige Planung durchführbar sein.
- **Verrechnungsaufwand:** Der Aufwand für die operativen Verrechnungsprozesse muss in einem sinnvollen Kosten-Nutzen-Verhältnis stehen.
- **Strategische Steuerung:** Durch die Festlegung entsprechender Preise kann die strategische Nutzung von Dienstleistungen oder der Einsatz von Produkten gesteuert werden.
- **Controlling & Benchmarking:** Durch die Kalkulation von Verrechnungspreisen ist die Grundlage für ein Benchmarking geschaffen.

Die Abwicklung der Verrechnung für Business-Intelligence-Projekte kann basierend auf den intern erbrachten Stunden und den extern bezogenen Beratungsleistungen erfolgen.

Ein nutzungsbasiertes Preismodell kann für die Verrechnung der laufenden Reporting-Umgebung herangezogen werden. Basierend auf den erhobenen Daten zum Nutzungsverhalten kann im Prinzip eine sehr präzise und detaillierte Abrechnung erfolgen.

Eine weitere Variante der Verrechnung stellt die Klassifizierung der BI-Applikationen in verschiedene Verrechnungsklassen dar (siehe Abbildung 7-17). Diese Variante führt zu konstanteren Verrechnungswerten. Erfolge aus Optimierungsmaßnahmen werden jedoch nicht unmittelbar ersichtlich. Hierzu ist eine Reklassifizierung der Applikation vorgängig vorzunehmen.

Die nutzungsabhängige Verrechnung der Kosten stellt sicherlich die transparenteste Form dar. Eine nutzungsabhängige Abrechnung lässt sich in der Regel nur sehr schwer verwirklichen und ist sicherlich als Einzellösung für den Reportingbereich nicht anzuregen. Die Klassifizierung der Anwendungen andererseits ermöglicht dem Fachbereich, die verschiedensten BI-Applikationen zu vergleichen. Applika-

---

124 Siehe Gora, Walter & Schulz-Wolfgramm, Cornelius: Informations Management, S. 281
125 Siehe Blomer, Roland & Mann, Hartmut & Bernhard, Martin: Praktisches IT-Management, S. 92f

## 7.4 Potenziale im Unterhalt

tionen mit einem umfangreichen und spezifisch aufgebauten Berichtswesen oder mit einem sehr detaillierten Datenvolumen sind im Hinblick auf den Unterhalt sicherlich aufwändiger. Die Klassifizierung bietet die Chance, diese einzelnen Applikationen aus dem Blickwinkel der Wirtschaftlichkeit ins Verhältnis zu setzen.

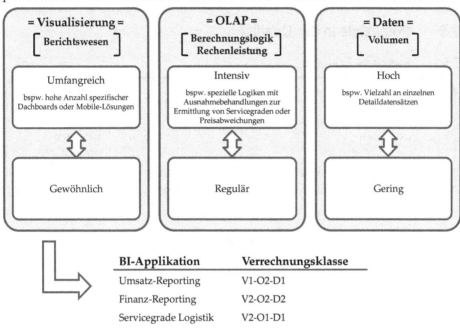

**Abbildung 7-17:** Verrechnungsklassen

### 7.4.6 Quintessenz

Ein immer wieder arbeitsintensives Thema ist der Unterhalt der bestehenden BI-Applikationen und des zugehörigen Reportingsystems. Optimierungen in diesem Umfeld insbesondere betreffend Routinetätigkeiten sind willkommen. Die Implementierung einer automatisierten und wirksamen Applikationsüberwachung schafft die Basis für proaktives Handeln. Anfallende Protokollinformationen bilden wiederum die Grundlage für Wertstromanalysen. Maßnahmen zur Fehlervermeidung, Poka Yoke, können abgeleitet und umgesetzt werden.

Ein weiterer wichtiger Punkt ist die Kostentransparenz. Die Mitverantwortung der Verantwortlichen im Fachbereich und der IT für BI-Applikationen wird im Hinblick auf die Wirtschaftlichkeit durch die Einführung entsprechender Klassifizierungs- oder Verrechnungsmodelle gestärkt. Kostentreiber werden nicht nur durch und innerhalb der Informatik benannt, sondern der Fachbereich selbst kann mitentscheiden, wie die monetären Ressourcen Verwendung finden sollen.

Zusätzlich zeigen Gedanke wie „BI aus der Cloud" auf, dass die Materie Betrieb von Reportingsystemen nach wie vor aktuell ist. Entwicklungen in diesem sehr dynamischen Umfeld sind zu prüfen und zu bewerten. Insbesondere für kleinere Unternehmen bieten Cloud-Lösungen den Zugang zu adäquaten BI-Anwendungen ohne umfangreiche eigene Systemumgebungen aufbauen und betreiben zu müssen.

## 7.5 Potenziale in der Qualität

### 7.5.1 Business Szenario

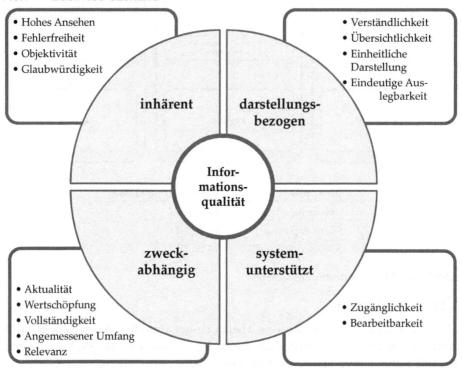

**Abbildung 7-18:** Informationsqualität[126]

Jeder Analyseprozess beinhaltet verschiedenste Arten von Stammdaten. Dies können Materialstammdaten oder Kundestammdaten sein. Zusätzlich werden ergänzende Informationen für das Berichtswesen erfasst. Sind diese Daten falsch, führt dies in der Folge zu fehlerhaften Ergebnissen.

Die Autoren des Buchs Daten- und Informationsqualität erarbeiteten 15 Informationsqualität-Dimensionen und 4 Informationsqualität-Kategorien[127], die in Abbildung 7-18 wiedergegeben sind.

---

126 Siehe Hildebrand, Knut & Gebauer, Marcus & Hinrichs, Holger & Mielke, Michael: Daten- und Informationsqualität, S. 29
127 ebenda, S. 28

## 7.5.2 Einordnung in die Lean-Reporting-Philosophie

Poka Yoke stellt ein Prinzip dar, welches die Implementierung von technischen Vorkehrungen vorsieht, um Fehler zu vermeiden bzw. zeitnah aufzudecken (siehe Kapitel 3.4.3).

### 7.5.2.1 Lean-Reporting

Lean-Reporting zeichnet sich dahingehend aus, dass dem Anwender durch Fehlervermeidungstechniken ein höherer Nutzen bereitgestellt werden kann. Eine unnötige Zeit- und Ressourcenverschwendung, deren Ursachen vielfältig und gelegentlich durchaus knifflig sein können, sind zu analysieren und auf Möglichkeiten der Optimierung zu prüfen. Die Ursachen können beispielsweise begründet sein in:

- Falsche Berichtsauswahl
- Falsche Selektionseingaben
- Nachträgliche Datenkorrekturen
- Verspätete Datenbereitstellung
- Unvollständige Datenerfassung
- Verschiedenheit der Datensilos

### 7.5.2.2 Ansätze

Gerade das Poka Yoke Prinzip bietet viele Ansatzpunkte für die Hebung von Optimierungspotenzialen. Die nachfolgenden Ansätze und Anmerkungen sollen diese Potenziale verdeutlichen.

- Fehlervermeidung: Durch die Analyse der Fehlerentstehung können Schlüsse gezogen werden, wie beispielsweise zukünftig eine Wiederholung des Fehlers vermieden werden kann.
- Reporting-Factory: Die Standardisierung im Reportingumfeld führt zu einer Verbesserung der Informationsqualität. Durch organisatorische Modelle wie die Reporting-Factory wird dieser Ansatz unterstützt.
- Single-Point-of-Truth (SPOT): Das Prinzip „Single-Point-of-Truth" beinhaltet den Ansatz, dass es bei redundanten Informationsquellen eine Umgebung gibt, deren Datenbestand hinsichtlich Datenqualität und Aussagekraft verlässlich ist (siehe Kapitel 8.4.3.2).

### 7.5.2.3 Herausforderungen

Auf allgemeine positive Resonanz stößt sicherlich das Poka Yoke Prinzip der Fehlervermeidung. Die Herausforderung liegt in der Abschätzung was betriebswirtschaftlich sinnvoll ist (siehe Abbildung 7-19). Das Verhältnis von Machbaren und Realisierbaren zu dem erreichbaren Mehrwert ist zu berücksichtigen. Der Pareto-Effekt mit dem 80/20-Prinzip ist wiederum zu erwähnen (siehe Kapitel 4.5.2).

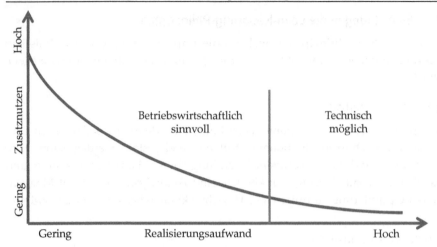

**Abbildung 7-19:** Realisierungsaufwand und Nutzen

Bei der Etablierung einer Reporting-Factory sind weitere Hürden zu meistern. Einhergehend mit organisatorischen Veränderungen stellt bereits die Einführung eine entsprechende Herausforderung dar. Weitere Erschwernisse können in inhaltlichen Aspekten der Standardisierung und Harmonisierung des Reportings ruhen.

### 7.5.3 Blickpunkt Fehlervermeidung

Im Zusammenhang mit den zu Beginn vorgestellten Informationsqualität-Dimensionen sind im Hinblick auf die Fehlervermeidung Aspekte interessant wie zum Beispiel:

- **Fehlerfreiheit:** Fehlerfreie Informationen liegen vor, wenn eine Übereinstimmung mit der Realität gegeben ist.[128] Es ist beispielsweise eine fehlerfreie Erfassung durch geeignete Mechanismen zu unterstützen. Bei der Datenaufbereitung kann durch eine adäquate Logik das Einspielen von Datenmüll vermieden werden.
- **Bearbeitbarkeit:** Leichte Bearbeitbarkeit liegt dann vor, wenn Informationen einfach zu ändern und für unterschiedliche Zwecke verwendbar sind.[129] Das Ergänzen von zusätzlichen Informationen ist durch geeignete Oberflächen zu erleichtern.
- **Vollständigkeit:** Zu beachten ist, dass Nachbesserungen nicht nur zu einem Mehraufwand führen, sondern in Abhängigkeit des Zeitpunkts auch Qualitätseinbußen in der Aussagekraft der Informationen verursachen.
- **Eindeutige Auslegbarkeit:** Eine eindeutige Auslegbarkeit kann beispielsweise durch eine abgestimmte Terminologie bewirkt werden. Die Basis für ein identi-

---

128 Siehe Hildebrand, Knut & Gebauer, Marcus & Hinrichs, Holger & Mielke, Michael: Daten- und Informationsqualität, S. 29
129 ebenda

## 7.5 Potenziale in der Qualität

sches Verständnis der Informationen kann geschaffen werden. In Bezug auf die eindeutige Auslegbarkeit sind Punkte wie zum Beispiel das Schatten-Reporting (siehe Kapitel 5.3.4) interessant.

Es gibt verschiedene Praktiken der Fehlervermeidung. Insbesondere die ISO-Norm 9241-110 liefert durch die sieben Grundsätze der Dialoggestaltung hilfreiche Hinweise: [130]

- **Erwartungskonformität:** Durch die Benutzung der Reportingsysteme entstehen Erfahrungen in Form von mentalen Modellen und damit Erwartungen an das Reportingsystem selbst.[131]
- **Aufgabenangemessenheit:** Mit wenigen Schritten kann die durchzuführende Tätigkeit erledigt werden. Im Reportingumfeld kann die Eingabe von Selektionskriterien dahingehend optimiert werden (siehe Abbildung 7-20).
- **Selbstbeschreibungsfähigkeit:** Der Anwender findet sich in der BI-Applikation intuitiv zu recht. Pflichteingaben beispielsweise in Selektionsbilder sind unmittelbar erkennbar.
- **Lernförderlichkeit:** Der Anwender kann seine Arbeitsweise weiterverbessern. Die Arbeit kann beispielsweise durch Tastenkombinationen vereinfacht werden.
- **Steuerbarkeit:** Die Steuerung des Ablaufs der BI-Applikation wird vom Anwender vorgenommen und unterliegt nicht einem Diktat der Applikation selbst.
- **Fehlertoleranz:** Die BI-Applikation läuft in einem stabilen Umfeld, das dafür sorgt, dass auch eine Fehleingabe nicht zu einem Problem in der gesamten BI-Applikation oder dem nachfolgenden Berichtswesen führt.
- **Individualisierbarkeit:** Die BI-Applikation kann durch den Anwender selbst beeinflusst werden. Die Gestaltung kann an die jeweiligen eigenen Bedürfnisse angepasst werden.

| Ohne Optimierung | | Mit Optimierung | |
|---|---|---|---|
| Kalendertag | 25.01.2013 | Kalendertag (*) | 25.01.2013 |
| Kalendermonat | 01.2013 | Gesellschaft | Vertrieb_DE |
| Kalenderjahr | 2013 | Die abhängige Variablen können zur Laufzeit im Hintergrund ermittelt werden. | |
| Gesellschaft | Vertrieb_DE | | |
| Währung | EUR | Variablen mit (*) sind Pflichteingaben. | |

**Abbildung 7-20:** Selektionsbild

---

130 Siehe Balzert, Heide & Klug, Uwe & Pampuch, Anja: Webdesign & Web-Usability, S. 9
131 Siehe Herczeg, Michael: Software-Ergonomie, S. 131

## 7.5.4 Blickpunkt Reporting-Factory

Die Bereitstellung von Dienstleistungsprozessen und Ressourcen innerhalb eines divisional gegliederten Unternehmens kann mit Hilfe der Organisationsform „Shared-Service-Center" gebündelt werden.[132] Gleichartige Prozesse und Aufgaben in Bereichen wie Personalwesen, Finanzwesen oder Informatik werden in entsprechenden Service Centern zusammengeführt und dem internen Kunden angeboten.

Das verfolgte Ziel ist gegenüber dem Ausgangszustand ein höheres Effektivitäts- und Effizienzniveau der internen Dienstleistungen zu erreichen.[133] Einhergehend mit dem weiteren Vorteil, dass der interne Kunde wiederum sich auf seine Kernprozesse fokussieren kann.

Das Organisationsmodell der Shared-Service-Center wird durch den Ansatz der Reporting-Factory zusätzlich im Hinblick auf das Thema Reporting präzisiert.

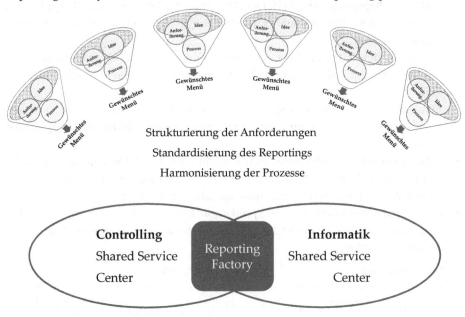

**Abbildung 7-21:** Reporting-Factory

In der Praxis sind Reportingaufgaben oftmals fragmentiert und heterogen verteilt. Durch die Reporting-Factory können Reportingaufgaben zusammengeführt und standardisiert werden.[134] Die Reporting-Factory stellt somit die Basis dar für die Strukturierung von Reportinganforderungen, die Harmonisierung der Reportingprozesse und die Standardisierung des Berichtswesens als solches.

---

132 Siehe Hofmann, Jürgen & Schmidt, Werner (Hrsg.): IT-Management, S. 97
133 Siehe Keuper, Frank & Wagner, Bernd & Wysuwa, Hans-Dieter: Managed Services, S. 207
134 Siehe Gleich, Ronald & Horváth, Péter & Michel, Uwe: Management Reporting, S. 311

## 7.5 Potenziale in der Qualität

Reportingthemen wie die folgenden Beispiele können dem Aufgabengebiet der Reporting-Factory zugeordnet werden:

- Themen mit strategischer Ausrichtung
    - ✓ Corporate-Reporting-Design: Die Federführung für die Etablierung eines Corporate-Reporting-Designs ist ein Beispiel für einen initialen Aufbau eines Business-Intelligence-Competence-Centers (siehe Kapitel 6.2.4.1)
    - ✓ Terminologie: Eine gemeinsame Terminologie innerhalb des Unternehmens sorgt für die nötige Transparenz (Siehe Kapitel 5.3.3).
- Themen mit operativer Ausrichtung
    - ✓ Monatliches Berichtswesen: Für die verschiedenen Empfänger wird das Berichtswesen zentral in einem einheitlichen Look and Feel erstellt.
    - ✓ Ideenmanagement: Ideen und Vorschläge mit Bezug zum Reporting können an einer zentralen Stelle gesammelt und vor allem bewertet werden.

### 7.5.5 Quintessenz

Qualität ist wenn der Kunde zurückkommt und nicht das Produkt. Die Ansprüche der Anwender steigen generell – sicher auch zu recht. Qualität beginnt aber oftmals im Kopf mit Fragen wie:

- Sind die Daten aktuell?
- Sind die Daten vollständig?
- Sind die Daten fehlerfrei?
- Wo sind die Daten abrufbar?
- Was ist beim Datenabruf zu beachten?

Zu viele negative Erfahrungen hinsichtlich der Qualität belasten das Vertrauensverhältnis. Durch Prinzipien wie Poka Yoke kann das Lean-Reporting maßgeblich zu Verbesserungen im Qualitätsumfeld beitragen. Durch die Strategie der Fehlervermeidung und Grundsätzen, wie sie die ISO-Norm 9241-110 liefern, kann eine fundierte Validierung der BI-Applikationen und Reportingprozesse durchgeführt werden.

Organisatorische Modelle wie der Ansatz der „Reporting-Factory" konzentrieren reportingrelevante Themen in dafür speziell befähigte und fähige Positionen innerhalb des Unternehmens. Eine Optimierung des Berichtswesens und der damit verbundenen Daten- und Informationsqualität kann vorangetrieben werden.

# 8 Optimierungen im Bereich Technologie

*Das Gefährlichste an der Technik ist,
daß sie ablenkt von dem,
was den Menschen wirklich ausmacht,
von dem, was er wirklich braucht.*
Elias Canetti

## 8.1 Einblick

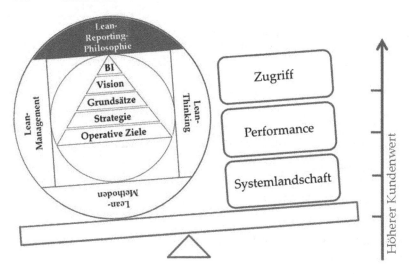

**Abbildung 8-1:** Lean-Reporting im Bereich Technologie

Durch Lean-Reporting können im Bereich Technologie verschiedenste Optimierungen der Effizienz im Berichtswesen durchgeführt werden. Vorwiegend die folgenden Themen bieten interessante Ansätze:

- Potenziale im Zugriff
  - ✓ Reporting-Portal
  - ✓ Single-Sign-On
- Potenziale in der Performance
  - ✓ Big-Data
  - ✓ In-Memory-Technologie
  - ✓ Performance-Analyse
- Potenziale in der Systemlandschaft
  - ✓ Operatives Reporting
  - ✓ Medienbrüche

## 8.2 Potenziale im Zugriff

### 8.2.1 Business Szenario

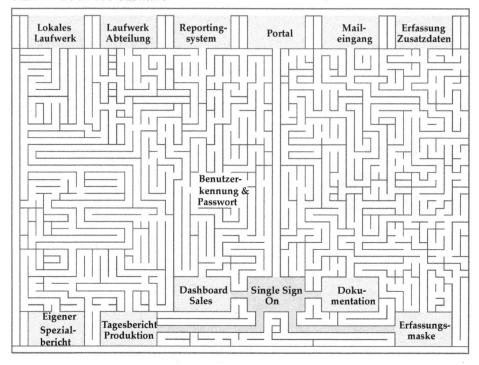

**Abbildung 8-2:** Irrgarten Reporting

Der Fall scheint einfach zu sein. Welcher Pfad ist zu wählen, um die gewünschte BI-Komponente zu finden:

- Wo befindet sich der aktuelle Tagesbericht mit den neuesten Key-Performance-Kennzahlen aus der Produktion?
- Wo kann das interaktive Dashboard für die Umsatzzahlen gestartet werden?
- Wo ist die Anleitung für die anstehende Budgetrunde mit der zugehörigen Prozessbeschreibung?
- Wo können die zusätzlichen Daten erfasst oder Kommentierungen ergänzt werden?
- Wo ist der selbstaufgebaute Bericht mit spezifischer Aufbereitung von Kennzahlen abgelegt?

### 8.2.2 Einordnung in die Lean-Reporting-Philosophie

Wartezeiten, Leerläufe oder die Suche nach Informationen sind Grundformen der Verschwendung, Muda. Die mühsame und zeitintensive Suche fördert die Verschwendung und statt einer Steigerung des Kundenwerts erfolgt dessen Vernichtung.

## 8.2.2.1 Lean-Reporting

Durch Lean-Thinking und folglich Lean-Reporting gilt es diese Art von Verschwendung zu beseitigen. Durch die Optimierung im Zugriff lässt sich eine bedeutende Effizienzsteigerung in der Mitarbeiterproduktivität erzielen. Zusätzlich kann durch eine zentrale Ablage der Daten der Gefahr entgegen gewirkt werden, dass Berichte oder Auswertungen, die sich im Dschungel der Unternehmensverzeichnisse und Anwendungen verstecken, nicht gefunden werden und der Annahme fälschlicherweise unterliegen, dass selbige gar nicht erst existieren.

## 8.2.2.2 Ansätze

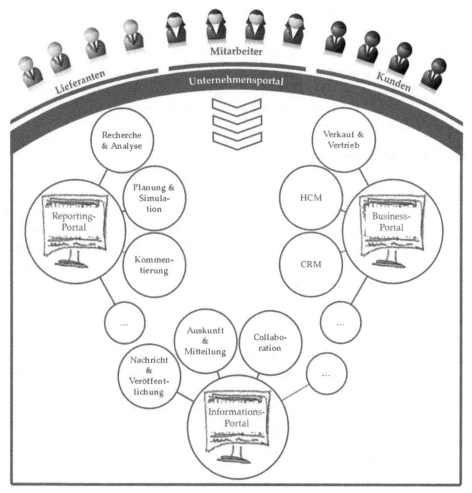

**Abbildung 8-3:** Unternehmensportal[135]

---

135 Figuren: © istockfoto

Eine Verbesserung der Informationsbereitstellung kann durch die Etablierung eines Reporting-Portals erreicht werden. Das Reporting-Portal stellt die zentrale Drehscheibe für sämtliche Reporting-Belange dar. Die verschiedensten im Unternehmen existenten BI-Applikationen mit den zugehörigen Berichten, Prozessen und Dokumenten können an einer zentralen Stelle, dem Reporting-Portal, zusammengeführt werden.

Durch eine adäquate Integration des Reporting-Portals in ein Business-Portal und Unternehmensportal kann ein weiterer Nutzen erzielt werden. Die Verknüpfung von Inhalten aus den operativen Prozessen und aus den analytischen Prozessen kann erfolgen.

Ferner kann durch den Einsatz einer Wissensmanagement-Komponente (oder englisch Knowledge-Management) weiteres Verbesserungspotenzial erschlossen werden. Das Thema Wissensmanagement wird im Kapitel 6.3.3 näher beleuchtet.

Die Authentifizierung kann als weiterer Optimierungsaspekt angeführt werden. Durch eine einmalige Anmeldung am Portalsystem wird der Zugriff auf die angebundenen Subsysteme gewährt. Diese sogenannte Single-Sign-On-Technologie wird im Kapitel 8.2.4 vorgestellt.

### 8.2.2.3 Herausforderungen

Entscheidend ist, dass der Anwender sich bei der Strukturierung der Portalinhalte aktiv einbringen kann. Bei einer fehlenden Gruppierung der Inhalte kann die Suche wiederum enden in dem Finden eines Weges durch den Irrgarten. Zusätzliche technische Lösungen können in diesem Zusammenhang die Etablierung von individuell einstellbaren Arbeitsbereichen bzw. Portal-Workspaces sein, die in Kapitel 5.4.6 dargelegt werden.

Auf der it-technischen Seite stellt die Herausforderung die modulare Integrierbarkeit der einzubindenden Systeme dar. Verschiedene Komponenten, Prozessschritte sind modular miteinander zu kombinieren und vor allem auch zu verbinden. Die Modularisierung wird benötigt, um beispielsweise Anwendern eine adäquate Umgebung zu schaffen, die sowohl Komponenten aus operativen Prozessen z. B. Erfassung eines Kundenauftrags als auch analytische Informationen z. B. Kundenbestellverhalten beinhaltet. Um eine optimale Verbindung aufbauen zu können, bedarf es der Unterstützung entsprechender Architekturmodelle wie beispielsweise SOA (serviceorientierte Architektur). Die Definition des Begriffs SOA ist zwar vielfältig, die Grundphilosophie des SOA-Ansatzes spiegelt sich jedoch in der Definition von Ingo Melzer wieder:

SOA ist eine Systemarchitektur, die vielfältige, verschiedene und eventuell inkompatible Methoden oder Applikationen als wiederverwendbare und offen zugreif-

## 8.2 Potenziale im Zugriff

bare Dienste repräsentiert und somit eine plattform- und sprachenunabhängige Nutzung und Wiederverwendung ermöglicht.[136]

### 8.2.3 Blickpunkt Reporting-Portal

Im Zusammenhang mit Reporting und Planung beschreibt Dietmar Schön Portale als Lösungen, die Analysesysteme und Informationen durch einheitliche Oberflächen für den Anwender verbinden und in der Regel mittels Browser zugänglich machen.[137] Zusätzlich besitzt das Portal Eigenschaften, die es ermöglichen, einerseits dem Anwender bedarfsgerecht und spezifisch Informationen zur Verfügung zu stellen. Andererseits kann der Anwender selbst eine Personalisierung der Strukturen im Portal vornehmen.

Ergänzend ist die Darstellung, dass Unternehmensportale Portale für geschlossene Anwendergruppen sind. Neben den internen Mitarbeitern können auch Geschäftspartner wie Lieferanten oder Kunden zu dieser Anwendergruppe gehören.[138]

Anhand der zwei folgenden Beispiele, Lieferantenportal und Finanzportal soll der Nutzen der Portaltechnologie aufgezeigt werden.

#### 8.2.3.4 Beispiel Lieferantenportal

Lieferantenportale bieten einen gezielten Zugang zu personalisierten Informationen. Lieferanten erhalten die Möglichkeit, aktuelle Dokumentationen, technische Unterlagen oder Ausschreibungstexte zu beziehen. Relevante Stammdatenänderungen können ebenfalls über das Lieferantenportal in entsprechende operative Prozesse einfliessen. Neben allgemeinen Stammdaten zum Lieferanten selbst wie beispielsweise Kontaktdaten können dies auch Änderungen hinsichtlich der Materialstammdaten sein wie beispielsweise Losgrössen oder Wiederbeschaffungszeiten. Selbst der initiale Prozess der ersten Kontaktaufnahme eines potenziellen Neulieferanten kann über die Portaloberfläche abgewickelt werden.

Aus Sicht Reporting können aktuelle Daten aus dem Beschaffungscontrolling aufbereitet werden und über das Lieferantenportal zugänglich gemacht werden:

- **Einkaufscontrolling:** Informationen zur erbrachten Einkaufsleistung und eine zugehörige Einkaufserfolgsmessung können abgerufen werden.
- **Lieferantenbewertung:** Aktuelle Einschätzungen hinsichtlich der Bewertung des Lieferanten sind zur Einsichtnahme einstellbar. Erkenntnisse basierend auf qualitativen Kriterien, die beispielsweise im Zuge eines Audits erhoben wurden, und quantitative Kriterien wie Mengen- und Termintreue sind transparent und jederzeit zugänglich im Portal ersichtlich.

---

136 Siehe Melzer, Ingo: Service-orientierte Architekturen mit Web Services, S. 13
137 Siehe Schön, Dietmar: Planung und Reporting im Mittelstand, S. 257
138 Siehe Otto, Boris & Winkler, Sven & Wolter, Jörg: Erfolgreiche Portalprojekte, S. 7

- **Bedarfsvorschau:** Basierend auf vorhandene Kundenaufträge und geplanten Verkäufen können entsprechend den gegebenen Bestellparametern in regelmässigen Abständen Vorschauwerte aufbereitet werden und dem Lieferanten zu dessen eigenen Disposition zur Verfügung gestellt werden. Weitergehende Modelle wie das Kanban-Verfahren (siehe Kapitel 2.5.4) oder das Konzept Vendor-Managed-Inventory, bei dem der Lieferant die Verwaltung des Bestands und eine entsprechende Steuerung des Nachschubs übernimmt, können durch das Lieferantenportal begleitend unterstützt werden.

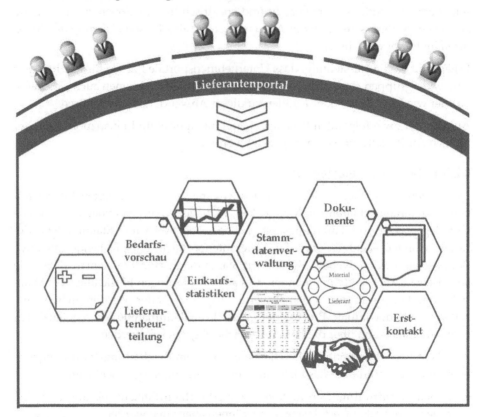

**Abbildung 8-4:** Lieferantenportal[139]

Die Schaffung einer zentralen Plattform ermöglicht eine aktive Verzahnung der Lieferanten in den Beschaffungsprozess mit den Zielen:

- Senkung der Warenbestände
- Reduktion der Durchlaufzeiten
- Erhöhung der Versorgungssicherheit
- Optimierung der operativen Prozesse

---

139 Figuren: © istockfoto

## 8.2 Potenziale im Zugriff

- Intensivierung des Informationsaustauschs durch eine regelmäßige Kommunikation
- Steigerung des gegenseitigen Vertrauens als gemeinsame Basis für eine intensive und verlässliche Zusammenarbeit

### 8.2.3.5 Beispiel Finanzportal

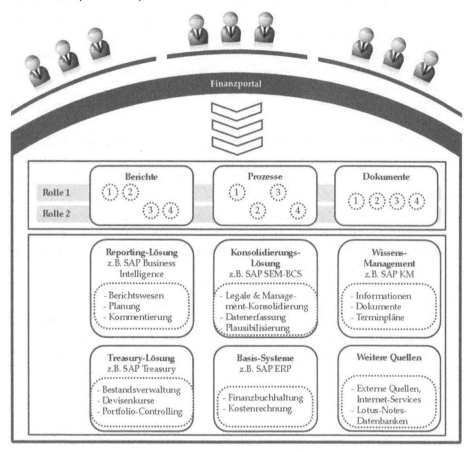

**Abbildung 8-5:** Finanzportal[140]

Durch die Implementierung eines Finanzportals wird ein einfacher und rascher Zugriff auf relevante Informationen und Geschäftsprozessen ermöglicht. Ein zentraler Zugang zu diesen einzelnen Modulen des Finanzbereichs kann eingerichtet werden. Das Finanzportal bietet somit einen Single-Point-of-Entry für Komponenten und Lösungen wie:

- Konsolidierung und Abschluss

---

140 Siehe Bakir, Evrim & Niedermayer-Thomay, Bettina: Finanz-Reporting mit SAP Netweaver Portal, S. 47. Figuren: © istockfoto

- Treasury und Risk-Management
- Planungsprozesse
- Berichtswesen
- Informationen und Dokumente
- Direkter Zugriff auf Basissysteme

Durch rollenbasierte Ansätze können den verschiedenen Anwendern für den jeweiligen Tätigkeitsbereich entsprechende Zugriffsberechtigungen zugeordnet werden. Beispielsweise kann dem Anwender A als Mitarbeiter im Bereich Treasury die entsprechend konfigurierte Berechtigungsrolle „Treasury" zugeordnet werden. Dem Anwender B als Mitarbeiter im Accounting ist analog eine Rolle „Konsolidierung" zuordenbar.

### 8.2.3.6 Vorteile

Aus Sicht des Kunden kann der Wert und Nutzen des Reportings durch die Schaffung eines adäquaten Reporting-Portals gesteigert werden. Durch ein Portal können gemäss Großmann und Koschek[141] in folgenden Bereichen zusätzliche Vorteile erzielt werden:

- **Ordnung:** Durch den zentralen, einheitlichen und systemunabhängigen Zugang kann Ordnung geschaffen werden.
- **Orientierung:** Eine kontextabhängige Informationsrecherche sorgt für eine zweckmäßige Orientierung.
- **Fachlichkeit:** Nicht die Vielfältigkeit der Systeme und Techniken steht im Fokus sondern der jeweilige fachliche Nutzen der einzelnen Komponente.
- **Durchgängigkeit:** Durch die Integration der am Geschäftsprozess beteiligten Systeme kann eine wertvolle Durchgängigkeit geschaffen werden.
- **Zusammenarbeit:** Eine optimale Zusammenarbeit räumlich verteilter und zeitlich versetzter Teams kann unterstützt werden.

### 8.2.4 Blickpunkt Single-Sign-On

Single-Sign-On, kurz SSO, steht für die einmalige Authentifizierung des Anwenders. Die Methode „Single-Sign-On" bietet dem Anwender einige Vorteile.

- **Passwort:** Das Merken verschiedenster und oftmals unterschiedlicher Passwörter und Benutzerkennungen entfällt durch Single-Sign-On. Die Anmeldung erfolgt einmalig am lokalen Arbeitsplatzrechner.
- **Passwortrichtlinien:** Das Verständnis des Anwenders zur Festlegung von allgemeinen Regeln für die Bildung von Passwörtern und zusätzliche Wechselintervalle ist eher gegeben. Die Handhabung unterschiedlicher Richtlinien in den einzelnen Anwendungen entfällt.

---

141 Großmann, Martina & Koschek, Holger: Unternehmensportal, S. 37

- **Service-Desk:** Die Anzahl der zu handhabenden Passwörter kann reduziert werden und somit die Wahrscheinlichkeit des Vergessens gesenkt werden. Zeitverluste und resultierende Aufwände durch die Inanspruchnahme der Dienstleistungen des Service-Desks können vermieden werden.
- **Primitivität:** Die Notwendigkeit verschiedenste Passwörter in regelmäßigen Abständen zu kreieren, führt oftmals zur Wahl relativ einfach zu merkender Passwörter wie beispielsweise „123456" oder ebenfalls besonders kreativ die Wahl „password1" und entsprechender fortlaufender Nummern.[142] Durch die systemtechnische Abbildung der Richtlinien kann der Verwendung zu banaler Passwörter entgegengewirkt werden.

Es gibt zwei wesentliche Arten von Single-Sign-On-Systemen:

- **Passwortsynchronisierende Systeme**[143]: Nach der Anmeldung am Single-Sign-On-System übernimmt dieses die Weitergabe der Benutzerkennung und Passwörter an die angebundenen Systeme.
- **Ticket-basierte Systeme**[144]: Bei dieser Lösung werden „Tickets" erstellt, die es dem Anwender ermöglichen, sich gegenüber den weiteren Anwendungen auszuweisen.

Die Authentifizierung am System selbst kann durch verschiedene Verfahren erfolgen, die sich in die vier Varianten unterteilen lassen[145].

- **Authentifizierung durch Wissen:** Die Verwendung von Benutzerkennung und Passwort repräsentiert diese Variante.
- **Authentifizierung durch Besitz:** Unter „Besitz" sind Gegenstände wie Smartcards oder Token zu verstehen.
- **Authentifizierung durch Merkmale:** Durch biometrische Eigenschaften kann eine entsprechende Identifikation erfolgen.
- **Authentifizierung durch Kombination:** Die drei ersten Varianten können durch Kombination zur Authentifizierung dienen.

Aus Sicht Lean-Reporting empfiehlt sich der Einsatz der Single-Sign-On-Technik. Im Unterschied zu den operativen Systemen, deren Zugangsdaten sehr regelmäßig benötigt werden, gibt es im Reportingumfeld durchaus Anwender, die nur gelegentlich den Zugriff benötigen. Insbesondere für Gelegenheitsanwender ist somit die Single-Sign-On-Technik eine hilfreiche Komfortfunktion. Durch die Anmeldung am eigenen Rechner kann beispielsweise der Zugriff auf die Reporting-Umgebung ermöglicht werden.

---

142 Siehe www.welt.de - Bodderas, Elke: So gefährlich ist das beliebteste Passwort der Welt
143 Siehe Müller, Klaus-Rainer: IT-Sicherheit mit System, S. 305
144 ebenda
145 Siehe Klarl, Heiko: Zugriffskontrolle in Geschäftsprozessen, S. 18

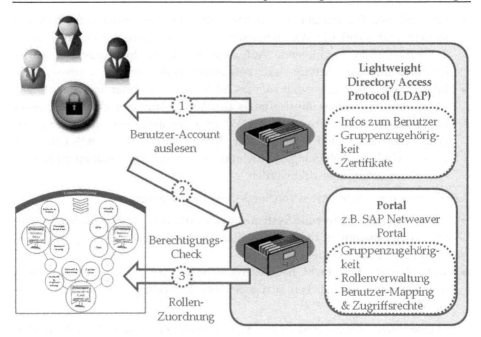

**Abbildung 8-6:** Authentifizierungsverfahren mit Single-Sign-On[146]

### 8.2.5 Quintessenz

Die Integration eines Data-Warehouses bzw. das Thema Reporting in ein Unternehmensportal wird oft leider in der Strategie nicht berücksichtigt.[147] Portale können jedoch einen wesentlich Beitrag zur Akzeptanz und Nutzen des Reportings beisteuern, in dem Informationen und Anwendungen strukturiert zusammengeführt werden können. Die Portalumgebung ermöglicht durch einen rollenspezifischen Aufbau eine für den jeweiligen Anwender maßgeschneiderte Bereitstellung von Inhalten. Letztendlich kann ein adäquater unternehmensweiter Überblick erreicht werden.

Durch das Single-Sign-On-Verfahren ist ein zusätzlicher Mehrwert erzielbar. Die Handhabung verschiedenster Passwörter entfällt. Barrieren, die durch zusätzliche Eingaben von Benutzerkennungen und Passwörtern, offensichtlich waren, können eliminiert werden. Zu erwähnen ist, dass die Single-Sign-On-Technik nicht frei von Risiken ist. Unabhängig durch welche Art und Weise die Zugangsdaten zugänglich wurden. Der Zugriff auf alle Informationen und Systeme ist ermöglicht. Der sensible Umgang mit den Zugangsdaten ist demnach zu beachten.

---

146 Figuren: © istockfoto
147 Siehe Gómez, Jorge Marx et al: Einführung in SAP Business Information Warehouse, S. 39

## 8.3 Potenziale in der Performance

Das Reporting-Portal mit integrierter Single-Sign-On-Funktionalität schafft somit den idealen und effizienten Weg zu den benötigten Reportinginhalten. Die Verschwendung von Zeit für die Suche des richtigen Berichts entfällt.

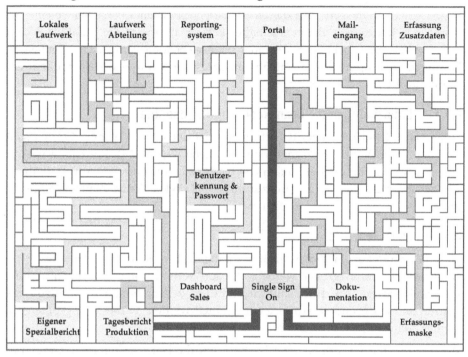

**Abbildung 8-7:** Irrgarten – Wege zum Ziel

## 8.3 Potenziale in der Performance

### 8.3.1 Business Szenario

Das unternehmensinterne Reporting beruht nicht mehr ausschließlich auf dem Berichtswesen mit der periodischen Erstellung einzelner Berichte. Das Thema Reporting hat sich vielmehr in Richtung eines Steuerungsinstruments entwickelt, das dynamisch und sehr flexibel eingesetzt wird. Dashboards zur Visualisierung entscheidungsrelevanter Kennzahlen mit der Möglichkeit der einfachen Navigation im integrierten Datenbestand sind Reporting-Werkzeuge, die in diesem Zusammenhang vermehrt zum Einsatz kommen.

Um aus den vorhandenen Datenbeständen neue wertvolle Informationen zu gewinnen, werden im Data-Mining verschiedene Techniken wie z. B. Klassifizierung, Clusteranalyse bzw. Assoziationsregeln angewandt. Data-Mining spiegelt die Anwendung verschiedenster Methoden wieder, um bislang unbekannte Regelmäßigkeiten oder unbeachtete Zusammenhänge in umfangreichen Datenbeständen aufzudecken. Interessant wird vermehrt das Thema Predicitive-Analytics, das die ergänzende Informationsaufbereitung für zukunftsorientierte Szenarien behandelt. Erkenntnisse aus dem Data-Mining bilden die Basis und werden durch Prognosewerte entsprechend erweitert.

Festzustellen ist, dass in allen diesen Szenarien das Thema Performance eine entscheidende Rolle spielt. Bei mangelhafter Performance wird die benötigte Akzeptanz zweifelsohne ausbleiben. Bei einer unzureichenden Performance können die Lösungen nicht optimal und zeitnah eingesetzt werden und verfehlen damit den Hauptnutzen.

### 8.3.2 Einordnung in die Lean-Reporting-Philosophie

Einhergehend mit dem Begriff Performance ist der Begriff Warten. Warten stellt eine der sieben Verschwendungsarten dar (siehe Kapitel 2.4). Warten ist wie der Name sagt ein Zeitraum der Untätigkeit bis ein anderer Zustand eintrifft. In dieser Zeit wird für die eigentlich durchzuführende Tätigkeit keine Wertsteigerung erbracht.

#### 8.3.2.1 Lean-Reporting

Um Schwachstellen in Prozessabläufen aufzudecken, kann die Methode „Wertstromanalyse" herangezogen werden. Mit der Wertstromanalyse können wichtige Informationen zu u. a. Durchlaufzeiten, Prozesszeiten, unnötige Verarbeitungsschritte und insbesondere Wartezeiten ermittelt werden. Verbesserungspotenziale können somit aufgedeckt werden.

Wartezeiten und Performance im Hinblick auf die Datenaufbereitung werden im Kapitel 5.5 behandelt. In diesem Zusammenhang wird insbesondere das Thema Realtime-Akquisition im Kapitel 5.5.3.3. vorgestellt.

Um das Thema Performance zu vervollständigen wird in diesem Kapitel eine Fokussierung auf das Thema Datenabruf vorgenommen. Aus Sicht des Anwenders wird maßgeblich der Nutzen des Reportings durch die Performance bestimmt. Szenarien wie Mobile-Reporting benötigen eine adäquate Antwort- und Reaktionszeit. Ein Kundennutzen im Hinblick auf das Thema Big-Data (siehe Kapitel 8.3.3) kann nur generiert werden, wenn entsprechend akzeptable Analysezeiten erzielt werden können.

#### 8.3.2.2 Ansätze

Neue Ansätze der Datenhaltung führten zur Entwicklung der In-Memory-Technologie. Statt auf Festplatten werden die Daten im Arbeitsspeicher des Rechners direkt gehalten. Diese Form der Datenhaltung ermöglicht signifikant höhere Zugriffszeiten. Die In-Memory-Technologie und in diesem Zusammenhang die Lösung „SAP HANA" werden vorgestellt.

Um die zunehmende Notwendigkeit des Einsatzes dieser Technologien aufzuzeigen, wird das Thema „Big-Data" beleuchtet.

## 8.3 Potenziale in der Performance

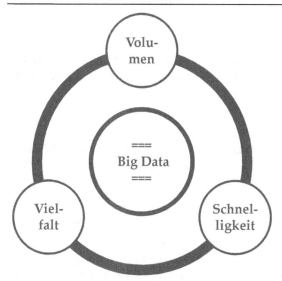

**Abbildung 8-8:** Big-Data

Im Hinblick auf das Thema Performance ermöglichen Laufzeit-Statistiken eine detaillierte Analyse. Schwachstellen entlang des Datenaufbereitungsprozesses können damit aufgedeckt werden. Zudem ermöglicht eine regelmäßige Aufbereitung der Laufzeitwerte eine höhere Transparenz, so dass situativ bedingte Performanceengpässe den allgemeinen Eindruck nicht verfälschen.

### 8.3.2.3 Herausforderungen

Zum Thema Reaktionszeit in Gedankenschnelle schreiben Plattner und Zeier: „Jedes Intervall, das länger ist als der Bereich, den wir (Anwender) als gedankenschnell bezeichnen, wird als Wartezeit empfunden, und die Gedanken des Anwenders wandern zu anderen Themen ab."[148]

Reaktionszeiten in Gedankenschnelle ist sicherlich das Ziel schlechthin im Hinblick auf das Thema Performance. Dieses Ziel annähernd zu erreichen stellt sicherlich eine der ganz großen Herausforderungen dar. Technologische Innovationen liefern hierzu erste maßgebliche Fortschritte. Es wird jedoch noch viele nicht nur technologische Innovationen benötigen, um ein Reporting dem Anwender zur Verfügung zu stellen, dass in Gedankenschnelle am Rechner selbst letztendlich verfügbar ist. An dieser Stelle ist auf die vorangegangenen Kapiteln zu verweisen. Insbesondere auf das Kapitel 5.2 betreffend Reporting Design. Die Reduktion des Themas Performance rein auf technologische Aspekte ist nur ein Teil der Wahrheit. Die Herausforderung ist folglich allen Beteiligten aufzuzeigen, dass Performance mit Techniken zwar zu tun hat aber nicht ausschließlich.

---

[148] Siehe Plattner, Hasso & Zeier, Alexander: In-Memory Data Management, S. 9

## 8.3.3 Blickpunkt Big-Data

Den Begriff „Big-Data" als Synonym für eine extrem hohe Datenmenge zu verwenden, wird der zugrunde liegenden Thematik nicht gerecht. Neben dem Aspekt Volumen spielen die Themen Schnelligkeit und Vielfalt eine wesentliche Rolle (siehe Abbildung 8-8).[149]

### 8.3.3.1 Volumen

Das weltweite Datenvolumen wird gemäß einer Studie von IDC aus dem Jahr 2011 einen Umfang von 1,8 Zettabyte oder 1,8 Billionen Gigabyte für dieses Jahr 2011 erreichen. Zusätzlich ergab die Studie, dass das Volumen sich in etwa alle 2 Jahre verdoppelt.[150]

In diesem immensen Volumen schlummern wertvolle Informationen für das Unternehmen. Neben den klassischen Unternehmensdaten beruhend auf den unternehmenseigenen Datenquellen wie ERP-Systeme oder CRM-Systeme, sind überdies Informationen aus sozialen Netzwerken und entsprechenden webbasierten Medien von Interesse. Soziale Daten werden zukünftig verstärkt in das Reporting einfließen. Die Analyse von bspw. Marketing-Aktionen kann durch erhobene Informationen aus Twitter, Facebook und Co angereichert werden. Außerdem wird die Volumenzunahme durch maschinell erzeugte Daten stark angetrieben. Geräteprotokolle, Sensoren und Messinstrumente liefern eine Vielzahl an detaillierten Daten.

Das Volumen in Bezug zu Big-Data setzt sich somit aus diesen drei Komponenten zusammen:

- Transaktionale Daten
- Soziale Daten
- Maschinelle Daten

### 8.3.3.2 Vielfalt

Dieses detaillierte und umfangreiche Volumen führt in der Folge zu einer Vielfalt an unterschiedlichen Abfrageanforderungen. Situativ und flexibel sind Antworten auf verschiedene Fragen auf Basis dieses Datenbestands zu ermitteln.

Darüber hinaus sorgt die Palette unterschiedlicher Ursprungsquellen der Informationen für eine weitere Form der Vielfalt. Es gilt nicht nur strukturierte und fertig aufbereitete Daten zu analysieren. Vielmehr sind unstrukturierte Daten wesentlicher Bestandteil von Big-Data. Unstrukturierte Daten in Form von Text oder Protokolldateien. Selbst audiovisuelle Daten können Bestandteil sein. Die effiziente Handhabung dieser Vielfalt ist ein Hauptaspekt technologischer Ansätze im Um-

---

[149] Siehe Minelli, Michael & Chambers, Michele & Dhiraj, Ambiga: Big Data, Big Analytics, S.9

[150] Siehe Manhart, Klaus: Doppeltes Datenvolumen alle zwei Jahre (2011)

gang mit Big-Data. Das relationale SQL-basierte Datenmodell wird an dieser Stelle ergänzt durch den NoSQL-Ansatz.

#### 8.3.3.3 Schnelligkeit

Die schnelle Verfügbarkeit von Ergebnissen aus diesem angeführten Datenvolumen ist ein Grundgedanke dem sich Big-Data-Lösungen widmen.

Insbesondere bei Analysen im Hinblick auf mögliche kritische Störungen spielt das Thema Schnelligkeit eine erhebliche Rolle und mündet in Diskussionen mit Blickrichtung Echtzeit-Analysen.

Technologische Lösungen wie Hadoop ermöglichen die Durchführung von intensiven Rechenprozessen, in dem eine Verteilung auf eine entsprechende Vielzahl an Server-Cluster (Rechnerverbund) erfolgt. Hadoop stellt ein Framework dar für skalierbare und verteilt arbeitende Software.

Aus Sicht des Lean-Reportings spielt die Schnelligkeit selbstverständlich eine entscheidende Rolle. Die Handhabung der Daten und deren Analyse darf nicht zu nutzlosen Wartezeiten und somit Verschwendung führen.

### 8.3.4 Blickpunkt In-Memory-Datenbanken

#### 8.3.4.1 In-Memory-Technologie

Die In-Memory-Technologie macht sich die vielfach besseren Zugriffszeiten auf den Arbeitsspeicher des Rechners zu nutze. Statt die Daten auf Festplatten zu speichern, wird der Arbeitsspeicher das Medium der Datenhaltung. Die Antwortzeiten für Datenabfragen speziell im Hinblick auf Big-Data lassen sich signifikant verkürzen. Insbesondere aus Sicht eines effizienten Reportings ist die Problematik Performance ein lösbares Thema.

Hinsichtlich der Datenhaltung im Arbeitsspeicher können zwei Formen unterschieden werden:

- Zeilenorientierte Datenhaltung
- Spaltenorientierte Datenhaltung

Die spaltenorientierte Datenhaltung ist im Hinblick auf Reportingbelange von Vorteil. Eine einfache Summierung der Werte für die Spalten Umsatz oder Absatz ist möglich. Dieses Datenhaltungskonzept ist beispielsweise elementarer Bestandteil der In-Memory-Datenbank SAP HANA.

Die zeilenorientierte Datenhaltung bietet Vorteile für transaktionale Prozesse. Eine Aktualisierung der Kundenstammdaten für beispielsweise den Kunden 1000047 ist bei einer zeilenorientierten Datenhaltung einfacher.

Datenbanktabelle „Verkauf"

| Kunde | Umsatz | Absatz |
|---|---|---|
| 1000011 | 1.000 | 90 |
| 1000047 | 900 | 80 |
| 1000120 | 1.100 | 100 |
| 1000180 | 500 | 60 |

Datenbanktabelle „Kundenstamm"

| Kunde | PLZ | Ort |
|---|---|---|
| 1000011 | 88630 | Pfullendorf |
| 1000047 | 10115 | Berlin |
| 1000120 | 8000 | Zürich |
| 1000180 | 8645 | Jona |

⇩            ⇩

Datenbanktabelle „Verkauf"

Zeilenorientiert
1000011, 1000, 90 / 100047, 900, 80 / 1000120, 1100, 100 / 1000180, 500, 60
Spaltenorientiert
1000011, 1000047, 1000120, 1000180 / 1000, 900, 1100, 500 / 90, 80, 100, 60

Datenbanktabelle „Kundenstamm"

Zeilenorientiert
1000011, 88630, Pfullendorf / 100047, 10115, Berlin / 1000120, 8000, Zürich / 1000180, 8645, Jona
Spaltenorientiert
1000011, 1000047, 1000120, 1000180 / 88630, 10115, 8000, 8645 / Pfullendorf, Berlin, Zürich, Jona

**Abbildung 8-9:** Spalten- und zeilenorientierte Datenhaltung

Dem Arbeitsspeicher oder eben auch als flüchtigen Speicher bezeichnet haftet das Problem des Datenverlustes an. Durch die Erstellung von Snapshots oder Checkpoint-Files wird diesem Risiko entgegengewirkt. Hierbei werden geänderte Daten in regelmäßigen Abständen in einem nichtflüchtigen Speicher abgelegt. Darüber hinaus sorgt ein entsprechendes Logging für die Möglichkeit der Wiederherstellung der Daten im Falles eines Systemabsturzes (siehe Abbildung 8-10).

#### 8.3.4.2 SAP HANA

Anhand des Beispiels SAP HANA soll die Bedeutung der In-Memory-Datenbanken für ein effizientes Reporting verdeutlicht werden.

#### 8.3.4.3 Mass Data

Die rasche Verarbeitung von Massendaten und enormen Datenmengen kann durch den Einsatz von SAP HANA erreicht werden. Die relevanten Transaktions- oder Analysedaten werden aus den entsprechenden Basissystemen unmittelbar im Zuge des Geschäftsvorgangs oder zeitnah in den In-Memory-Speicher repliziert.

## 8.3 Potenziale in der Performance

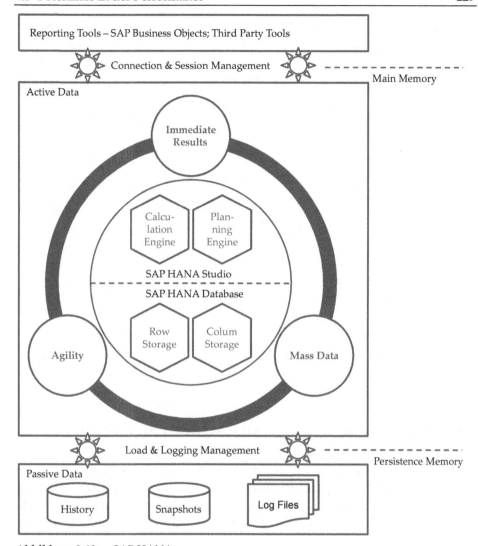

**Abbildung 8-10:** SAP HANA

Im Hinblick auf die Verwendung von SAP HANA im Zusammenspiel mit dem SAP Business-Warehouse wurde eine Verbesserung des technischen Designs der InfoCubes erzielt. In den InfoCubes werden die relevanten Reportingdaten gehalten. Um die Restriktion von maximal 16 Schlüsselfeldern gewährleisten zu können, wurde in der klassischen Lösung das Konstrukt der Dimension eingebaut. Außerdem können zur Erreichung geeigneter Performancewerte sogenannte Aggregate angelegt werden. Durch das Weglassen von Merkmalen bzw. Dimensionen kann eine Verdichtung der Daten erzielt werden. Durch diese weniger umfangreichen Aggregate wird eine bessere Performance im klassischen BI-Umfeld erwirkt.

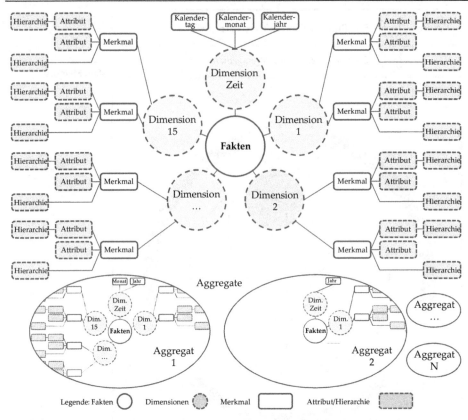

**Abbildung 8-11:** Starschema und Aggregate klassisches SAP Business-Warehouse

SAP HANA benötigt diese zusätzliche Gruppierung nicht. Durch die Verwendung von SAP HANA als Datenbank für das SAP Business-Warehouse System kann somit die Datenhaltung optimiert werden. Zusätzlich können Prozesse der Datenbeschaffung und Stammdatenverwaltung beschleunigt werden. Dieser zusätzliche Vorteil beruht insbesondere auf der Tatsache, dass auf Aggregate verzichtet werden kann.

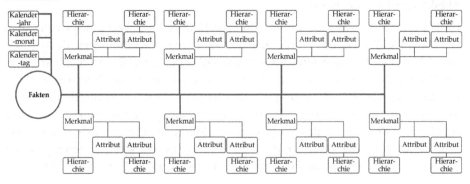

**Abbildung 8-12:** Starschema SAP Business-Warehouse mit HANA

### 8.3.4.4 Immediate Results

Die wesentlich verbesserten Antwortzeiten sind im Reportingumfeld ein sehr großer Mehrwert. Durch die spezielle SAP HANA Calculation bzw. Planning Engine kann eine Verkürzung der Antwortzeiten erreicht werden. Neben der Datenhaltung im Hauptspeicher führt die Verlagerung von datenintensiven Rechenoperationen in die Datenbank zu verbesserten Zeiten.

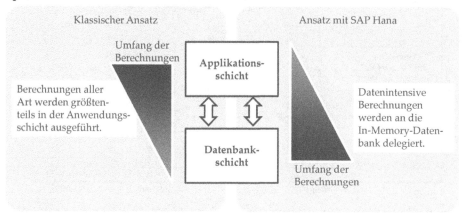

**Abbildung 8-13:** SAP HANA Rechenoperationen

Im Hinblick auf Planungsanwendungen bedeutet dies die schnellere Verfügbarkeit von Ergebnissen aus unterschiedlichen Simulationen. Eine bisherige performancebedingte Limitierung der Planungsgenauigkeit bzw. des Detaillierungsgrads entfällt. Letztendlich führt dies zu einer höheren Qualität.

### 8.3.4.5 Agility

Agilität bedeutet aus Sicht der Entwicklung von BI-Applikationen eine Flexibilität des BI-Systems, das eine zügige und schnelle Anpassung der Datenmodelle an veränderte Rahmenbedingungen ermöglicht. Die Datenmodellierung im Zusammenspiel von SAP HANA mit dem SAP BW ist wesentlich agiler. Die bereits erwähnte Gruppierung basierend auf Dimensionen entfällt und eine lebendige Möglichkeit der Ergänzung zusätzlicher Merkmale und Kennzahlen entsteht. Das Datenmodell kann folglich an ändernde Bedürfnisse zeitnah und zügig angepasst werden.

Aus Sicht des BI-Anwenders wirkt die In-Memory-Technologie als entscheidender Enabler von Self-Service-Funktionen (siehe Kapitel 5.4). Ergänzende Daten insbesondere im Zusammenhang mit Simulationen können in die In-Memory-Datenbank geladen werden und stehen unmittelbar für Analysezwecke zur Verfügung. Im Business-Warehouse-Umfeld bietet SAP mit dem Paket „BI-Workspaces" entsprechende Funktionen an.

Die In-Memory-Datenbank HANA ermöglicht aus Sicht des Reportings nicht nur eine erhöhte Flexibilität sondern aufgrund der raschen Umsetzbarkeit letztendlich ein Mehr an Agilität.

### 8.3.5 Blickpunkt Performance-Analyse

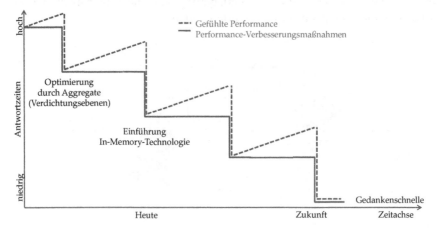

**Abbildung 8-14:** Reporting-Performance

Das Thema Performance stellt sich oftmals als ein sehr subjektives Thema dar. Die von jedem Einzelnen gefühlte Reaktionszeit ist definitiv unterschiedlich. Solange die Systeme keine Antwortzeiten in Gedankenschnelle liefern wird die Problematik der Performance einer der Kerndiskussionen im Reporting-Umfeld sein.

Eine differenzierte Analyse der Antwortzeiten ermöglicht eine fundierte Entscheidung über weiterführende Optimierungsmaßnahmen. Im SAP BI-Umfeld bietet das Administration Cockpit umfangreiche Analysemöglichkeiten. Laufzeiten zu den verschiedensten Reportingprozessen wie ETL-Prozesse oder Analyseprozesse können aufgezeichnet und im Anschluss mit bereits vordefinierten Berichten ausgewertet werden.

Die Analyse einer BI-Abfrage kann in mehrere Bereiche mit wiederum weiteren zusätzlichen Detailinformationen untergliedert werden:

- Frontend
- OLAP oder Analytical Engine
- Planning Engine
- Data-Management

Laut Kritik von Pelkmann (BARC[151]) wird die BI-Performance zu selten gemessen.[152] Für eine neutrale Bewertung des Themas Performance ist die Implementie-

---

151 Das Business Application Research Center (BARC) ist ein Forschungs- und Beratungsinstitut für Unternehmenssoftware mit Fokus auf die Bereiche BI, ECM und ERP.
152 Siehe Pelkmann, Thomas: Unternehmen messen BI Performance nicht (2010)

## 8.3 Potenziale in der Performance

rung einer adäquaten Umgebung zur Performance-Analyse zu empfehlen. Verschiedenste Kriterien zur Messung der Performance können Verwendung finden. Neben dem originären Aspekt der Abfragegeschwindigkeit können Punkte wie Anwenderzufriedenheit, Kosten-Nutzen-Verhältnis, Lizenzierung, Datenqualität und Projekterfolg herangezogen werden. Ergänzend können Service-Level-Agreements (SLAs) zur Erfolgsmessung bzw. zum Nachweis erbrachter Leistungen berücksichtigt werden (siehe Kapitel 1.6).

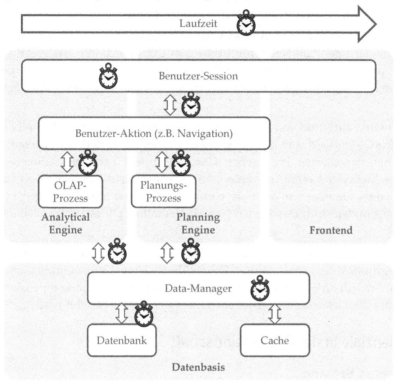

**Abbildung 8-15:** BI-Query Laufzeit-Analyse

### 8.3.6 Quintessenz

Jeder BI-Anwender wird begeistert sein über eine sehr schnelle Antwortzeit. Informationen in Gedankenschnelle ist die Vision von SAP, die durch die In-Memory-Datenbank HANA angestrebt wird. Zusätzlich sorgt ein effizientes Datenmanagement für eine Entwicklung in Richtung Zero-Distance. „Zero Distance: Die neue Nähe zum Kunden ist entscheidend" ein Slogan von T-Systems.[153] Unter diesem Begriff „Zero Distance" fasst T-Systems Lösungen zusammen, die sich den Themen Big-Data, Cloud und Mobile widmen. Entscheidender Vorteil im

---

[153] Siehe T-Systems: CeBIT 2013 - Zero Distance: Die neue Nähe zum Kunden ist entscheidend

diesem Szenario ist die zeitnahe Gewinnung von Informationen zum Kundenverhalten und der Möglichkeit einer wiederum zeitnahen Reaktion.

Neben den Vorteilen, die durch eine ideale Performance erreicht werden können, existieren zusätzlich erhebliche Risiken, die durch eine schlechte Performance erhöht werden. Das immer größer werdende Datenvolumen kann in der Praxis das Reportingsystem an seine Grenzen führen. Abfragen können in sinnvoller Zeit oder im gewünschten Umfang nicht ausgeführt werden. Im schlechtesten Fall führt dies dazu, dass eine BI-Anwendung schlichtweg nicht genutzt wird.

Darüber hinaus haben Wartezeiten erheblichen Einfluss auf die Motivation des Anwenders. Bei längeren Laufzeiten führt dies zum Unterbruch der Analysetätigkeit und der Anwender widmet sich „zwischendurch" anderen Themen. Die Folge ist, dass durch die Parallelisierung die Konzentration auf die einzelnen Tätigkeiten leidet.

Trotz der Euphorie aufgrund von Performancesteigerungen durch neue Techniken ist der erzielbare Mehrwert durch unternehmensspezifische Vorteile aufzuzeigen. Nur durch Einsatzszenarien im eigenen Geschäftsumfeld kann ein sinnvoller Nachweis des Mehrwerts erbracht werden. Hintergrund für diesen Nachweis ist die Tatsache, dass die neuen In-Memory basierten Lösungen mit erheblichen Lizenzkosten verbunden sind. Das Kosten-Nutzen-Verhältnis gilt es letztendlich zu prüfen.

Abschließend ist anzuführen, dass technische Möglichkeiten zur Verbesserung der Performance grundsätzlich gegeben sind. Durch übersteigerte Datenvolumina und überzogenen Anforderungen können die Performancegewinne überkompensiert werden, so dass die Zielerreichung eines effizienten Reportings verfehlt wird.

## 8.4 Potenziale in der Systemlandschaft

### 8.4.1 Business Szenario

Eine fokussierte Betrachtung des Aspekts Reporting als ein losgelöstes und völlig eigenständiges Thema greift zu kurz. Insbesondere das Umfeld und Zusammenspiel mit den zugrundeliegenden Basissystemen gilt es in die Betrachtung miteinzubeziehen.

Der Aspekt Reporting erstreckt sich bis hinein in das Themenfeld der operativen Prozesse. Operative Prozesse sind unmittelbar von Anforderungen aus dem Reportingumfeld tangiert. Beispielsweise sind für tagesaktuelle Berichtsszenarien entsprechende Voraussetzungen in den zugrundeliegenden Systemen zu schaffen, so dass die gewünschte Aktualität und Informationsqualität erzielt werden kann.

Darüber hinaus stellt der Umgang mit dem Einspielen zusätzlicher Daten beispielsweise aus externen Quellen einen Knackpunkt dar. Die Qualitätssicherung ist ein wesentlicher Punkt in diesem Kontext.

## 8.4 Potenziale in der Systemlandschaft

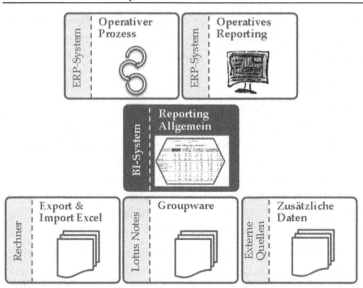

**Abbildung 8-16:** Reporting-Systemlandschaft

### 8.4.2 Einordnung in die Lean-Reporting-Philosophie

Wie viel Zeit verbringt der Fachbereich und die Informatik mit dem Abgleich der Daten und der Recherche im Falle von Abweichungen? Sicherlich eine einfache Frage, deren Beantwortung jedoch umso schwerer ist. Definitiv trägt jede zusätzliche Datenbasis zu einer Zunahme dieses Aufwands bei. Ob dadurch letztendlich Verschwendung oder ein Mehrwert für den Kunden erzeugt wird, kann durch die Anwendung der Lean-Kriterien hinterfragt werden.

#### 8.4.2.1 Lean-Reporting

Es ist erforderlich den gesamten Prozess bestehend aus den operativen und analytischen Komponenten zu untersuchen. Insbesondere die Lean-Methode „Wertstrom" ist in diesem Zusammenhang hilfreich. Durch die Wertstromanalyse entsteht eine hohe Transparenz in den Prozessabläufen. Schwachstellen und Potenziale in der Wertschöpfung werden erkennbar.

#### 8.4.2.2 Ansätze

Die Betrachtung der Durchlaufzeit und des Aufwands vom Zeitpunkt der Belegentstehung bis zur Verfügbarkeit im Reporting zeigt entsprechende Chancen der Optimierung auf. Durch ein verbessertes Zusammenspiel der beiden Systemwelten ERP und BI sind die Vorteile der beiden Umgebungen in optimale Lösungen umsetzbar. Die Aspekte Operational-Reporting und operative Prozesse werden infolgedessen beleuchtet.

Weitere Optimierungsansätze ergeben sich im Hinblick auf Medienbrüche und technische Schnittstellen. Neben Schnittstellen in der Datenbeschaffung, die es zu beachten gilt, sind ferner Medienbrüche in der Datenpräsentation von Interesse.

### 8.4.2.3 Herausforderungen

Die konsequente Sensibilisierung aller Beteiligten für den Gesamtprozess ist voranzutreiben. Die Anforderungen der Reportingkunden und den dadurch erreichbaren Nutzen sind einerseits aufzuzeigen. Andererseits bieten die BI-Applikationen ein zusätzliches Fundament zur Effizienzsteigerung in den operativen Prozessen. Zugehörige Rahmenbedingungen sind zu klären und zu berücksichtigen. Eine enge Zusammenarbeit der betroffenen Unternehmensbereiche ist eine wichtige Voraussetzung zur Erreichung effizienter Prozesse. Die gelebte Lean-Philosophie fungiert folgerichtig als Bestandteil zur Erreichung schlanker Prozesse.

Die sorgfältige und übergreifende Klärung der Zuständigkeit und Verantwortung für Reportinginhalte trägt zusätzlich zur Optimierung der Prozesse bei. Insbesondere im Hinblick auf die Erreichung einer höheren Informationsqualität sorgt diese Zuständigkeitsregelung in der Handhabung von Schnittstellen für entscheidende Vorteile.

## 8.4.3 Blickpunkt operatives Reporting und operative Prozesse

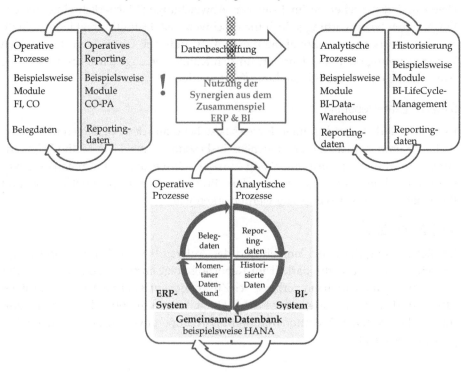

**Abbildung 8-17:** Synergien aus ERP & BI

## 8.4 Potenziale in der Systemlandschaft

Klassische Szenarien stellen Reporting und operative Systeme als zwei völlig getrennte Systemwelten dar. In diesem klassischen Modell werden zu den operativen Prozessen nachgelagert die Informationen für das Reporting durch Datenbeschaffungsprozesse entsprechend aufbereitet. Diese technische Barriere wird durch die vorgelagerte Haltung von Reportingdaten häufig umgangen. Durch die Betrachtung über den jeweiligen Tellerrand hinaus können Synergien durch eine optimierte Kombination gefunden werden. Das Thema „Denkweisen" mit beispielsweise „Thinking out of the box" wird im Kapitel 4.4 vorgestellt.

### 8.4.3.1 Operatives Reporting im Kontext von BI und ERP

**Beschreibung**

Der Begriff "operatives Reporting" wird sehr vielfältig eingesetzt. Eine Präzisierung der einzelnen Begriffe ist für die nachfolgende Darstellung der Potenziale erforderlich. Aus der Perspektive des Reporting-Anwenders sind die Übergänge der einzelnen Komponenten sicherlich fließend und führen letztendlich zu vielen Schattierungen. Im Hinblick auf die nachfolgend angeführten Potenziale sind die Begriffe Monitoring, Business-Process-Monitoring, operatives Reporting und zentrales Kennzahlen-Reporting von Belang.

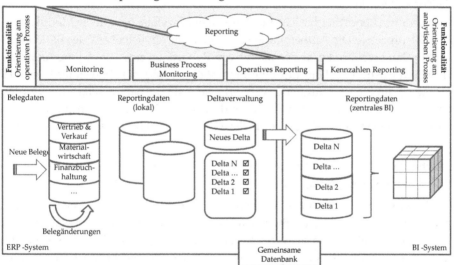

**Abbildung 8-18:** Operatives Reporting im Kontext von BI und ERP

**Monitoring**

Mit Hilfe des Monitorings werden Prozesse überwacht bzw. zusätzlich protokolliert. Werden im Zuge der Überwachung Abweichungen zu im Vorfeld definierten Zielgrößen festgestellt, können entsprechende Maßnahmen unmittelbar eingeleitet oder Aktionen direkt ausgelöst werden. Das Monitoring verfügt somit über eine hohe Integration in operative Prozesse. Zielgruppe des Monitorings sind Prozessspezialisten, die für diese Tätigkeit eine sehr hohe Datenaktualität benötigen.

Daten, die im Zuge der Protokollierung anfallen, können wiederum Basis für ein entsprechendes Kennzahlen-Berichtswesen und zugehörigen Analysen sein und werden für diesen Zweck in das BI-System überführt.

**Business-Process-Monitoring**

Der von Gartner[154] geprägte Begriff Business-Process-Monitoring, kurz BAM, beschreibt die Möglichkeit, Verantwortlichen relevante Informationen über den Status der Geschäftsprozesse in Echtzeit zu liefern.[155] Bei diesen Informationen handelt es sich um Key Performance Indikatoren bzw. Leistungskennzahlen, die Aufschluss darüber geben sollen, ob ein anzustrebendes Ziel erreicht werden kann oder ob steuernd in den Prozess einzugreifen ist. Die Breite der Informationen streckt sich somit in der Regel über mehrere operative Prozesse. Für Prozessverantwortliche bzw. das Management stehen somit sehr zeitnah adäquat aufbereitete Informationen zur Verfügung, die diese Entscheidungsfindung ermöglichen. Um eine zügige Entscheidungsfindung zu gewährleisten, erfolgt eine Aufbereitung der Daten in leichtverständlicher Form beispielsweise mit Hilfe von Dashboards. Zusammengefasst kann dies durch die Philosophie „Management by Exception" mit Bezug zur operativen Ebene ausgedrückt werden.

**Operatives Reporting**

Das operative Reporting basiert auf den Daten einzelner operativer Module bzw. Geschäftsprozesse. Die Aufbereitung kann einerseits ein listenbasiertes Berichtswesen sein. Eine weitere Form des operativen Reportings sind die Adhoc-Analysen. Zu Beginn existiert schlicht nur eine Fragestellung und der Anwender selbst hat noch keine direkte und fundierte Antwort. Die Adhoc-Analyse liefert die erforderlichen Erkenntnisse. Dem Anwender sind adäquate Werkzeuge an die Hand zu geben, mit denen er Analysen beispielsweise dynamisch selbst zusammenstellen kann.

Je nach Größe des Unternehmens oder je nach Umfang der Reportingwelt hat das Thema operatives Reporting unterschiedliche technische Facetten.

Mittelständische Unternehmen werden vorzugsweise mit einem relativ einfach handzuhabenden IT-System arbeiten wollen.[156] Der zusätzliche Aufwand für die Integration und allgemein die Lizenzierung für ein eigenständiges BI-System entfällt. Anbieter von ERP-Lösungen werden folglich entsprechende Komponenten zur Verfügung stellen, die es ermöglichen, direkt im ERP-System operative Auswertungen durchführen zu können.

Die Integration externer Daten, weitergehende Ansprüche hinsichtlich Funktionalität und Layout und einer adäquaten Lastverteilung führen dazu, dass analytische Prozesse in eigenständige Lösungen ausgelagert werden.

---

154 Siehe www.gartner.com: IT Glossary > B > Business Activity Monitoring (BAM)
155 Siehe Computerworld: Lexikon, S. 23
156 Siehe www.isreport.de: Business-Intelligence-Lösungen erweitern ERP-Systeme

8.4 Potenziale in der Systemlandschaft 239

Der Kreis der Anwender stellt in dem Zusammenhang „operatives Reporting" ein jeweils abgeschlossener Fachbereich dar. Ein Mitarbeiter wird mit einer entsprechenden Fragestellung konfrontiert und erarbeitet die Antwort mit seinem Business-Know-How und den gegebenen technischen Möglichkeiten.

**Kennzahlen-Reporting**

Beim Kennzahlen-Reporting steht die Stabilität und Qualität der aufbereiteten Informationen im Fokus. Wichtiger Bestandteil für das Kennzahlen-Reporting sind infolgedessen historische Daten. Ferner ist die uneingeschränkte Verwendbarkeit einzelner Informationen aufgrund der Zeitraumbezogenheit lediglich periodisch gegeben; beispielsweise Daten der Erfolgsrechnung oder der Finanzbuchführung.

Das Berichtswesen besteht in der Regel aus einem Katalog an Standardberichte, die zu festen Zeitpunkten aufbereitet und verteilt werden. Neben diesen definierten Standardberichten besteht die Möglichkeit, Recherchen im Datenbestand durchführen zu können. Entsprechende Werkzeuge und Funktionen, die Softwarelösungen für die Analytik bieten, kommen zur Anwendung.

Vom Top-Management bis hin zum Controlling oder Prozessanalysten ist demzufolge eine sehr große Anzahl an Anwendern mit unterschiedlichen funktionalen Anforderungen an ein angemessenes Reporting zu beachten.

### 8.4.3.2 Single-Point-of-Truth

In den Reporting-Anwendungen für die unterschiedlichen Bereiche und den damit einhergehenden Stammdaten spielen Datenqualität und -aktualität eine große Rolle.

Die Anzahl der Datenbasen für das Reporting und insbesondere deren technischen Einbettung ist ein wesentlicher Knackpunkt. Die Gewährleistung der Informationskonsistenz bei umfangreichen heterogenen Lösungsansätzen ist eine der Herausforderungen schlechthin.

Als Beispiel kann der Ausweis von Umsatzerlösen je Außendienstmitarbeiter angeführt werden. Gemäß der Empfehlung aus Kapitel 5.3.3 kann ein Reporting-Glossar eingerichtet werden, in dem die Definition des Umsatzerlöses hinterlegt werden kann. Der Umsatzerlös ergibt sich beispielsweise wie in Abbildung 8-19 dargestellt. Jeder Kunde ist zusätzlich einem Außendienstmitarbeiter zugeordnet.

$$\text{Umsatzerlös} = \underbrace{\text{Bruttoumsatz} - \text{Rabatte}}_{=\text{Umsatz}} - \text{Skonti} - \text{Boni}$$

**Abbildung 8-19:** Kennzahl „Umsatzerlös"

Welche Fragestellungen ergeben sich in diesem einfachen Beispiel hinsichtlich der Thematik Informationskonsistenz:

- Welcher Umsatzerlös wird ausgewiesen bei einem operativen Reporting basierend auf den Fakturadaten wie zum Beispiel mittels einem SAP Logistik-Informationssystem (LIS)?
- Welcher Abstimmungsaufwand entsteht durch die Implementierung von Reportinglösungen in den Modulen Vertrieb (beispielsweise SAP SD & LIS), Finanzbuchhaltung (SAP FI), Ergebnisrechnung (SAP CO-PA), Konsolidierung (SAP SEM-BCS) und dem BI-System (SAP BW)?
- Was ist zu tun, wenn sich Änderungen in der Zuordnung eines Kunden zu einem Außendienstmitarbeiter ergeben?
- Welche Verarbeitungsschritte sind in welcher Abfolge im Zuge eines Monatsabschlusses durchzuführen?

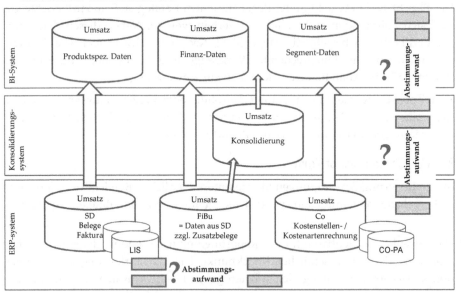

**Abbildung 8-20:** Abstimmungsaufwand und Gefahr der Vielzahl an Datensilos

Damit Mitarbeiter nicht zu reinen Datenverwaltern verkümmern, ist der entstehende Aufwand für die Plausibilisierung der Daten zu beachten. Zu empfehlen ist eine Reduktion der Anzahl an unterschiedlichen Datensilos. Die Implementierung von Automatismen zur Gewährleistung der Konsistenz trägt ebenfalls zur Reduktion dieses Aufwands bei.

Die Betrachtung des Data-Warehouses bzw. des BI-Systems als Single-Point-of-Truth stellt eine weitere zu empfehlende Option dar. Single-Point-of-Truth spiegelt das Prinzip wieder, dass es im Falle redundanter Datenbestände einen Bestand gibt, dessen Aussagekraft verlässlich ist und den geforderten Qualitätsansprüchen genügt.

## 8.4 Potenziale in der Systemlandschaft

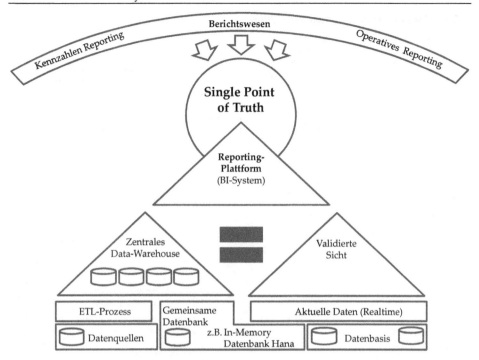

**Abbildung 8-21:** Single-Point-of-Truth

Das BI-System fungiert als organisationsweite Vertrauensbasis. Im Falle von Kontroversen kann auf diesen Single-Point-of-Truth verwiesen werden. Sorgfältige Überprüfungen, Harmonisierungen und eine semantische Normierung der Begrifflichkeiten und Berechnungsvorschriften schaffen die hierfür notwendige Voraussetzung.[157] Weitere Punkte zum Thema Informationsqualität werden im Kapitel 7.5 angeführt.

### 8.4.3.3 Informationstiefe

Insbesondere für das operative Reporting ist der Umfang der Informationstiefe entscheidend. Brennpunkte aus Sicht Reporting entstehen in den Themenfelder:

- Datenverdichtung
- Informationsverfügbarkeit
- Stammdatentypen
- LifeCycle-Management
- Berechtigungswesen

---

[157] Siehe Gabriel, Roland & Gluchowski, Peter & Pastwa, Alexander: Datawarehouse und Data Mining, S. 210

## Informationsverlust durch Datenverdichtung

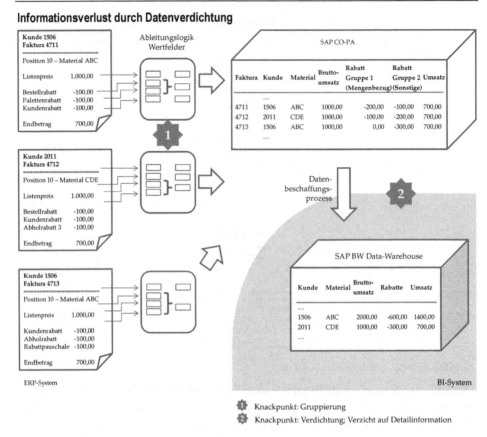

**Abbildung 8-22:** Informationsverlust durch Datenverdichtung

In dem in Abbildung 8-22 dargestellten Beispiel wird der Informationsverlust im Zuge der Datenaufbereitung von einer Reporting-Umgebung zur nächsten deutlich. Teilweise ist dies zurückzuführen auf das jeweils gewählte technische Datenmodell. Knackpunkte entstehen durch beispielsweise die Gruppierung einzelner Rabattarten zu Rabattgruppen. Das Datenmodell beispielsweise für ein SAP CO-PA kann somit vereinfacht werden. Im Falle einer 1:1-Übernahme der Daten müsste bei Einführung einer neuen Rabattart in der Folge auch das Datenmodell im CO-PA erweitert werden. Durch die Gruppierung entfällt dieser zusätzliche Erweiterungsaufwand. Es entstehen jedoch Informationsverluste. Zusätzlicher Informationsverlust entsteht durch den Verzicht, Daten in sehr granularer und detaillierter Form in das Reportingsystem zu übernehmen.

Eine direkte Übertragung der Belegdaten in das BI-System hat einen entscheidenden Vorteil. In diesem Zusammenhang ist das Kontenmodell als Lösungsansatz anzuführen, um Informationsverluste zu vermeiden. Anstelle für jede Rabattart eine eigene Kennzahl (Kennzahlenmodell) zu definieren, wird ein Merkmal „Konditionsart" mit der zugehörigen Kennzahl „Wert" definiert. Der Vorteil ist, dass bei

## 8.4 Potenziale in der Systemlandschaft

der Definition einer neuen Rabattart das Datenmodell (Kontenmodell) nicht erweitert werden muss. Es entsteht durch die neue Definition nur eine weitere Datenzeile. Die vollumfängliche detaillierte Analyse der Rabatte ist möglich.

| | | | Kennzahlenmodell | | | | | | |
|---|---|---|---|---|---|---|---|---|---|
| Faktura | Kunde | Mat. | Bruttoumsatz | Bestellrabatt | Palettenrabatt | Kundenrabatt | Abholrabatt | Rabattpauschale | Umsatz |
| 4711 | 1506 | ABC | 1000,00 | -100,00 | -100,00 | -100,00 | 0,00 | 0,00 | 700,00 |
| 4712 | 2011 | CDE | 1000,00 | -100,00 | 0,00 | -100,00 | -100,00 | 0,00 | 700,00 |
| 4713 | 1506 | ABC | 1000,00 | 0,00 | 0,00 | -100,00 | -100,00 | -100,00 | 700,00 |

| | | | Kontenmodell | |
|---|---|---|---|---|
| Faktura | Kunde | Mat. | Konditionsart | Wert |
| 4711 | 1506 | ABC | Bruttoumsatz | 1000,00 |
| 4711 | 1506 | ABC | Bestellrabatt | -100,00 |
| 4711 | 1506 | ABC | Palettenrabatt | -100,00 |
| 4711 | 1506 | ABC | Kundenrabatt | -100,00 |
| 4711 | 1506 | ABC | Umsatz | 700,00 |
| 4712 | 2011 | CDE | Bruttoumsatz | 1000,00 |
| 4712 | 2011 | CDE | Bestellrabatt | -100,00 |
| 4712 | 2011 | CDE | Kundenrabatt | -100,00 |
| 4712 | 2011 | CDE | Abholrabatt | -100,00 |
| 4712 | 2011 | CDE | Umsatz | 700,00 |
| 4713 | 1506 | ABC | Bruttoumsatz | 1000,00 |
| 4713 | 1506 | ABC | Kundenrabatt | -100,00 |
| 4713 | 1506 | ABC | Abholrabatt | -100,00 |
| 4713 | 1506 | ABC | Rabattpauschale | 100,00 |
| 4713 | 1506 | ABC | Umsatz | 700,00 |

**Abbildung 8-23:** Rabatte – Kennzahlenmodell bzw. Kontenmodell

**Informationsverfügbarkeit**

Die zeitnahe und aktuelle Verfügbarkeit der Informationen ist für das operative Reporting ein entscheidendes Kriterium. Aus Sicht des Anwenders ist folglich der Ort der Datenhaltung ein wenig wichtiger Punkt. Zusätzlich zur zeitnahen Verfügbarkeit der Informationen kann der Funktionsumfang zur Datenanalyse als Kriterium angeführt werden.

Neben der Abbildung zeitkritischer Analysen direkt im ERP-System bieten sich Lösungen mit Einbezug des BI-Systems an. Ein erster Vorteil durch die Ausrichtung auf das BI-System ist die Nutzung des BI-Systems als Single-Point-of-Truth. Der zweite Vorteil beruht auf den vorhandenen Funktionen und Eigenschaften des BI-Systems für die Durchführung der Datenanalyse.

Einer der einfachsten Wege der zeitnahen Zurverfügungstellung der Daten im BI-System ist die Erhöhung des Zyklus der Datenbeschaffung. Statt einmal im Zuge einer Nachtverarbeitung die Daten in das BI-System zu übertragen, kann dies auch in einem kürzeren Rhythmus erfolgen oder der Anwender selbst kann durch Self-Service-Funktionen die Aktualisierung der Daten vornehmen (siehe Kapitel 5.4.3).

Spezielle Techniken wie beispielsweise die Replikationslösung im Zusammenspiel mit der In-Memory-Datenbank SAP HANA ermöglichen die Bereitstellung hochaktueller Daten für Analysezwecke. Der anspruchsvollere Weg ist die Implementierung entsprechender Realtime-Applikationen (siehe Kapitel 5.5.3.3.) mit direktem Zugriff auf die zugrundeliegenden Daten.

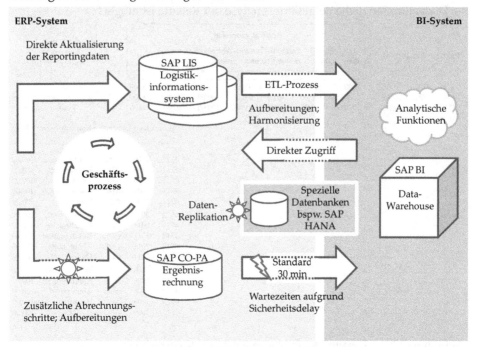

**Abbildung 8-24:** Datenaufbereitung und Informationsverfügbarkeit

**Stammdatentypen**

Prinzipiell lassen sich drei Typen von Stammdaten unterscheiden:

- Attribute
- Texte
- Hierarchien

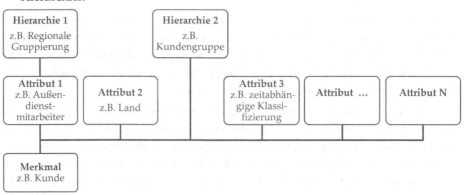

**Abbildung 8-25:** Stammdatentypen

## 8.4 Potenziale in der Systemlandschaft

BI-Systeme bieten zur Handhabung dieser Stammdatentypen ein adäquates Portfolio an Funktionen an. Der Umgang mit diesen Stammdatentypen ist bei einer Abbildung direkt im operativen System zu klären. Stammdatenänderungsprozesse sind bei Lösungen basierend auf ERP- bzw. BI-Systeme entsprechend abzustimmen. Hintergrund für diese Abstimmung ist die Wahrung der Informationskonsistenz über die jeweiligen Systemgrenzen hinaus. Es sind somit Fragestellungen zu klären wie beispielsweise:

- Welche Aktionen und Prozesse sind auszuführen, um eine Konsistenz der Stammdaten gewährleisten zu können?
- Was ist zu beachten, wenn es eine Änderung der Zuordnung eines Materials zu einer Produktgruppe gibt?
- Inwieweit wird eine historische Entwicklung der Stammdaten benötigt? Als Beispiel kann der Verlauf der Kundenklassifizierung - vom Interessent zum Stammkunden – angeführt werden.

**LifeCycle-Management**

Das Thema Performance spielt in operativen Systemen eine ebenfalls entscheidende Rolle. Durch Archivierung von Belegdaten soll beispielsweise einer Verlangsamung des Systems entgegengewirkt werden. Der in Kapitel 7.2 angeführte Aspekt „End-of-life Management" taucht wiederum als Herausforderung auf. Ebenfalls analog erstreckt sich das Thema LifeCyle-Management über die Punkte Bewegungsdaten, Stammdaten und Prozesse.

Im Hinblick auf ein operatives Reporting ergeben sich aus diesen Gesichtspunkten sinngemäße Themen wie:

- **Archivierung:** Erfolgt das operative Reporting direkt auf den Tabellen der Belegdaten und Aspekte der Archivierung sind mit den Erfordernissen der operativen Prozesse abzustimmen?
  Oder liegt eine eigenständige Datenbank zugrunde und ein LifeCycle-Management ist sinnvollerweise in adäquater Form zu berücksichtigen.
- **Lifecycle-Prozess:** Die „5S"-Methode oder die an das Reporting adaptierte Methode „5R" setzt sich mit dem Thematik auseinander, dass Ordnung und Sauberkeit eine Grundvoraussetzung ist für verbesserte und effizientere Abläufe. Die Notwendigkeit den Lifecycle-Prozess auf das Umfeld des operativen Reportings auszudehnen ist gegeben.

Die zu findenden Antworten gleichen im Ergebnis denen, die für ein Corporate-BI-System ebenfalls auszuformulieren sind (siehe Kapitel 7.2). Demzufolge ist eine analoge Handhabung des Themas LifeCycle-Management im ERP-System anzuregen. Aus Sicht des Berichtswesens ergeben sich korrespondierende Anforderungen an die Datenhaltung, den Umgang mit Bewegungsdaten und den Prozessabläufen unabhängig von der zugrundeliegenden Systemwelt ERP oder BI.

### Berechtigungswesen

Durch die Anwendung der Lean-Methoden können Potenziale im Reporting aufgedeckt werden. Speziell die Materie „Berechtigungen" ist in diesem Zusammenhang ein interessantes Themenfeld. Erhöhter Aufwand in der Implementierung und im Support des Berechtigungswesens entsteht bei einem Berichtswesen, das sowohl auf Lösungen im ERP-Umfeld als auch im BI-Umfeld beruht. Potenziale sind folglich in den nachfolgenden Denkaufgaben verborgen:

- **Konsistenz:** Wie kann die Konsistenz der inhaltlichen Ausprägung von Berechtigungen bei einem Einsatz von verschiedenen technischen Lösungen gewährleistet werden?
- **Genehmigungs- und Bereitstellungsprozess:** Wie sieht der administrative Ablauf von der Beantragung bis zur Zuweisung von Berechtigungen aus?
- **Revisionssicherheit:** Wie kann den Anforderungen eines internen Kontrollsystems Rechnung getragen werden. Explizit ist der Fokus auf kritische Berechtigungskombinationen zu richten.

Insbesondere die Abbildung kritischer Applikationen ist im BI-System zu empfehlen. Die Möglichkeit der dedizierten Ausgestaltung des Berechtigungswesens ist als zugehöriges Argument zu erwähnen. Analyseberechtigungen, wie sie beispielsweise in einem SAP BI-System abgebildet werden können, bieten die Flexibilität, die Besonderheiten von Analyse und Berichtswesen zu berücksichtigen. Besonders kritische Daten können angemessen geschützt werden. Weitere Informationen sind im Kapitel 6.2.5 zu finden.

Zusätzlich ist der Administrationsprozess zu untersuchen. Eine aufwändige mehrfache manuelle Vergabe einzelner Berechtigungsobjekte stellt diesbezüglich sicherlich das Worstcase-Szenario dar. Durch die Einführung eines entsprechenden Identity-Management-Systems ist dieser administrative Aufwand reduzierbar. Durch die zentrale Verwaltung kann mehr Transparenz und Zuverlässigkeit gewonnen werden.

#### 8.4.3.4 Business-Intelligence-Modul als Prozesskomponente

### Beschreibung

Schwerpunkt im Zusammenhang mit dem Thema Reporting ist die Datenextraktion. Neben der Extraktion bietet insbesondere die Retraktion sehr viele weitere Möglichkeiten. Analytische Funktionen oder das BI-System selbst mit seinen Datenhaltungskonzepten werden durch die beiden Komponenten Extraktion und Retraktion integraler Bestandteil operativer Prozesse.

Klassiker im Zusammenhang der Datenretraktion ist das Zurückschreiben von Plandaten beispielsweise in die Kostenstellenrechnung. Neben diesem gängigen Szenario sollen anhand des nachfolgenden Beispiels die weiteren Vorteile aufgezeigt werden.

## 8.4 Potenziale in der Systemlandschaft

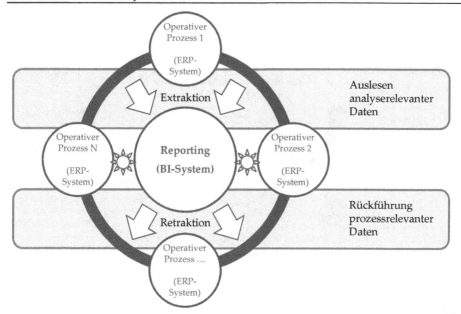

**Abbildung 8-26:** Extraktion und Retraktion

**Beispiel Closed-Loop-Architektur im Customer-Relationship-Management**

Eine maßgeschneiderte Kundenansprache und eine intensivere Kundenbindung ist das Ergebnis der Closed-Loop-Architektur im Customer-Relationship-Management.

Die Closed-Loop-Architektur basiert auf einem geschlossenen Kreislauf bestehend aus operativen und analytischen Komponenten. Ausgehend von einer Zielvorstellung werden entsprechende Maßnahmen abgeleitet. Die Ergebnisse dieser Maßnahmen werden im analytischen CRM ausgewertet. Die gewonnenen Erkenntnisse bilden wiederum die Grundlage für die Optimierung der Maßnahmen bzw. einer eventuellen Anpassung der Ziele.[158]

Das im analytischen CRM gewonnene Wissen fließt in die Geschäftsprozesse ein, so dass eine kontinuierliche Optimierung abgestimmt auf die jeweiligen Kundenbedürfnisse erfolgen kann.[159]

Aus den beiden Systemen CRM und BI entsteht eine perfekte Kombination und schafft die Basis für Vorteile wie:

- Verbesserte Entscheidungsbedingungen und -qualität
- Zielgenauere Prozesse beispielsweise bei Marketing-Kampagnen
- Erhöhte Transparenz auch über Abteilungsgrenzen hinweg

---

[158] Siehe Kreutzer, Ralf: Praxisorientiertes Marketing, S. 500
[159] Siehe Hippner, Hajo & Hubrich, Beate & Wilde, Klaus & Arndt, Dirk: Grundlagen des CRM, S. 47

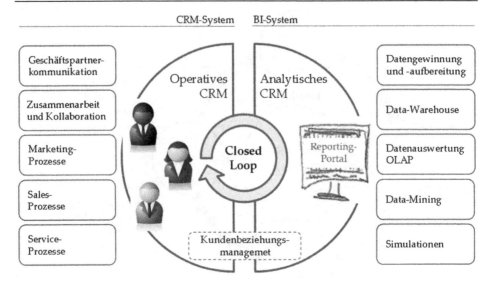

**Abbildung 8-27:** Closed-Loop im CRM[160]

### 8.4.4 Blickpunkt Medienbrüche

Die reibungslose Bereitstellung relevanter Informationen ist eine Grundvoraussetzung für schnelle, fundierte Analysen und letztendlich Entscheidungen. Adäquate Reportinglösungen sorgen für einen entsprechenden Informationsfluss ohne für den Anwender erkennbare Medienbrüche.

Unter Medienbrüche ist ein signifikanter Wechsel der zugrundeliegenden Technologie zu verstehen. Ein Medienbruch führt dazu dass der Reportingprozess verlangsamt oder erschwert wird.

Im Hinblick auf die Steigerung der Effizienz sind zwei im Grundsatz unterschiedliche Ausprägungen näher zu betrachten:

- Medienbrüche in der Datenbereitstellung mit den Szenarien:
  - ✓ Mehrere ERP-Systeme
  - ✓ WEB-Service
  - ✓ Datei-Schnittstelle
- Medienbrüche in der Datenpräsentation mit Szenarien auf Basis von:
  - ✓ Microsoft Excel
  - ✓ HTML bzw. Web-Technologie
  - ✓ Dedizierten Systemlösungen

---

160 Figuren: © istockfoto

## 8.4.4.1 Medienbrüche in der Datenbereitstellung

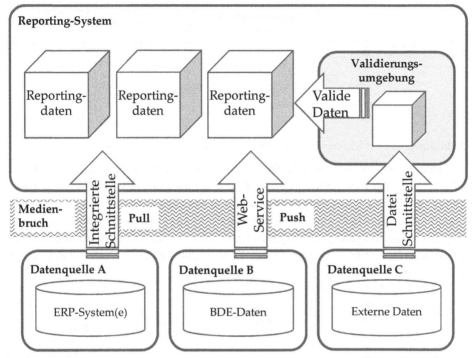

**Abbildung 8-28:** Medienbrüche in der Datenbereitstellung

Den Einfluss von Medienbrüchen soll anhand der drei folgenden Beispiele veranschaulicht werden (Abbildung 8-28).

**Datenquelle A: Mehrere ERP-Systeme**

Generell ist ein Medienbruch von sehr geringer Bedeutung, wenn sowohl die ERP-Lösung als auch die BI-Lösung aus dem gleichen Softwarehaus stammt. Speziell definierte Schnittstellen und zugehörige Implementierungspakte sorgen für einen nahezu reibungslosen Transfer der Daten. Interessant sind Fälle, in denen mehrere ERP-Quellsysteme anzubinden sind, deren Stammdatenverwaltung zusätzlich dezentral organisiert ist.

Die integrative Anbindung mehrerer Quellsysteme kann in verschiedenen Formen erfolgen:

Die erste Variante beruht auf der Tatsache, dass die jeweiligen Stammdaten in den einzelnen Systemen unabhängig voneinander sind. Durch eine entsprechende Modellierung der BI-Objekte kann diesem Umstand Rechnung getragen werden. Jedes betroffene Objekt besitzt als zusätzlichen Schlüssel das Quellsystem selbst. Dies ermöglicht letztendlich eine saubere Trennung der Texte und Attribute.

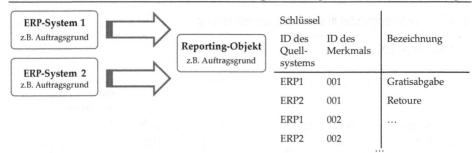

**Abbildung 8-29:** Mehrerer ERP-Systeme – Variante 1 mit Quellsystem-ID

Die zweite Variante bezieht eine Stammdaten-Management-Lösung mit ein. Diese Lösung sorgt für eine adäquate Konsolidierung der Stammdaten und trägt nachhaltig zu einer höheren Informationsqualität bei. Die eingehenden Stammdaten werden an die Stammdaten-Management-Lösung übergeben und eine entsprechende Aufbereitung durchgeführt beispielsweise im Hinblick auf die Identifikation von Dubletten. Die gesäuberten Daten stehen im Anschluss für Reportingzwecke zur Verfügung.

**Abbildung 8-30:** Mehrerer ERP-Systeme – Variante 2 mit Dublettenprüfung

### Datenquelle B: WEB-Service

Die Anbindung einer Datenquelle kann über einen Web-Service erfolgen. Bei einem Web-Service handelt es sich um einen Dienst, der einen maschinellen Datenaustausch zwischen Systemen anbietet. Neben dem Uniform Resource Identifier, der für eine eindeutige Identifizierung der Ressource sorgt, definiert eine Schnittstellenbeschreibung die Möglichkeiten der Interaktion in der Regel basierend auf XML und der Web-Service-Description-Language (WSDL).

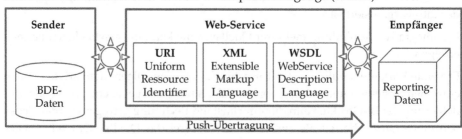

**Abbildung 8-31:** Datenübertragung mittels WEB-Service

## 8.4 Potenziale in der Systemlandschaft

Der Web-Service-Dienst schafft somit die Möglichkeit, von außen gesteuert Daten in das Reportingsystem zu übertragen. Diese Methode wird auch als „Push"-Übertragung bezeichnet. Insbesondere bei der Anbindung zusätzlicher Datenquellen wie beispielsweise ein BDE-System eine zu empfehlende Alternative vergleichend zu der Filetransfer-Methode, bei der periodisch Extraktdateien erstellt und eingelesen werden. Ferner kann der Web-Service als Grundlage für ein Realtime-Data-Acquisition bzw. Neartime-Reporting dienen.

**Datenquelle C: Datei-Schnittstelle**

Die Datei-Schnittstelle ermöglicht das Einspielen zusätzlicher Daten, die beispielsweise im CSV-Format vorliegen. Mit Hilfe dieser Textdatei können zusätzliche Informationen aus externen Quellen oder unternehmensintern erstellte Daten wie zum Beispiel Plandaten in das Reporting-System transferiert werden.

In Bezug auf die Einrichtung einer Schnittstelle für Dateien lassen sich folgende Anregungen formulieren.

Die prinzipielle Frage ist insbesondere bei Planungsprozessen der Aspekt, ob durch eine integrierte Planung innerhalb des BI-Systems der ganze Aufwand für Download, Anpassung und Upload der Daten eingespart werden kann.

Dreh- und Angelpunkt ist der Moment, bei dem letztendlich die Daten in das BI-System eingespielt werden. Ein zu implementierendes Datenmodell ist maßgeblich abhängig von der Zuverlässigkeit der Datenquelle. Insbesondere ist das Augenmerk auf die Datenqualität zu richten. Daten aus Quellen mit einer hohen Qualität und einer adäquaten Prozessstabilität können direkt in das BI-System eingespielt werden.

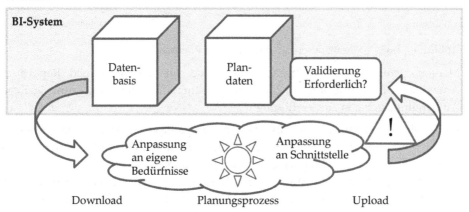

**Abbildung 8-32:** Dateibasierter Planungsprozess

Speziell im Falle von CSV-Dateien ist bei manuellen Uploads eine Validierung der Daten nahezulegen. Der Grund liegt in den länderspezifischen Eigenheiten wie beispielsweise die im Standard unterschiedliche Verwendung von Komma oder Strichpunkt als Trennzeichen. Die eingelesenen Daten werden in einem ersten

Schritt in eine losgelöste und unabhängige Validierungsumgebung zwischengespeichert. Nach erfolgreicher Validierung der Daten kann eine nachgelagerte Verbuchung in die Reportingschicht erfolgen.

Der entscheidende Vorteil ist, dass es zu keiner Verunreinigung der Stammdatenobjekte kommt. Darüber hinaus kann beispielsweise dem Anwender direkt im Rahmen des Verarbeitungsprozesses Feedback über Erfolg oder Misserfolg der Validierung gegeben werden. Zusätzlich können mit Hilfe einer Protokollierung wiederkehrende Probleme, Defizite im Prozess oder in der Qualität aufgedeckt werden.

### 8.4.4.2 Medienbrüche in der Datenpräsentation

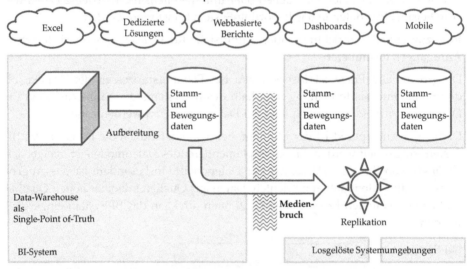

**Abbildung 8-33:** Einsatz unterschiedlicher Daten-Präsentations-Tools

Medienbrüche in der Datenpräsentation sind für den jeweiligen Reporting-Anwender offensichtlicher. Für die Datenpräsentation stehen drei grundsätzliche Aufbereitungsformen zur Verfügung:

- Excelbasierte Lösungen: MS Excel oder analoge Produkte sind die favorisierten Softwareprodukte im Bereich Controlling. Sie bieten ein umfangreiches Portfolio an analytischen Möglichkeiten und Funktionen.
- Webbasierte Lösungen: Webbasierte Lösungen bieten verschiedene Vorteile beispielsweise im Hinblick auf die Möglichkeit der direkten Integration in einem Reportingportal. Insbesondere bei mobilen Szenarien sind die webbasierten Lösungen einzusetzen. Der funktionale Umfang richtet sich am Endgerät und der Anwendung aus. Mobile Applikationen benötigen unter Umständen andere Features als webbasierte Dashboards.
- Dedizierte Systemlösungen: Dedizierte Lösungen beinhalten Techniken, die explizit von Anbietern entwickelt und beispielsweise in ERP-Systemen inte-

griert wurden, um ein Reporting zu ermöglichen. In Bezug auf SAP ERP-Systeme kann das in ABAP programmierte Berichtswesen für das Logistikinformationssystem oder die Ergebnisrechnung angeführt werden.

Interessant ist die Situation, wenn von unterschiedlichen Anbietern Lösungen für die verschiedenen Aufbereitungsformen eingesetzt werden. Die Empfehlung ist die Beibehaltung eines Data-Warehouses als Single-Point-of-Truth (SPOT). Von diesem Data-Warehouse ausgehend können für die einzelnen Lösungen zugehörige Datamarts aufbereitet werden. Der Inhalt der Datamarts wird in der Folge an die jeweilige Lösung für die Datenpräsentation übergeben.

Ein Konzept ist hilfreich, in dem festgelegt wird, welches der verschiedenen Präsentationstools in welcher Konstellation zum Einsatz gelangt und welche Endgeräte unterstützt werden. Insbesondere das Thema der unterstützten Endgeräte ist im Hinblick auf Bring-Your-Own-Device (BYOD) relevant.

### 8.4.5 Quintessenz

Der Bedarf an Business-Intelligence-Funktionen und Leistungen ist zweifelsohne unterschiedlich im Hinblick auf Themen wie operatives Reporting, interne und externe Berichterstattung, flexiblen Adhoc-Analysen oder Business-Process-Monitoring. Die Ansprüche an Laufzeiten, Datenvolumen oder Formen der Informationspräsentation bzw. –zugriffs können diesbezüglich angeführt werden. Diesem Umstand gilt es Rechnung zu tragen, um entsprechend adäquate Lösungen finden zu können.

Eine wichtige Rolle spielt in diesem Zusammenhang der Punkt „Single-Point-of-Truth", SPOT. Durch die Etablierung eines Data-Warehouses als SPOT kann dem Risiko entgegengewirkt werden, dass durch Schaffung immer weiterer Datensilos letztendlich die Informationstransparenz und vor allem auch Informationsqualität leidet.

Darüber hinaus ist das Aufzeigen der Möglichkeiten und Grenzen der eingesetzten technischen Lösungen zu empfehlen. Dies trägt zu einer erhöhten Transparenz für den Reporting-Anwender bei. Insbesondere in Bezug auf den Punkt Informationstiefe mit den Aspekten Datenverdichtung, Verfügbarkeit, Stammdatenaktualität, LifeCycle-Management und Berechtigungswesen trägt dies zur Klärung bei.

Zusätzlich bietet die Retraktion der Daten im Zusammenspiel mit der Extraktion die Chance, Closed-Loop-Architekturen aufbauen zu können. Potenziale können durch die Nutzung der BI-Komponenten als integralen Bestandteil operativer Prozesse aufgedeckt werden.

Zudem können durch die Betrachtung des Themas „Medienbruch" weitere Potenziale zur Optimierung erkannt werden. Als Beispiel für Wertstromanalysen kann der Klassiker „Dateibasierter Planungsprozess" angeführt werden. Weitere Knackpunkte betreffend Medienbrüche sind in der Datenpräsentation zu finden. Der Trend „Bring-Your-Own-Device" ist an dieser Stelle ein wesentliches Thema, das es zu klären gilt. Vergleichend zu Excel-Spreadsheets sind die Möglichkeiten für die Präsentation von Daten an mobilen Endgeräten sehr limitiert. Zusätzlich sind die Ansprüche betreffend Bedienbarkeit zu beachten. Es empfiehlt sich an dieser Stelle ebenfalls das Aufzeigen der Möglichkeiten und Grenzen der unterstützten Geräte.

# 9 Management Summary

*Es gibt immer einen Weg
es besser zu machen.
Thomas A. Edison*

## 9.1 Effektivität und Effizienz

Die Effektivität ist ein Maß für die Zielerreichung. Die Relation von einem eingangs definierten Ziel und letztendlich dem Erreichten stellt ein Kriterium für die Effektivität dar. Vereinfacht kann Effektivität mit dem Satz „Die richtigen Dinge tun" umschrieben werden.

Die Effizienz spiegelt den Umgang mit den vorhandenen Ressourcen wider. Die Relation von Input zu Output ist ein entsprechendes Kriterium. Und analog lautet der Satz für die Effizienz: „Die Dinge richtig tun".

Der Unterschied zwischen Effektivität und Effizienz kann anhand des Beispiels „Rasen mähen" verdeutlicht werden. Effektiv kann dieses Ziel erreicht werden, in dem eine Schere genutzt wird. Effizienter lässt sich der gemähte Rasen herbeiführen, indem ein geeigneter Rasenmäher eingesetzt wird. Oder übertragen auf die Welt der Zahlen kann eine Summe durch Addition der einzelne Werte im Kopf ermittelt werden oder effizienter bei mehreren Werten durch Nutzung eines Taschenrechners. Die Effizienz lässt sich bei sehr viel zu addierenden Werten weiter steigern durch Einsatz der In-Memory-Technik. In Anlehnung an das erste Beispiel entspricht die In-Memory-Technik einem Rasenmähertraktor.

## 9.2 Optimierung der Effizienz

Die Effizienz im Berichtswesen lässt sich durch die Optimierung der Abläufe und Prozesse erheblich steigern.

Voraussetzung hierfür ist die Klärung der wesentlichen Prämissen für das Berichtswesen. Dies spiegelt sich in einer definierten Business-Intelligence-Vision mit zugehörig ausgearbeiteter Business-Intelligence-Strategie wider. „Nur wer sein Ziel kennt, findet den Weg", Laotse (siehe Kapitel 1).

Zusätzlich trägt die Lean-Reporting-Philosophie (siehe Kapitel 2) dem Umstand Rechnung, dass es oftmals nicht notwendig ist, große Innovationen einzuführen oder bewährte Abläufe von Grund auf zu revolutionieren. Zentraler Punkt ist der Wert des Berichtswesens für den Reporting-Kunden. Maßnahmen und Aktionen, die durchgeführt werden, haben den Zweck, diesen Wert zu erhöhen. Die einzelnen Prozesse im Reportingumfeld rücken folglich in den Mittelpunkt. Wartezeiten oder unnötige Verarbeitungsschritte sind Formen von Verschwendung, Muda. Durch Lean-Thinking kann insbesondere dieser Verschwendung, den drei Mu's[161], nachhaltig begegnet werden, Verluste reduziert und die Wertschöpfung und somit Effizienz gesteigert werden.

## 9.3 Definition Lean-Reporting

Durch die Methoden der Lean-Philosophie (siehe Kapitel 3) kann vielmehr eine Evolution und nachhaltige Optimierung der Reporting-Effizienz herbeigeführt werden. Methoden wie Kaizen, Wertstromanalyse oder 5S sind im Produktionsbereich etabliert und sind im administrativen Bereich und konkret im Reportingumfeld ebenfalls anwendbar. Reporting mit der herzustellenden Ware „Information" ist die analoge Basis. Durch die Etablierung der Lean-Reporting-Philosophie kann folglich eine wirkungsvolle Optimierung der Reportingprozesse dauerhaft gewährleistet werden (siehe Kapitel 4).

> *Lean-Reporting*
>
> Lean-Reporting symbolisiert die Gesamtheit aller Aktivitäten und Maßnahmen, deren Hauptzweck die Ausschöpfung sämtlicher Optimierungspotenziale zur Steigerung der Wertschöpfung von Business-Intelligence-Applikationen ist.

## 9.4 Potenziale

Zu den in der Strategie vorgestellten vier Dimensionen lässt sich durch Lean-Thinking eine Vielzahl an Optimierungsmöglichkeiten ermitteln.

- Anwendungen
- Organisation
- Wirtschaftlichkeit
- Technologie

### 9.4.1 Fokus Anwendungen

Im Hinblick auf den Bereich „Reporting-Anwendungen" können Potenziale in folgenden Themenfelder gehoben werden (siehe Kapitel 5):

- Design
    - ✓ Beispiel: Ein Corporate-Reporting-Design unterstützt die optimale Strukturierung des Berichtswesens.
    - ✓ Weitere Aspekte: Reporting-Language, Gestaltungsrichtlinien.

---

161 Drei Mu's: Muda = Verschwendung; Muri = Überlastung; Mura = Ungleichgewicht

- Aussagekraft
  - ✓ Beispiel: Die Einführung eines zentralen Reporting-Glossars gewährleistet die erforderliche Transparenz im Berichtswesen.
  - ✓ Weitere Aspekte: Terminologie, Schatten-Reporting.
- Individualisierung
  - ✓ Beispiel: Der Wert des Reporting kann für den Anwender erhöht werden durch Funktionen, die das eigenständige Steuern von Verarbeitungsprozessen ermöglichen.
  - ✓ Weitere Aspekte: Self-Service-BI mit Bezug zu den vier Kategorien Datenbeschaffung, Modellierung, Aufbereitung und Verfügbarkeit.
- Aufbereitung
  - ✓ Beispiel: Der Anteil an Zeitverschwendung, Muda, im Datenextraktionsprozess kann durch die Wahl des Verfahrens und einer adäquaten Modellierung reduziert werden.
  - ✓ Weitere Aspekte: Datenakquisition insbesondere incl. Punkt „Realtime-Akquisition", Datentransformation, Datenablage mit Punkten wie Historisierung und Datenredundanz.

### 9.4.2 Fokus Organisation

Der Bereich „Organisation" bietet ebenfalls Chancen zur Steigerung der Effizienz im Berichtswesen (siehe Kapitel 6):

- Zusammenarbeit
  - ✓ Beispiel: Neues Wissen und neue Impulse können durch die Kooperation mit Hochschulen in das Unternehmen getragen werden.
  - ✓ Weitere Aspekte: Wissensmanagement-Software, Web 2.0, Social Media, Kooperationen.
- Prozessabläufe
  - ✓ Beispiel: Status- und Trackingsysteme ermöglichen eine Bestimmung des Zustands einzelner Aufgaben und des vorhandenen Umfangs an Informationen zu einem definierten Zeitpunkt.
  - ✓ Weiterer Aspekt: Workflow-Management-Systeme.
- Aufbau
  - ✓ Beispiel: Ein bedeutsamer Aspekt in der Lean-Philosophie ist das Ideenmanagement mit den Bestandteilen betriebliches Vorschlagswesen und kontinuierlicher Verbesserungsprozess.
  - ✓ Weitere Aspekte: Zuständigkeiten mit den Punkten Business-Intelligence-Competence-Center bzw. Lean-Ambassador, Berechtigungswesen, internes Kontrollsystem.

### 9.4.3 Fokus Wirtschaftlichkeit

Durch Anwendung der Lean-Methoden im Bereich „Wirtschaftlichkeit" können Potenziale in folgenden Themenfelder erkannt werden (siehe Kapitel 7):

- LifeCycle-Management
    - ✓ Beispiel: Wie jedes fabrizierte Endprodukt verursacht das Produkt „Information" ebenfalls Kosten entlang der einzelnen Phasen des Lebenszyklus.
- Entwicklung
    - ✓ Beispiel: Die Grundprinzipien von Lean-Development sind plausibel → Kundenwert schaffen, Verschwendung vermeiden, Prozesse kontinuierlich verbessern und Eigenverantwortung fördern.
    - ✓ Weitere Aspekte: schlankeres Entwickeln, schneller zum Kunden, Economies of Scale und Scope.
- Unterhalt
    - ✓ Beispiel: Die Wertstromanalyse als eine von mehreren Lean-Methoden bietet im Zusammenspiel mit einem adäquaten Monitoring die Möglichkeit, Schwachstellen in den Reportingprozessen aufzudecken.
    - ✓ Weitere Aspekte: Cloud, Applikationsüberwachung, Kostentransparenz.
- Qualität
    - ✓ Beispiel: Poka Yoke stellt ein Prinzip dar, welches die Implementierung von technischen Vorkehrungen vorsieht, um Fehler zu vermeiden bzw. zeitnah aufzudecken.
    - ✓ Weitere Aspekte: Reporting-Factory, Fehlervermeidung.

### 9.4.4 Fokus Technologie

Abschließend sind im Bereich „Technologie" folgende Themenfelder anzuführen (siehe Kapitel 8):

- Zugriff
    - ✓ Beispiel: Ein adäquates Portal steigert den Wert und Nutzen des Reportings für den Anwender durch unter anderem eine verbesserte Orientierung, optimierte Prozessdurchgängigkeit bzw. erweiterte Zusammenarbeit.
    - ✓ Weitere Aspekte: Reporting-Portal, Single-Sign-On-Technik.
- Performance
    - ✓ Beispiel: Laufzeiten sind das A und O im Reporting. Insbesondere Wartezeiten sind folglich Verschwendung, Muda, schlechthin und ein generell zu beachtender Punkt in der Lean-Reporting-Philosophie.
    - ✓ Weitere Aspekte: Big-Data, In-Memory-Datenbanken wie beispielsweise SAP-HANA, Performance-Analysen.
- Systemlandschaft
    - ✓ Beispiel: Die Closed-Loop-Architektur beschreibt das ideale Zusammenspiel operativer und analytischer Prozesse.
    - ✓ Weitere Aspekte: Operatives Reporting, Single-Point-of-Truth, BI als integraler Bestandteil operative Prozesse, Medienbrüche.

# 9 Management Summary

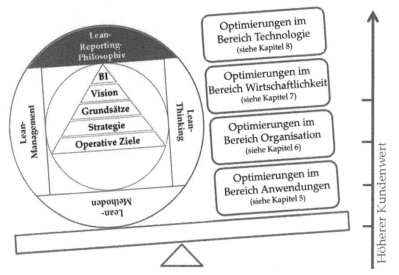

**Abbildung 9-1:** Lean-Reporting und Optimierung der Effizienz im Reporting

# Quellenverzeichnis

Abts, Dietmar & Mülder, Wilhelm: Masterkurs Wirtschaftsinformatik. Vieweg+Teubner Verlag; 2009. ISBN 978-3834800022

Althoff, Frank: Einführung in die internationale Rechnungslegung: Die einzelnen IAS/IFRS. Gabler Verlag; 2012. ISBN 978-3834929990

Amazon Web Services: SAP und Amazon Web Services. Datum Link-Abruf: 25.02.2013. http://aws.amazon.com/de/sap/

Amberg, Michael & Wiener, Martin: IT-Offshoring: Management internationaler IT-Outsourcing-Projekte. Physica-Verlag Heidelberg; 2006. ISBN 978-3790817324

Amberg, Michael: Springer-Lehrbuch: Wertschöpfungsorientierte Wirtschaftsinformatik. Springer; 2011. ISBN 978-3642167553

Back, Andrea; Gronau, Norbert & Tochtermann, Klaus (Hrsg.): Web 2.0 in der Unternehmenspraxis: Grundlagen, Fallstudien und Trends zum Einsatz von Social Software. Oldenbourg Wissenschaftsverlag; 2008. ISBN 978-3486585797

Bächle Michael & Kolb, Arthur: Einführung in die Wirtschaftsinformatik. Oldenbourg Verlag; 2012. ISBN 978-3486716412

Bakir, Evrim & Niedermayer-Thomay, Bettina: Finanz-Reporting mit SAP Netweaver Portal. SAP PRESS; 2009. ISBN 978-3898429962

Balzert, Heide; Klug, Uwe & Pampuch, Anja: Webdesign & Web-Usability: Basiswissen für Web-Entwickler. W3L GmbH; 2009. ISBN 978-3868340112

Behrendt, Jens & Zeppenfeld, Klaus: Web 2.0. Springer; 2008. ISBN 978-3540731207

Benlian, A.; Hess, T. & Buxmann, P. (Hrsg.): Software-as-a-Service: Anbieterstrategien, Kundenbedürfnisse und Wertschöpfungsstrukturen. Gabler Verlag; 2010. ISBN 978-3834922366

Blomer, Roland J.; Mann, Harmut & Bernhard, Martin G.: Praktisches IT-Management: Controlling, Kennzahlensysteme, Konzepte. Symposion Publishing; 2006. ISBN 978-3936608823

Bodderas, Elke (www.welt.de): So gefährlich ist das beliebteste Passwort der Welt. Datum Dokument: 06.06.2012. Datum Link-Abruf: 18.03.2013. http://www.welt.de/vermischtes/article106426778/So-gefaehrlich-ist-das-beliebteste-Passwort-der-Welt.html

Bogaschewsky, Ronald & Rollberg, Roland: Prozeßorientiertes Management. Springer; 2008. ISBN 978-3540640530

Böhringer, Joachim; Bühler, Peter & Schlaich, Patrick: Kompendium der Mediengestaltung: Konzeption und Gestaltung für Digital- und Printmedien. Springer; 2011. ISBN 978-3642205866

Börsenberg, Dirk & Metzen, Heinz: Lean Management. mi-Fachverlag, Finanz-Buch Verlag GmbH; 2008. ISBN 978-3636031198

Buchta, Dirk & Eul, Marcus & Schulte-Croonenberg, Helmut: Strategisches IT-Management, Wert steigern, Leistung steuern, Kosten senken. Gabler Verlag; 2009. ISBN 978-3834912060

Buxmann, Peter; Diefenbach, Heiner & Hess, Thomas: Die Softwareindustrie: Ökonomische Prinzipien, Strategien, Perspektiven. Springer; 2011. ISBN 978-3642133602

Computerworld (Herausgeber): Lexikon. Aktuelle Fachbegriffe aus Informatik und Telekommunikation. Vdf Hochschulverlag; 2007. ISBN 978-3728131089

Deloitte Center for Strategy Execution: Strategieumsetzung –Haben Sie das Thema im Griff?. Datum Link-Abruf: 07.10.2011. http://www.deloitte.com/view/de_DE/de/dienstleistungen/6d5aa4ec2aeff210VgnVCM1000001a56f00aRCRD.htm

Deutsches Institut für Betriebswirtschaft GmbH – Winzer, Olaf (Kapitel 2): Erfolgsfaktor Ideenmanagement. Schmidt (Erich); 2003. ISBN 978-3503070695

D&B: Liefersysteme: Informationen abrufen – Online zugreifen. Datum Link-Abruf: 25.02.2013. http://www.dnbgermany.de/db-datenbank/liefersysteme/

Ehrlenspiel, Klaus: Integrierte Produktentwicklung: Denkabläufe, Methodeneinsatz, Zusammenarbeit. Carl Hanser Verlag; 2009. ISBN 978-3446420137

Engel Claus, Tamdjidi Alexander und Quadejacob Nils: Ergebnisse der Projektmanagement Studie 2008 - Erfolg und Scheitern im Projektmanagement -. Gemeinsame Studie der GPM Deutsche Gesellschaft für Projektmanagement e.V. und PA Consulting Group

Fraunhofer-Studie Lean Office – Presse Information: Schlendrian im Büro – Studie belegt 30 Prozent Verschwendung in der Administration. Datum Link-Abruf: 24.01.2012: http://www.fraunhofer.at/Images/100414%20PT%20Lean%20Office%20-%20final_tcm44-50057.pdf

Fiedler Rudolf: Organisation kompakt. Oldenbourg Wissenschaftsverlag; 2010. ISBN 978-3486597288

Fröschle, Hans-Peter & Reinheimer, Stefan (Hrsg): HMD Heft 275 - Cloud Computing & SaaS. dpunkt.verlag; 2010. ISBN 978-3898648738

Jürgen Gamweger, Oliver Jöbstl: Six Sigma Belt Training. Carl Hanser Verlag. ISBN 3-446403116

Gabriel, Roland; Gluchowski, Peter & Pastwa, Alexander: Datawarehouse und Data Mining. W3L; 2009. ISBN 978-3937137667

Gartner (www.gartner.com): Business Activity Monitoring (BAM). Datum Link-Abruf: 18.03.2013. http://www.gartner.com/it-glossary/bam-business-activity-monitoring/

Gerths, Holger & Hichert, Rolf: Professionelle Geschäftsdiagramme nach den SUCCESS-Regeln gestalten. Haufe-Lexware; 2011. ISBN 978-3648011515

Gesetze im Internet: Das Bundesministerium der Justiz stellt in einem gemeinsamen Projekt mit der juris GmbH nahezu das gesamte aktuelle Bundesrecht kostenlos im Internet bereit: § 13 Insiderinformation. Datum Link-Abruf: 30.07.2012 . http://www.gesetze-im-internet.de/wphg/__13.html

Gleich, Ronald; Horváth, Péter & Michel, Uwe: Management Reporting: Grundlagen, Praxis und Perspektiven. Haufe-Lexware; 2008. ISBN 978-3448090789

Gloger, Boris: Scrum: Produkte zuverlässig und schnell entwickeln. Carl Hanser Verlag. ISBN 978-3446433380

Gómez, Jorge Marx; Rautenstrauch, Claus; Cissek, Peter & Grahlher, Björn: Einführung in SAP Business Information Warehouse. Springer; 2006. ISBN 978-3540311249

Gora, Walter (Hrsg.) & Schulz-Wolfgramm, Cornelius (Hrsg.): Informations Management: Handbuch für die Praxis. Springer; 2003. ISBN 978-3540440567

Grechenig, Thomas; Bernhart, Mario; Breiteneder, Roland & Kappel, Karin: Softwaretechnik: Mit Fallbeispielen aus realen Entwicklungsprojekten. Pearson Studium; 2009. ISBN 978-3868940077

Groll, Torsten: 1x1 des Lizenzmanagements: Praxisleitfaden für Lizenzmanager. Carl Hanser Verlag; 2011. ISBN 978-3446426597

Großmann, Martina & Koschek, Holger: Unternehmensportale: Grundlagen, Architekturen, Technologien. Springer; 2005. ISBN 978-3540222873

Herczeg, Michael: Software-Ergonomie: Grundlagen der Mensch-Computer-Kommunikation. Oldenbourg Wissenschaftsverlag; 2005. ISBN 978-3486250527

Herrmann, Christoph: Ganzheitliches Life Cycle Management: Nachhaltigkeit und Lebenszyklusorientierung in Unternehmen. Springer; 2010. ISBN 978-3642014208

Hichert, Rolf: Zitate. Datum Link-Abruf: 05.03.2013. http://www.hichert.com/de/company/rolf-hichert

Hildebrand, Knut; Gebauer, Marcus; Hinrichs, Holger & Mielke, Michael: Daten- und Informationsqualität: Auf dem Weg zur Information Excellence. Vieweg+Teubner Verlag; 2011. ISBN 978-3834814531

Hinterhuber, Hans H.: Strategische Unternehmensführung, I. Strategisches Denken (De Gruyter Lehrbuch). Schmidt (Erich); 2004. ISBN 978-3110181067

Hippner, Hajo; Hubrich, Beate; Wilde, Klaus D. & Arndt, Dirk: Grundlagen des CRM: Strategie, Geschäftsprozesse und IT-Unterstützung. Gabler Verlag; 2011. ISBN 978-3834925503

Hofmann, Jürgen & Schmidt, Werner (Hrsg.): Masterkurs IT-Management: Grundlagen, Umsetzung und Erfolgreiche Praxis. Vieweg+Teubner Verlag; 2010. ISBN 978-3834808424

isreport (www.isreport.de): Business-Intelligence-Lösungen erweitern ERP-Systeme. Datum Dokument: Ausgabe 11/2011. Datum Link-Abruf: 18.03.2013.

http://www.isreport.de/enterprise-resource-planning/erp-und-business-intelligence-business-intelligence-loesungen-erweitern-erp-systeme.html

John, Peter & Kiener, Peter: Berechtigungen in SAP Netweaver BW. SAP PRESS; 2010. ISBN 978-3836214483

Johnson, Gerry; Scholes, Kevan & Whittington, Richard: Strategisches Management - Eine Einführung: Analyse, Entscheidung und Umsetzung. Pearson Studium; 2011. ISBN 978-3868940565

Jung, Hans: Allgemeine Betriebswirtschaftslehre. Oldenbourg Wissenschaftsverlag. ISBN 978-3486592115

Keuper, Frank & Schunk, Henrik: Internationalisierung deutscher Unternehmen: Strategien, Instrumente und Konzepte für den Mittelstand. Gabler Verlag; 2011. ISBN 978-3834923301

Keuper, Frank; Wagner, Bernd & Wysuwa, Hans-Dieter: Managed Services: IT-Sourcing der nächsten Generation. Gabler Verlag; 2009. ISBN 978-3834910721

Klarl, Heiko: Zugriffskontrolle in Geschäftsprozessen: Ein modellgetriebener Ansatz. Vieweg+Teubner Verlag; 2011. ISBN 978-3834814654

Klenger, Franz: Operatives Controlling. Oldenbourg Wissenschaftsverlag; 2000. ISBN 978-3486254891

Klinger, Michael A. & Klinger Oskar: Das Interne Kontrollsystem (IKS) im Unternehmen: Praxisbeispiele, Checklisten, Organisationsanweisungen und Muster-Prüfberichte. Vahlen; 2009. ISBN 978-3800636563

Knapp, Daniel: Delta-Management in SAP NetWeaver BW. SAP PRESS; 2011. ISBN 978-3836216487

Koch, Michael & Richter, Michael: Enterprise 2.0: Planung, Einführung und erfolgreicher Einsatz von Social Software in Unternehmen. Oldenbourg Wissenschaftsverlag; 2009. ISBN 978-3486590548

Kostka, Claudia & Kostka, Sebastian: Der Kontinuierliche Verbesserungsprozess: Methoden des KVP. Carl Hanser Verlag; 2008. ISBN 978-3446416116

Krcmar, Helmut: Informationsmanagement. Springer; 2009. ISBN 978-3642042850

Kreutzer, Ralf T.: Praxisorientiertes Marketing: Grundlagen - Instrumente - Fallbeispiele. Gabler Verlag; 2010. ISBN 978-3834915955

Laux, Helmut: Entscheidungstheorie. Springer; 2006. ISBN 978-3540235767

Liker, Jeffrey K.: Der Toyota Weg: Erfolgsfaktor Qualitätsmanagement: 14 Management-prinzipien des weltweit erfolgreichsten Automobilkonzerns. FinanzBuch Verlag; 2007. ISBN 978-3898791885

Malcolm, Eva; Hindle, Keith; Paul, Debra; Rollaston, Craig; Tudor, Dot & Cadle, Donald: Business Analysis. British Computer Society, 2010. ASIN B008ETIR0O

Manhart, Klaus (www.cio.de): Doppeltes Datenvolumen alle zwei Jahre. Datum Dokument: 12.07.2011. Datum Link-Abruf: 25.03.2013. http://www.cio.de/dynamicit/bestpractice/2281581/

Melzer, Ingo: Service-orientierte Architekturen mit Web Services: Konzepte - Standards - Praxis. Spektrum Akademischer Verlag; 2010. ISBN 978-3827425492

Melzer-Ridinger, Ruth: Supply Chain Management: Prozess- und unternehmensübergreifendes Management von Qualität, Kosten und Liefertreue. Oldenbourg Wissenschaftsverlag; 2007. ISBN 978-3486582598

Mertins, Kai & Seidel, Holger: Wissensmanagement im Mittelstand: Grundlagen - Lösungen – Praxisbeispiele. Springer; 2009. ISBN 978-3540693628

Minelli, Michael; Chambers, Michele & Dhiraj, Ambiga: Big Data, Big Analytics: Emerging Business Intelligence and Analytic Trends for Today's Businesses. John Wiley & Sons; 2013. ISBN 978-1118147603

Müller, Klaus-Rainer: IT-Sicherheit mit System: Integratives IT-Sicherheits-, Kontinuitäts- und Risikomanagement - Sicherheitspyramide - Standards und Practices - SOA und Softwareentwicklung. Vieweg+Teubner Verlag; 2011. ISBN 978-3834815361

Müller, Thomas - PricewaterhouseCoopers AG (PWC): Zukunftsthema Geschäftsprozessmanagement. Datum Link-Abruf: 25.01.2012: http://www.pwc.de/de_DE/de/prozessoptimierung/assets/PwC-GPM-Studie.pdf

Müller-Prothmann, Tobias & Dörr, Nora: Innovationsmanagement. Strategien, Methoden und Werkzeuge für systematische Innovationsprozesse. Carl Hanser Verlag; 2009. ISBN 978-3446417991

North, Klaus: Wissensorientierte Unternehmensführung: Wertschöpfung durch Wissen. Gabler Verlag; 2011. ISBN 978-3834925381

Olbrich, Alfred: ITIL kompakt und verständlich: Effizientes IT Service Management – Den Standard für IT-Prozesse kennenlernen, verstehen und erfolgreich in der Praxis umsetzen. Vieweg+Teubner Verlag; 2008. ISBN 978-3834804921

Otto, Boris; Winkler, Sven & Wolter, Jörg: Erfolgreiche Portalprojekte mit SAP Netweaver Portal: Konzeption, Aufbau und Betrieb. SAP-Hefte. Galileo-Press; 2006. ISBN 978-3898429726

Panitz, Klaus & Waschkowitz, Carsten: Reportingprozesse optimieren: Praxislösungen für ein effizientes Rechnungswesen. Schäffer-Poeschel; 2010. ISBN 978-3791029580

Pelkmann, Thomas (BARC, www.cio.de): Unternehmen messen BI Performance nicht. Datum Dokument: 20.12.2010. Datum Link-Abruf: 25.03.2013. http://www.cio.de/knowledgecenter/bi/2256155/

Pendse, Nigel & Creeth, Richard: The OLAP Report, Succeeding with On-Line Analytical Processing, 1995

Pfeiffer, Werner & Weiß, Enno: Lean Management. Grundlagen der Führung und Organisation lernender Unternehmen. Schmidt (Erich); 1994. ISBN 978-3503036783

Plattner, Hasso & Zeier, Alexander: In-Memory Data Management – Ein Wendepunkt für Unternehmensanwendungen. Gabler Verlag; 2012

Preißler, Peter R.: Betriebswirtschaftliche Kennzahlen: Formeln, Aussagekraft, Sollwerte, Ermittlungsintervalle. Oldenbourg Wissenschaftsverlag; 2008. ISBN 978-3486238884

Pfohl, Hans-Christian: Logistiksysteme: Betriebswirtschaftliche Grundlagen. Springer; 2009. ISBN 978-3642041617

Pollmann, Rainer & Rühm, Peter: Controlling-Berichte: professionell gestalten. Haufe-Lexware; 2007. ISBN 978-3448074789

Reitz Andreas: Lean TPM – in 12 Schritten zum schlanken Management System. mi-Fachverlag, FinanzBuch Verlag ; 2008. ISBN 978-3636031198

Rother M. & Shook J.: Learning to See – Value-Stream Mapping. The Lean Enterprise Institute, Inc. ; 2003. ISBN 0-966784308

Sandt, Joachim & Weber, Jürgen: Controlling und Change Management: Aufgaben der Controller in Veränderungsprozessen. Wiley-VCH Verlag; 2011. ISBN 978-3527505784

Schemm, Jan Werner: Zwischenbetriebliches Stammdatenmanagement: Lösungen für die Datensynchronisation zwischen Handel und Konsumgüterindustrie. Springer; 2009. ISBN 978-3540890294

Schmitz, Andreas – CIO.de: Fast Close – Abschluss per Knopfdruck. Datum Dokument: 26.01.2006. Datum Link-Abruf: 27.01.2012. http://www.cio.de/strategien/methoden/817372/index3.html

Schön, Dietmar: Planung und Reporting im Mittelstand: Grundlagen, Business Intelligence und Mobile Computing. Gabler Verlag; 2012. ISBN 978-3834936035

Schönenberg, Ulrich: Prozessexzellenz im HR-Management: Professionelle Prozesse mit dem HR-Management Maturity Model. Springer; 2010. ISBN 978-3642133244

Schultheiss Wilhelm: Lean Management – Strukturwandel im Industriebetrieb durch Umsetzung des Management Ansatzes. expert-Verlag; 1995. ISBN 978-3816911760

Schweiger, Stefan: Lebenszykluskosten optimieren: Paradigmenwechsel für Anbieter und Nutzer von Investitionsgütern. Gabler Verlag; 2009. ISBN 978-3834909893

Töpfer, Armin: Six Sigma: Konzeption und Erfolgsbeispiele für praktizierte Null-Fehler-Qualität. Springer, 2007. ISBN 978-3540485919

Töpfer, Armin (Hrsg.): Six Sigma: Konzeption und Erfolgsbeispiele Für Praktizierte Null-Fehler-Qualität. Springer; 2004. ISBN 978-3540218999

T-Systems (www.t-systems.de): CeBIT 2013 - Zero Distance: Die neue Nähe zum Kunden ist entscheidend. Datum Link-Abruf: 31.03.2013. http://www.t-systems.de/ueber-t-systems/t-systems-auf-der-cebit-zero-distance-die-neue-naehe-zum-kunden-ist-entscheidend/1014430

Ullmann, Georg: Ganzheitliche Produktionssysteme – IPH Methodensammlung. IPH – Institut für Integrierte Produktion Hannover gemeinnützige GmbH. http://www.iph-hannover.de/sites/default/files/IPH-Methodensammlung_web.pdf, http://www.iph-hannover.de/de/beratung/lean

Wiesner, Knut: Internationales Management: Wirtschafts- und Sozialwissenschaftliches Repetitorium. Oldenbourg Wissenschaftsverlag; 2004. ISBN 978-3486576443

Wissenschaftliches Institut der AOK: Pressemitteilung 19.04.2011 – Burnout auf dem Vormarsch. Datum Link-Abruf: 27.01.2012. http://www.wido.de/fileadmin/wido/downloads/pdf_pressemitteilungen/wido_pra_pm_krstd_0411.pdf

Wittenstein, Anna-Katharina, Wesoly, Michael, Moeller Georg & Schneider, Ralph: Lean Office 2006 Zusammenfassung. Fraunhofer Institut Produktionstechnik und Automatisierung & KAIZEN Institute Deutschland . Datum Link-Abruf: 24.01.2012. http://www.ipa.fraunhofer.de/fileadmin/, www.ipa.fhg.de/pdf/Produkt-_und_Qualitaetsmanagement/Studie_Lean_Office_-_Zusammenfassung_lang_060723.pdf

Womack, James P. & Jones, Daniel T.: Lean Thinking: Banish Waste and Create Wealth in Your Corporation. Free Press. ISBN 0-743249275

Womack, James P. & Jones, Daniel T.: Lean Thinking: Ballast abwerfen, Unternehmensgewinne steigern.. Campus Verlag; 2004. ISBN 978-3593375618

Womack, James P.; Jones, Daniel T. & Drescher, Wolfgang: Lean Solutions: Wie Unternehmen und Kunden gemeinsam Probleme lösen. Campus Verlag; 2006. ISBN 978-3593381121

Womack, James P., Jones, Daniel T. & Roos, Daniel: The machine that change the world: The Story of Lean Production Workflow Management Coalition: Workflow Reference Model Diagram. Datum Link-Abruf: Oktober 2012 . http://www.wfmc.org/reference-model.html#workflow_reference_model_diagram

Zelazny, Gene: Wie aus Zahlen Bilder werden: Der Weg zur visuellen Kommunikation. Gabler Verlag; 2005. ISBN 978-3834900746

# Abbildungsverzeichnis

| | | |
|---|---|---|
| Abbildung 1-1: | Unternehmensstrategie und BI-Pyramide | 3 |
| Abbildung 1-2: | BI-Strategie, BI-Vision und Perspektiven | 5 |
| Abbildung 1-3: | Perspektiven und operative Ziele | 6 |
| Abbildung 1-4: | Interessengruppen | 7 |
| Abbildung 1-5: | Business-Intelligence-Roadmap | 8 |
| Abbildung 1-6: | Zentrales Data-Warehouse | 10 |
| Abbildung 1-7: | Geographisch verteilte Data-Warehouse-Systeme | 10 |
| Abbildung 1-8: | Data-Marts | 10 |
| Abbildung 1-9: | Business-Intelligence-Grundapplikationen | 13 |
| Abbildung 1-10: | Outsourcing & Offshoring | 17 |
| Abbildung 1-11: | Ziele-Matrix | 19 |
| Abbildung 1-12: | Komplementarität, partiell-komplementär, Konkurrenz | 22 |
| Abbildung 1-13: | BI-Strategien und Ziele | 24 |
| Abbildung 2-1: | Lean-Management | 26 |
| Abbildung 2-2: | Muda Mura Muri | 27 |
| Abbildung 2-3: | Fünf Lean-Thinking-Prinzipien | 30 |
| Abbildung 2-4: | Was in Projekten zum Misserfolg führt | 31 |
| Abbildung 2-5: | Wertstrom | 32 |
| Abbildung 2-6: | Fluss-Prinzip: Prozess mit Engpässen | 33 |
| Abbildung 2-7: | Fluss-Prinzip: Prozess nach Optimierung | 33 |
| Abbildung 2-8: | Nachteile Push-Prinzip | 34 |
| Abbildung 2-9: | Pull-Prinzip | 35 |
| Abbildung 2-10: | Streben nach Perfektion | 37 |
| Abbildung 2-11: | Business-Intelligence-Verständnis | 39 |
| Abbildung 2-12: | Fast-Close-Hürden, Deshalb lahmt der Fast-Close | 41 |
| Abbildung 2-13: | Phasen-Modelle Lewin und Kotter | 43 |
| Abbildung 2-14: | BI-Strategie und Lean-Philosophie | 46 |
| Abbildung 3-1: | Übersicht Lean-Methoden | 48 |
| Abbildung 3-2: | Vorgehenszyklus | 50 |
| Abbildung 3-3: | Ablauf Wertstromanalyse | 53 |
| Abbildung 3-4: | Wertstromdesign-Symbole | 54 |
| Abbildung 3-5: | Schematische Darstellung des Prozessbeispiels | 55 |
| Abbildung 3-6: | Skizzierung des Wertstroms und der Verschwendungsphasen | 55 |
| Abbildung 3-7: | Schematische Darstellung des Soll-Zustands | 56 |
| Abbildung 3-8: | Methode 5S bzw. 5A | 57 |
| Abbildung 3-9: | „5R"-Methode in Anlehnung an „5S" aus Sicht „R"eporting | 58 |
| Abbildung 3-10: | Poka Yoke Beispiel „Steckverbindung" | 59 |

| | | |
|---|---|---|
| Abbildung 3-11: | Poka Yoke Beispiel „Selektionsmaske im Reporting" | 59 |
| Abbildung 3-12: | Übersicht BI-Kernprozesse | 60 |
| Abbildung 3-13: | BI-Kernprozess – Der Entwicklungsprozess | 61 |
| Abbildung 3-14: | BI-Kernprozess – Der Datenbeschaffungsprozess | 62 |
| Abbildung 3-15: | BI-Kernprozess – Der Konsolidierungsprozess | 63 |
| Abbildung 3-16: | BI-Kernprozess – Der Planungsprozess | 64 |
| Abbildung 3-17: | BI-Kernprozess – Der Recherche- bzw. Analyseprozess | 65 |
| Abbildung 3-18: | Einführungsplan Lean-Reporting | 68 |
| Abbildung 3-19: | Phasen der Veränderung | 71 |
| Abbildung 3-20: | Lean-Reporting | 73 |
| Abbildung 4-1: | Lean-Reporting - Vom Projekt zum täglichen KVP-Prozess | 76 |
| Abbildung 4-2: | Most-Smart | 77 |
| Abbildung 4-3: | Wissenstransfer und Weiterentwicklung | 77 |
| Abbildung 4-4: | Lean-Denken | 80 |
| Abbildung 4-5: | Thinking out of the Box – Das Rätsel | 82 |
| Abbildung 4-6: | Thinking out of the Box – Die Lösung | 82 |
| Abbildung 4-7: | Thinking out of the Box – Lösung mit 3 Strichen | 82 |
| Abbildung 4-8: | Lean-Denken - Kippbild | 83 |
| Abbildung 4-9: | Lean-Denken – Sinnestäuschung | 84 |
| Abbildung 4-10: | 80/20 -Regel | 86 |
| Abbildung 4-11: | Lean-Reporting verinnerlicht | 89 |
| Abbildung 5-1: | Lean-Reporting im Bereich Anwendungen | 91 |
| Abbildung 5-2: | Design im Bad mit Spülkasten „Monolith" & Dusch-WC „AquaClean" | 92 |
| Abbildung 5-3: | Wartezeiten im Entwicklungsprozess | 93 |
| Abbildung 5-4: | Designvielfalt und Chaos beim Anwender | 94 |
| Abbildung 5-5: | Corporate Identity Komponenten | 96 |
| Abbildung 5-6: | Corporate-Reporting-Design – Farben im MS Excel | 97 |
| Abbildung 5-7: | Beispiel eines Seitenlayouts mit Microsoft Word | 98 |
| Abbildung 5-8: | Corporate-Reporting-Sprache – 2 Varianten | 99 |
| Abbildung 5-9: | Beispiel Excel-Tabelle | 101 |
| Abbildung 5-10: | Beispiel Balkendiagramm | 102 |
| Abbildung 5-11: | Tabelle & Grafik mit der Funktion „Wiederholen" | 103 |
| Abbildung 5-12: | Dashboard - Negativbeispiel | 104 |
| Abbildung 5-13: | Wasserfall-Diagramm mit PowerPoint und Think-Cell | 106 |
| Abbildung 5-14: | Optimierter Entwicklungsprozess | 107 |
| Abbildung 5-15: | Differenziertes Verständnis von Kennzahlen | 108 |
| Abbildung 5-16: | 5S/5A im Zusammenhang mit Kennzahlen | 109 |
| Abbildung 5-17: | Beispiele für die Berechnung des Lieferbereitschaftsgrads | 110 |
| Abbildung 5-18: | Berechnungslogik Cash-Flow | 111 |
| Abbildung 5-19: | Risiko Schatten-Reporting | 113 |
| Abbildung 5-20: | Self-Service-Business-Intelligence | 115 |

# Abbildungsverzeichnis

| | | |
|---|---|---|
| Abbildung 5-21: | Beispiele Self-Service Datenbeschaffung | 116 |
| Abbildung 5-22: | Beispiel-Cockpit zur Steuerung der Datenbeschaffung | 117 |
| Abbildung 5-23: | Erweiterung des Datenmodells | 118 |
| Abbildung 5-24: | Selektionsbild | 119 |
| Abbildung 5-25: | Selbst einstellbarer Arbeitsbereich | 122 |
| Abbildung 5-26: | Prozess ohne Broadcasting | 123 |
| Abbildung 5-27: | Prozess mit Broadcasting | 123 |
| Abbildung 5-28: | Prozessablauf | 125 |
| Abbildung 5-29: | Prozesszyklus | 125 |
| Abbildung 5-30: | Problematik der Stammdaten | 126 |
| Abbildung 5-31: | Full-Verfahren mit Schalterlogik | 127 |
| Abbildung 5-32: | Deltaermittlung im Quellsystem | 128 |
| Abbildung 5-33: | Deltaermittlung im Reportingsystem | 129 |
| Abbildung 5-34: | Pseudo-Delta-Verfahren | 129 |
| Abbildung 5-35: | Hoher Muda-Anteil im ETL-Prozess | 130 |
| Abbildung 5-36: | Realtime durch Remote-Zugriff | 131 |
| Abbildung 5-37: | Transformation Szenario 1 | 132 |
| Abbildung 5-38: | Transformation Szenario 2 | 133 |
| Abbildung 5-39: | Berichtsdatenhistorie – Variante 1: Datenredundanz | 134 |
| Abbildung 5-40: | Berichtsdatenhistorie – Variante 2: Zeitabhängige Informationen | 135 |
| Abbildung 5-41: | Redundante Datenablage | 136 |
| Abbildung 5-42: | Berechnung der Preisabweichung | 137 |
| Abbildung 6-1: | Lean-Reporting im Bereich Organisation | 141 |
| Abbildung 6-2: | Beispielprozess - Ideenmanagement | 142 |
| Abbildung 6-3: | Ideenmanagement und KVP bzw. BVW | 144 |
| Abbildung 6-4: | Quellen des Ideenmanagements | 145 |
| Abbildung 6-5: | Freigabeprozess | 148 |
| Abbildung 6-6: | Ansprechpartner(in) Applikation | 149 |
| Abbildung 6-7: | Reporting-Berechtigung | 150 |
| Abbildung 6-8: | Berechtigungsrollen | 151 |
| Abbildung 6-9: | Berechtigungskombinationen komplette Ausprägung | 152 |
| Abbildung 6-10: | Berechtigungskombinationen Ausprägung mit Variable | 153 |
| Abbildung 6-11: | Berechtigungsvariablen | 153 |
| Abbildung 6-12: | Implementierungsvarianten Reporting-Berechtigungen | 154 |
| Abbildung 6-13: | Kritische Berechtigungen | 155 |
| Abbildung 6-14: | SAP Transaktion – Suche von Benutzern mit spezifischen Rollen | 155 |
| Abbildung 6-15: | Benutzer mit kritischen Berechtigungen (Berechtigung mit Variable) | 156 |
| Abbildung 6-16: | Reibungsverluste in der Zusammenarbeit | 157 |
| Abbildung 6-17: | Kombination KM-Dokument und Planungsapplikation | 159 |

| | | |
|---|---|---|
| Abbildung 6-18: | Verzeichnisanzeige des KM-Contents und Funktionen | 160 |
| Abbildung 6-19: | Instant Messaging mit IBM Lotus Sametime | 162 |
| Abbildung 6-20: | IBM Lotus Sametime mit Status- und Verfügbarkeitsübersicht | 163 |
| Abbildung 6-21: | Wiki „Lean-Reporting" | 164 |
| Abbildung 6-22: | Funktionen der Wiki-Lösung von SAP | 165 |
| Abbildung 6-23: | Netzwerk an Kooperationspartner | 165 |
| Abbildung 6-24: | Beispiel: Finanzabschluss und Berichterstattung | 169 |
| Abbildung 6-25: | Teilprozess „Prüfung Stammdaten" | 170 |
| Abbildung 6-26: | Schnittstellen zwischen den Arbeitsschritten | 171 |
| Abbildung 6-27: | Workflow Referenz Modell | 172 |
| Abbildung 6-28: | Workflow „Prüfung Stammdaten" | 173 |
| Abbildung 6-29: | Statusübersicht einzelner Arbeitsschritte | 174 |
| Abbildung 6-30: | Auszug an Symbolen aus SAP WEB-Dynpro für ABAP | 174 |
| Abbildung 7-1: | Lean-Reporting im Bereich Wirtschaftlichkeit | 177 |
| Abbildung 7-2: | Phasen des Lebenszyklus | 178 |
| Abbildung 7-3: | Stammdatenpflege | 180 |
| Abbildung 7-4: | Materialstamm - Beispiel | 181 |
| Abbildung 7-5: | Modellierungsvarianten im Hinblick auf Stammdaten | 182 |
| Abbildung 7-6: | Nutzen der Bewegungsdaten | 182 |
| Abbildung 7-7: | ETL-Prozess & Bewegungsdaten | 183 |
| Abbildung 7-8: | Datenablage | 184 |
| Abbildung 7-9: | Modell „Gerades / ungerades Jahr" | 185 |
| Abbildung 7-10: | 5S- bzw. 5R-Methode und LifeCycle-Prozess | 186 |
| Abbildung 7-11: | Phasen des Lebenszyklus für Hardware | 187 |
| Abbildung 7-12: | Phasen des Lebenszyklus für Software (Quelle Groll, Torsten) | 188 |
| Abbildung 7-13: | Applikationsmangement | 190 |
| Abbildung 7-14: | BI-Projekte | 191 |
| Abbildung 7-15: | Cloud-Framework | 199 |
| Abbildung 7-16: | Parameter | 203 |
| Abbildung 7-17: | Verrechnungsklassen | 205 |
| Abbildung 7-18: | Informationsqualität | 206 |
| Abbildung 7-19: | Realisierungsaufwand und Nutzen | 208 |
| Abbildung 7-20: | Selektionsbild | 209 |
| Abbildung 7-21: | Reporting-Factory | 210 |
| Abbildung 8-1: | Lean-Reporting im Bereich Technologie | 213 |
| Abbildung 8-2: | Irrgarten Reporting | 214 |
| Abbildung 8-3: | Unternehmensportal | 215 |
| Abbildung 8-4: | Lieferantenportal | 218 |
| Abbildung 8-5: | Finanzportal | 219 |
| Abbildung 8-6: | Authentifizierungsverfahren mit Single-Sign-On | 222 |

# Abbildungsverzeichnis

| | | |
|---|---|---|
| Abbildung 8-7: | Irrgarten – Wege zum Ziel | 223 |
| Abbildung 8-8: | Big-Data | 225 |
| Abbildung 8-9: | Spalten- und zeilenorientierte Datenhaltung | 228 |
| Abbildung 8-10: | SAP HANA | 229 |
| Abbildung 8-11: | Starschema und Aggregate klassisches SAP Business-Warehouse | 230 |
| Abbildung 8-12: | Starschema SAP Business-Warehouse mit HANA | 230 |
| Abbildung 8-13: | SAP HANA Rechenoperationen | 231 |
| Abbildung 8-14: | Reporting-Performance | 232 |
| Abbildung 8-15: | BI-Query Laufzeit-Analyse | 233 |
| Abbildung 8-16: | Reporting-Systemlandschaft | 235 |
| Abbildung 8-17: | Synergien aus ERP & BI | 236 |
| Abbildung 8-18: | Operatives Reporting im Kontext von BI und ERP | 237 |
| Abbildung 8-19: | Kennzahl „Umsatzerlös" | 239 |
| Abbildung 8-20: | Abstimmungsaufwand und Gefahr der Vielzahl an Datensilos | 240 |
| Abbildung 8-21: | Single-Point-of-Truth | 241 |
| Abbildung 8-22: | Informationsverlust durch Datenverdichtung | 242 |
| Abbildung 8-23: | Rabatte – Kennzahlenmodell bzw. Kontenmodell | 243 |
| Abbildung 8-24: | Datenaufbereitung und Informationsverfügbarkeit | 244 |
| Abbildung 8-25: | Stammdatentypen | 244 |
| Abbildung 8-26: | Extraktion und Retraktion | 247 |
| Abbildung 8-27: | Closed-Loop im CRM | 248 |
| Abbildung 8-28: | Medienbrüche in der Datenbereitstellung | 249 |
| Abbildung 8-29: | Mehrerer ERP-Systeme – Variante 1 mit Quellsystem-ID | 250 |
| Abbildung 8-30: | Mehrerer ERP-Systeme – Variante 2 mit Dublettenprüfung | 250 |
| Abbildung 8-31: | Datenübertragung mittels WEB-Service | 250 |
| Abbildung 8-32: | Dateibasierter Planungsprozess | 251 |
| Abbildung 8-33: | Einsatz unterschiedlicher Daten-Präsentations-Tools | 252 |
| Abbildung 9-1: | Lean-Reporting und Optimierung der Effizienz im Reporting | 259 |

# Sachwortverzeichnis

**1 2 3**
4-Augen-Prinzip 149
5A 52, 56, 57, 108, 114
5R 57, 58, 70, 186, 245
5S 42, 43, 52, 56, 57, 58, 70, 108, 114, 137, 158, 159, 186, 189, 245, 256
80/20-Prinzip 86, 192, 207

**A**
Adhoc-Analyse 121, 238, 253
Adhoc-Bericht 100
Aggregat 229, 230
Agiles Projektmanagement 191, 195
Agilität 231, 232
Aktualität 104, 116, 124, 148, 234, 237, 239, 253
Akzeptanz 11, 20, 156, 222, 224
Alarmierung 66, 174, 202
Analyseprozess 40, 47, 60, 65, 206, 232
Anhangerstellung 63
Anreizsystem 78
Antwortzeit 11, 183, 227, 231, 232, 233
Applikationsentwicklung 190, 191, 200
Applikationsüberwachung 178, 202, 203, 205, 258
Arbeitsbereich 51, 121, 123, 216
Arbeitskreis 79, 144, 145
Arbeitslast 72
Arbeitsorganisation 158
Arbeitsplatzorganisation 56, 189
Aufbauorganisation 6, 8, 142
Ausbildungsstätte 145
Auslegbarkeit 208
Aussagekraft 91, 99, 107, 207, 208, 240, 257
Authentifizierung 216, 220, 221

**B**
Bedarfsvorschau 218
Bedienbarkeit 1, 39, 92, 254
Benutzerfreundlichkeit 12, 15, 20, 21, 114
Beratungshaus 167

Berechnungslogik 107, 109, 110, 111, 112, 142
Berechtigung 59, 120, 150, 153, 246
   Berechtigungsgruppe 151, 152
   Berechtigungskombination 150, 151, 152, 153, 246
   Berechtigungsobjekt 150, 152, 153, 155, 246
   Berechtigungsrolle 150, 155, 220
   Kritische Berechtigungen 154, 155
   Reporting-Berechtigung 150
Berechtigungswesen 141, 150, 152, 156, 241, 246, 253, 257
Berichterstattung 99, 169, 253
Berufsschule 166
Beschaffungscontrolling 217
Beschaffungszyklus 131
BI-as-a-Service 198, 199
Big-Bang 67
Big-Data 1, 213, 224, 225, 226, 227, 233, 258
Binnenumsatzeliminierung 63
Blog 161, 162
Bring-Your-Own-Device 1, 14, 253
Broadcasting 40, 60, 66, 121, 122, 123, 197, 198
Burnout 29
Business Value 22, 23
Business-Intelligence-Competence-Center (BICC) 8, 112, 144, 146, 147, 211, 257
Business-Intelligence-Strategie 1, 2, 4, 5, 6, 7, 9, 13, 14, 24, 25, 44, 45, 146, 147, 255
Business-Intelligence-Verständnis 5, 39, 45
Business-Intelligence-Vision 2, 3, 4, 5, 7, 25, 255
Business-Portal 216
Business-Process-Monitoring 237, 238

**C**
Cash-Flow 111

Change-Kurve 71
Change-Management 44, 71, 171
Change-Request-Management 11
Closed-Loop-Architektur 247, 253, 258
Cloud 26, 166, 177, 187, 199, 200, 201, 202, 205, 206, 233, 258
Clusteranalyse 223
Collaboration 164
Consumerization 1
Content-Management-System 66
Corporate-Behaviour 95
Corporate-Communication 95
Corporate-Design 92, 95, 96, 105
Corporate-Design-Guide 85
Corporate-Identity 95
Corporate-Reporting-Design 94, 95, 96, 97, 98, 107, 211, 256
Corporate-Reporting-Language 95, 98, 107
Customer-Exit 153
Customer-Relationship-Management 247

D

Data as a Service (DaaS) 201
Data-Mart 10, 11
Data-Mining 223
Data-Warehouse-Architektur 9
Datenakquisition 126, 257
Datenaustausch 250
Datenbeschaffungsprozess 40, 41, 42, 47, 60, 62, 91, 112, 117, 124, 125, 126, 138, 147, 148, 183, 186, 194, 198, 237
Datenextraktion 11, 126, 127, 246, 257
Datenhistorie 126, 134, 135
Datenintegration 9, 11
Datenkonsolidierungsprozess 40, 47, 60, 62
Datenqualität 12, 15, 62, 106, 206, 207, 211, 233, 239, 251
Datensilo 124, 207, 240, 253
Delta Load 41
Delta-Datenbeschaffung 126
Delta-Verfahren 127
Denken
    Denkpsychologie 82
    Ganzheitliches Denken 81
    Lean-Denken 80, 83, 84
    Ökonomisches Denken 81
    Potenzialdenken 81
    Proaktives Denken 81
    Sensitives Denken 81
Doppelspurigkeit 72
Drill-Down 13
DropDown-Box 120
Dublettenprüfung 250
Durchlaufzeit 51, 52, 112, 173, 175, 195, 218, 224, 235

E

Early Adopter 12
Echtzeit-Analyse 227
Economies of Scale 177, 196, 197, 258
Economies of Scope 196, 258
Einführungsplan 68
Einführungsprojekt 47, 67
Einkaufscontrolling 217
Empowerment 44
End-of-life 179, 180, 181, 189, 245
Engpass 33, 40
Entwicklung 177, 190, 258
Entwicklungsprozess 26, 27, 40, 47, 60, 61, 93, 106, 107, 167, 190, 192, 193, 195, 196, 197
Erfahrungsaustausch 79, 145
Erfolgsmessung 16, 18, 233
Erwartungskonformität 209
Eskalationsmanagement 175
ETL-Prozess 40, 62, 124, 130, 134, 183, 232

F

Fachkonzept 60, 61
FASMI 3, 4
Fast Second 12
Fast-Close 40, 169, 170
Fast-Close 41
Feedback 53, 144, 158, 160, 167, 186, 252
Fehler
    Eingabefehler 59
    Erfassungsfehler 148
    Fehleranalyse 194
    Fehleranfälligkeit 95
    Fehlerfreiheit 208
    Fehlerkultur 193, 194
    Fehlerrisiko 194
    Fehlertoleranz 209

# Sachwortverzeichnis

Fehlervermeidung 114, 124, 178, 203, 205, 207, 208, 209, 211, 258
Systemfehler 198
Financial Supply Chain 169
Finanzportal 217, 219
Fluss-Prinzip 25, 32, 33, 36, 38, 40
Framework 194, 199, 227
Freigabeprozess 64, 148
Frontend-Tool 12, 14, 20
Full-Datenbeschaffung 126
Full-Verfahren 41, 126, 127
Funktionstrennung 149

## G

Genehmigungsprozess 155, 164, 246
Geoinformationssystem 11, 100, 201, 202
Geschäftsprozess 2, 14, 17, 27, 113, 148, 173, 219, 220, 238, 247
Geschäftsprozessmanagement 28
Geschäftsvorfall 131, 138
Gestaltungsrichtlinie 102, 107, 256
Go Live 62, 68, 70

## H

Hadoop 227
HANA 22, 183, 200, 224, 227, 228, 229, 230, 231, 232, 233, 243, 258
Historisierung 134, 135, 184, 185, 257
Hochschule 88, 166, 257
Hub-und-Spoke-Architektur 10
Human Capital Management 6, 9

## I

Ideendatenbank 43, 79
Ideenmanagement 76, 79, 141, 142, 143, 144, 145, 146, 156, 158, 164, 211, 257
Implementierungsprozess 100
Inakzeptanz 94, 105
Individualisierbarkeit 209
Individualisierung 75, 84, 85, 91, 114, 257
Industrie- und Handelskammer 168
InfoCube 229
Informatikkonzept 60, 61
Informationsaufnahme 92, 98
Informationsaustausch 98, 161, 167, 219
Informationsentsorgung 179
Informationsfluss 52, 54, 158, 248
Informationskonsistenz 239, 245

Informationsqualität 206, 207, 208, 211, 234, 236, 250, 253
Informationstiefe 241, 253
Informationsverfügbarkeit 241, 243, 244
Informationsverlust 242
Informationsversorgung 4, 5, 39, 45
Informationswert 180
Infrastructure as a Service (IaaS) 200
Infrastruktur 2, 14, 177, 187, 200
Inkonsistenz 10, 62
In-Memory-Datenbank 22, 227, 228, 231, 232, 233, 243, 258
In-Memory-Technik 22, 23, 135, 138, 166, 168, 183, 255
In-Memory-Technologie 38, 213, 224, 227, 231
Innovation 2, 9, 12, 75, 87, 88, 168, 181, 225, 255
Insiderinformation 154
Insourcing 16, 17
Instant Communication 161, 162
Integrierte Planung 14, 251
Interessengruppe 3, 6, 7, 69, 98, 144, 147, 148, 156, 179, 192
Interessensgruppe 38, 39
Interessenvertretung 167
Internes Kontrollsystem 141, 143, 149, 246, 257
Istanalyse 61
IT-Controlling 18, 19
ITIL 11, 190

## J

Jahresabschluss 169, 170

## K

Kaikaku 33
Kaizen 37, 43, 49, 50, 51, 143, 156, 203, 256
Kanban 35, 36, 218
Kennzahlenmodell 242
Kennzahlen-Reporting 237, 239
Kick-Off 68
Kippbild 83
Klassifizierung 20, 21, 117, 119, 204, 205, 223, 245
Knowledge-Management 158, 159, 216
Kommentierung 13, 40, 63, 105, 214

Kommunikation 24, 68, 70, 71, 72, 78, 94, 144, 161, 189, 195, 196, 219
Konsistenz 104, 107, 124, 240, 245, 246
Konsolidierung 63, 136, 219, 240
Kontenmodell 242, 243
Kontinuierlicher Fluss 30
Kontinuierlicher Verbesserungsprozess 36, 43, 49, 75, 76, 86, 143, 144, 198, 203, 257
Konzernberichterstattung 169
Kooperation 141, 165, 166, 168, 257
Kosten-Nutzen-Verhältnis 4, 5, 39, 45, 138, 198, 204, 233, 234
Kostentransparenz 38, 178, 203, 205, 258
Kostenverrechnung 204
Krankheitstag 29
Kreativitätspotenzial 29
Kunde 34, 38, 43
Kundenanforderung 51, 194
Kundenbedürfnis 49, 165, 247
Kundennutzen 30, 42, 53, 84, 167, 168, 224
Kundenorientierung 50, 51, 53, 204
Kundenzufriedenheit 51

L
Laufzeit-Analyse 233
Lean
  Lean-Administration 27
  Lean-Ambassador 69, 147, 257
  Lean-Botschaft 69, 76, 88
  Lean-Development 27, 177, 192, 193, 195, 197, 258
  Lean-Enterprise-Manager 44
  Lean-Kultur 33, 147
  Lean-Maintenance 27, 188
  Lean-Management 25, 26, 27, 33, 37, 44, 45, 72, 75, 79, 80, 86, 188
  Lean-Methode 43, 47, 48, 49, 52, 70, 92, 108, 114, 115, 124, 137, 144, 147, 158, 159, 168, 170, 171, 175, 186, 203, 235, 246, 257, 258
  Lean-Prinzip 72, 92, 192, 193
  Lean-Production 26, 27, 48
  Lean-Standards 147
  Lean-Thinking 25, 29, 30, 31, 37, 40, 42, 45, 75, 84, 158, 165, 168, 215, 256
Leitbild 3

Leitplanke 70, 79, 147
Lernende Organisation 142
Lieferantenbewertung 217
Lieferantenportal 217, 218
Lieferbereitschaftsgrad 110, 112
Lieferservicegrad 34, 110, 112
LifeCycle-Costing 178
LifeCycle-Management 20, 42, 124, 177, 178, 179, 180, 183, 187, 189, 241, 245, 253, 258
LifeCycle-Prozess 177, 186, 187, 188, 245
Lizenz
  Creative-Commons-Lizenz 18
  Lizenzbestand 18
  Lizenzierung 189, 233, 238
  Lizenzmanagement 18
  Lizenzmodell 18, 21, 183
  Lizenzpolitik 16, 18
  On-Demand-Lizenz 200
  On-Premise-Lizenz 200
Lizenzmanagement 21
Logo 96
Losgröße 33, 41, 217

M
Maßnahmenkatalog 70
Materialfluss 54
Medienbruch 213, 236, 248, 249, 252, 253, 258
Mentor 69
Mindestinformation 149, 150
Mitarbeiterorientierung 50, 51
Mitarbeiterzufriedenheit 144
Mobile-Reporting 12, 14, 100, 166, 224
Model as a Service (MaaS) 201
Modularisierung 216
Monatsabschluss 134, 148, 169, 240
Monitoring 40, 60, 66, 147, 202, 237, 258
Most-Smart 76
Muda 27, 28, 29, 32, 42, 114, 125, 138, 158, 171, 179, 214, 256, 257, 258
Mura 28, 29, 171, 179, 256
Muri 28, 29, 171, 179, 256

N
Nacharbeit 29
Nacharbeitszeit 203
Nachvollziehbarkeit 173

Navigation 13, 59, 65, 100, 103, 104, 160, 223
Nearlinestorage 184
Neartime-Reporting 251
Nutzbarkeit 22

**O**
Offshoring 17
One-Page 121, 122
Open-Source 18, 19
Operational-Reporting 235
Operativer Prozess 125, 146, 180, 181, 203, 216, 217, 218, 234, 235, 236, 237, 238, 245, 246, 253, 258
Operatives Reporting 213, **236**, 237, 238, 239, 240, 241, 243, 245, 253, 258
Optimierungspotenzial 45, 116, 137, 143, 150, 198, 256
Organisationsform 4, 5, 8, 17, 39, 45, 210
Organisationskultur 156
Outsourcing 16, 17

**P**
Pareto-Prinzip 86, 87, 192, 207
Passwortrichtlinien 220
Passwortsynchronisierendes System 221
Perfektion 25, 30, 36, 38, 42, 43, 75, 86, 179
Performance-Analyse 213, 232, 233, 258
Personalisierung 119, 217
Pilotprojekt 88
Planungsprozess 13, 14, 16, 40, 47, 60, 64, 220, 251, 253
Platform as a Service (PaaS) 200
Plausibilisierung 64, 240
Poka Yoke 43, 52, 58, 59, 114, 115, 120, 121, 124, 145, 203, 205, 207, 211, 258
Predicitive-Analytics 223
Preisabweichung 137
Priorisierung 5, 38, 53, 70, 191
Produktionsablauf 35
Produktivität 29, 39, 56, 93, 105, 113, 144, 157, 215
Produktivitätsverlust 28, 30, 115
Protokollierung 202, 238, 252
Prototyping 195
Prozessanalyse 61
Prozessautomatisierung 202

Prozessorientierung 50, 51
Prozesssteuerung 173
Prozessüberwachung 60, 66, 198
Prozessverantwortlicher 147, 238
Prozesszyklus 125
Prüfmechanismen 64
Pseudo-Delta-Verfahren 129, 130
Pull-Prinzip 25, 30, 34, 35, 36, 38, 41
Push-Prinzip 34, 42, 131
Push-Technik 131

**Q**
Qualifikation 78, 195
Qualitätsmanagement 51
Qualitätssicherung 51, 234
Qualitätssteigerung 49, 175
Quellsystem 11, 62, 116, 127, 128, 130, 131, 133, 135, 138, 249, 250
Quick-Win 69, 113, 193
Q-Zirkel 49, 51, 144

**R**
Rapid Prototyping 195
Reaktionszeit 26, 163, 224, 225, 232
Realtime
    Realtime-Akquisition 130, 131, 224, 251, 257
    Realtime-Reporting 11, 126, 131, 138
Rechercheprozess 40, 47, 60, 65
Recurrent process 58
Redundanz
    Datenredundanz 126, 134, 136, 183, 257
    Informationsbedingte Redundanz 136, 137
    Performancebedingte Redundanz 136, 137
    Redundante Datenhaltung 135
    Sicherheitsbedingte Redundanz 136, 138
Reklamationsfall 203
Releasestand 189
Releasewechsel 14
Remote-Zugriff 131
Reportgestaltung 91, 99, 100
Reporting-Factory 1, 147, 178, 207, 208, 210, 211, 258

Reporting-Glossar 109, 111, 112, 114, 164, 239, 257
Reporting-Layout 97
Reporting-Portal 58, 111, 159, 197, 213, 216, 217, 220, 223, 252, 258
Reporting-Styleguide 85
Ressourcenengpass 17, 36, 170
Restrukturierung 48
Retraktion 246, 247, 253
Review 70, 187, 191
Roadmap 6, 7, 8
Rundungseffekt 136

**S**
Schatten-Reporting 91, 109, 112, 113, 114, 124, 209, 257
Schriftart 97
Schulung 14, 21, 69, 79, 95, 148
Scrum 191, 192, 193, 196, 197
Security 12
Segementberichterstattung 170
Segmentberichterstattung 170, 171
Segregation of duties 149
Seiketsu 56
Seiri 56
Seiso 56
Seiton 56
Selbstbeschreibungsfähigkeit 209
Selektionsbild 119, 120, 124, 209
Selektionsmaske 59, 65, 120
Self-Service
 Self-Service Business-Intelligence 115, 119, 257
 Self-Service Datenaufbereitung 119
 Self-Service Datenbeschaffung 116
 Self-Service Datenmodellierung 117
 Self-Service Datenverfügbarkeit 121
 Self-Service Funktion 91, 114, 115, 116, 117, 124, 156, 231, 243
Service-Desk 221
Service-Level-Agreement 11, 18, 189, 203, 233
Servicemanagement 190
Service-Prozess 40, 47, 60, 66
Servicequalität 189
Shared-Service-Center 1, 147, 210
Shitsuke 56
Simulation 13, 21, 103, 231

Single-Point-of-Contact 147
Single-Point-of-Entry 219
Single-Point-of-Truth 15, 207, 239, 240, 241, 243, 253, 258
Single-Sign-On 213, 216, 220, 221, 222, 223, 258
Sinnestäuschung 84
Six Sigma 49, 51, 143, 195
Snapshot 228
SOA 216
Social Media 141, 161, 257
Software 187
Software as a Service (SaaS) 18, 200, 201
Software-Lieferant 166
Soziale Daten 226
Soziales Netzwerk 26, 226
Spannungsfeld 76, 84
Sperrkonzept 202
Spezialbericht 85, 100
Spitzenbedarf 36
Sprint 191, 196
Stabilität 87, 88
Stammdatenattribut 134, 135
Standardberichtswesen 13, 39
Starschema 230
Statusanzeige 117
Strategie
 Business-Strategie 2, 3, 5, 146
 IT-Strategie 2, 3, 5, 11, 14, 146
 Strategieentwicklung 23, 146
 Strategieumsetzung 23, 26
 Unternehmensstrategie 1, 2, 3, 16, 17, 23, 24, 38, 81
Supermarkt 35
Systemlandschaft 66, 67, 213, 234, 235, 258
System-Performance 67
Systemproblem 202
Systemverfügbarkeit 202, 203

**T**
Teamqualifikation 193, 195
Teamwork 70
Template 86, 102, 105, 106, 107, 120, 197
Terminologie 91, 107, 109, 208, 211, 257
Testphase 60, 61
Thinking outside the box 82
Ticket-basiertes System 221

Total-Cost-of-Ownership 5, 22, 178, 189
Tracking-System 66, 141, 171, 173, 202, 257
Training 79
Transformation 62, 124, 126, 132, 133, 138, 257
Treasury 220

**U**
Überbelastung 28, 29
Überkapazität 36
Überlastung 28
Überproduktion 29
Überwachungsprozess 67, 198
Ungleichgewicht 28
Unstimmigkeit 112
Unterhalt 20, 152, 177, 182, 189, 197, 198, 202, 203, 205, 258
Unternehmenskultur 143, 156, 168, 193
Unternehmensorganisation 8, 146
Unternehmensportal 111, 215, 216, 217, 222

**V**
Validierung 133, 171, 251
Validierungsumgebung 252
Vendor-Managed-Inventory 218
Verbrauch 29, 35
Veröffentlichung 40, 154, 164
Verrechnungsklasse 204, 205
Verrechnungspreis 204
Verrechnungssystem 38
Visualisation as a Service (VaaS) 201
Vogelperspektive 52, 53, 55, 83, 166
Vollständigkeit 148, 208
Vorgehenszyklus 49, 50
Vorratshaltung 34
Vorschlagswert 120
Vorschlagswesen 36, 43, 52, 76, 143, 144, 257
Vorstudie 88

**W**
Warteschlange 28, 33
Wartezeit 29, 33, 40, 105, 124, 158, 214, 224, 225, 227, 234, 255, 258
Web 2.0 141, 161, 257
Web-Service 131, 200, 250, 251
Weiterbildungsmaßnahme 44

Wertschöpfung 27, 45, 166, 235, 256
Wertsteigerung 29, 51, 124, 224
Wertstrom 25, 30, 32, 33, 36, 38, 39, 40, 54, 55, 93, 115, 116, 125, 166, 235
Wertstromanalyse 52, 53, 54, 171, 175, 195, 198, 205, 224, 235, 253, 256, 258
Wertstromdesign 54
Wettbewerbsvorteil 51
Wiederverwendung 119, 194, 217
Wiki 9, 111, 112, 163, 164, 165
Wirtschaftlichkeit 2, 5, 16, 19, 22, 39, 81, 149, 175, 177, 203, 205, 256, 257
Wirtschaftsprüfungsgesellschaft 167
Wissen
  Insiderwissen 154
  Unternehmenswissen 2, 163, 199
  Wissen 43, 67, 127, 142, 148, 158, 163, 166, 168, 221, 247, 257
Wissensaustausch 145, 158, 164
Wissensmanagement 141, 158, 159, 161, 163, 168
Wissensmanagement-Software 159, 257
Wissensplattform 167
Wissenstransfer 77, 158
Workflow
  Workflow 64, 156, 171, 172, 173, 174
  Workflow-Management 141
  Workflow-Management-System 172, 173, 202, 257
Workspace 122, 216, 231

**X**
XML 250

**Z**
Zeitersparnis 95
Zeitstempel 128
Zeitverlust 59, 156, 221
Ziele
  Eliminierung 23
  Gewichtung 23
  Hierarchisierung 23
  Komplementär 20, 22, 23
  Konkurrenz 20
  Lean-Reporting-Ziel 43
  Mitarbeiterziel 79
  Neutral 20, 21, 22

Operative Ziele 5, 6, 9, 12, 16, 19, 24, 25
Partiell 22, 23
Qualitative Ziele 144
Quantitative Ziele 144
Zielbeispiel 9, 12, 16, 19, 44, 45
Zielerreichung 23, 30, 53, 157, 234, 255
Zielgröße 19, 20, 237
Zielkonflikt 2, 19, 23, 24

Zielvereinbarung 76, 79
Zielgruppe 57, 99, 105, 157, 237
Zusammenarbeit 17, 88, 141, 144, 145, 146, 157, 158, 161, 163, 164, 166, 167, 168, 219, 220, 236, 257, 258
Zuständigkeit 69, 143, 146, 156, 173, 186, 236, 257
Zuständigkeitsregelung 141, 236